Zart besaitet

Selbstverständnis, Selbstachtung
und Selbsthilfe für
hochsensible Menschen

Georg Parlow

fest
land
VERLAG   www.festland-verlag.com

© Copyright Festland Verlag, Wien, 2003

2. überarbeitete Auflage, 2007
3. Auflage, 2014
4. neu überarbeitete Auflage, 2015

Umschlaggestaltung: Kerstin & Karl Gerd Striepecke, www.vision-c.de
Foto: David Dieschburg, www.photocase.de
Satz: Doris Grussmann, St. Leonhard am Forst, www.dggd.at
Gedruckt und gebunden in Ungarn, von Interpress, Budapest.

ISBN 978-39501765-8-2

Wichtiger Hinweis

Die in diesem Buch vorgestellten Informationen sind sorgfältig recherchiert und wurden nach bestem Wissen und Gewissen weitergegeben. Dennoch übernehmen Autor und Verlag keinerlei Haftung für Schäden irgendeiner Art, die direkt oder indirekt aus der Anwendung oder Verwertung der Angaben in diesem Buch entstehen. Insbesondere kann das Lesen dieses Buches weder Arztbesuch noch Psychotherapie ersetzen.

Gewidmet den hochsensiblen Menschen, den Denkern und den Empathen, den Empfindern und den Erfindern, den Rationalisten, den Künstlern, den Mathematikern, den Musikern, den Detailverliebten und den Generalisten, den Bewahrern, den Archivaren, den Querdenkern und den über-den-Tellerrand-Schauern, den Angepassten und den Unbequemen, den Harmoniebedürftigen, den Leisetretern und den Kratzbürstigen, den Beratern, den Helfern und den Therapeuten, den Unsicheren, den Entscheidungskomplizierten, den Orchideenzüchtern und den Algorithmenjongleuren, den Schillernden und den Unsichtbaren, den Eifrigen, den Gewissenhaften, den Bedächtigen und den Spontanen, den Routineliebenden und den Vorausstürmern, und allen anderen der so vielseitigen und unterschiedlichen hochsensiblen Menschen, ohne die die Welt nicht vorstellbar wäre.

Georg Parlow, April 2015

Vorwort zur 4. Auflage

"Zart besaitet" ist erstmals 2003 erschienen. Damals dachten wir, es sei das erste Werk zum Thema Hochsensibilität im deutschsprachigen Raum - Samuel Pfeiffers 2002 erschienenes Buch "Der sensible Mensch" entdeckten wir erst später. In diesen 12 Jahren ist viel passiert. Inzwischen kursieren über 100.000 Exemplare von "Zart besaitet", es gibt wohl an die 30 Publikationen zu Hochsensibilität am Markt, und viele Artikel wurden in Zeitungen und Zeitschriften veröffentlicht. Es wurden einige Vereine und Institute gegründet, es entstanden viele einschlägige Webseiten und einige Internet-Foren, und eine Menge an Coaches, Beratern und Therapeuten haben die Hochsensiblen als Zielgruppe entdeckt. Die jüngsten Entwicklungen lassen erkennen, dass nun auch Unternehmensberater und erste Personalverantwortliche beginnen, sich für das Thema zu interessieren.

Diese Entwicklungen haben erfreuliche und weniger erfreuliche Aspekte. Wir begrüßen es, dass das Tag naht, an dem jede HSP im deutschsprachigen Raum schon einmal mit dem Thema konfrontiert war und die Gelegenheit hat, sich damit auseinander zu setzen. Es freut uns, dass es in vielen Städten Stammtische oder Gesprächsrunden für Hochsensible gibt. Wir finden es gut, dass es in Buchhandlungen und im Internet viele Informationen gibt, und dass es in manchen Städten leicht ist, Ratgeber und Hilfsangebote zu finden. Der Wermutstropfen besteht darin, dass die Qualität all dieser Angebote sehr unterschiedlich ist. Es gibt sehr gründlich recherchierte aber auch seichte Artikel, es gibt gute und schlechte Berater, es gibt hilfreiche und peinliche Bücher.

Und genau dieser Spannungsbogen führte uns zur Überarbeitung von "Zart besaitet". In den vergangenen 12 Jahren ist die Forschung weiter gegangen; manches, das auf Grund zu schmaler Datenbasis verzerrt wahrgenommen wurde, konnte korrigiert werden, Erkenntnisse wurden gewonnen, und auch unsere persönliche Entwicklung und Geschichte mit dem Thema hat uns verändert.

Das Ergebnis halten Sie jetzt in Händen. Wir freuen uns und sind stolz, dass unsere bisherigen Bemühungen hilfreiche Informationen in klarer Sprache zu präsentieren mit dem Vertrauen vieler Leserinnen und Leser belohnt wurde. Die vorliegende vierte, gründlich überarbeitete Auflage möchte darauf aufbauend in bewährter Klarheit und Gründlichkeit hochsensiblen Menschen eine Informationsquelle, ein Ratgeber und ein Begleiter sein.

Wien, im April 2015   Georg Parlow
                             Verein zartbesaitet e.V.

PS: Wir freuen uns über einen Besuch auf der Webseite www.zartbesaitet.net und über Rückmeldungen an parlow@zartbesaitet.net

Inhaltsverzeichnis

Freude und Last

Der Kern des Glücks:
Der sein zu wollen, der du bist.
Erasmus von Rotterdam (1466-1536)

▶ Es gibt sensiblere Menschen und weniger sensible.

▶ Jeder Mensch, egal wie sensibel, hat eine persönliche Behaglichkeitszone in Hinsicht auf die Menge, die Intensität und die Dauer von Eindrücken aller Art. Unterhalb dieser Zone fühlen wir uns unterfordert oder gelangweilt, darüber fühlen wir uns gestresst oder überfordert.

▶ Diese persönliche Behaglichkeitszone kann von Mensch zu Mensch sehr unterschiedlich sein, aber auch bei ein und demselben Menschen, bedingt durch seine Tagesverfassung und auch durch andere Faktoren, von Mal zu Mal verschieden.

▶ Viele Schwierigkeiten im Zusammenleben ergeben sich aus der sehr menschlichen Tendenz, von sich auf andere zu schließen. Im Zusammenspiel mit den eben genannten Punkten über die unterschiedlichen Behaglichkeitszonen resultiert daraus eine konfliktträchtige Mischung. Diese kann beim Zusammenwohnen oder -arbeiten die persönliche Lebensqualität stark beeinflussen, speziell bei den sehr sensiblen Personen.

Dieses Buch möchte den hochsensiblen Menschen helfen, sich selbst, ihre Eigenheiten und was sie von anderen unterscheidet, zu verstehen und anzunehmen. Aus diesem Verständnis kann dann eine neue Art von Lebensgefühl und die dankbare Achtung vor dem eigenen Schicksal erwachsen. Ein tieferes Verständnis und die Wertschätzung der eigenen Hochsensibilität können wiederum mit Hilfe vieler praktischer Tipps und Hinweise zu einem neuen Umgang mit dem eigenen Wesen, den eigenen Bedürfnissen und Absonderlichkeiten führen; ein neuer Umgang, der größere innere und äußere Harmonie ins Leben bringen kann, mehr Gefühle von Freiheit, Verbundenheit und Erfüllung.

Die Aussage, dass es sensiblere und weniger sensible Menschen gibt, wird zwar theoretisch verstanden und akzeptiert, trotzdem sind viele Menschen unreflektiert der Ansicht, dass diese Unterschiede in der Praxis vernachlässigbar gering wären. Das heißt, weniger sensible Menschen kommen meist gar nicht auf die Idee, dass es auffällig sensiblere als sie selbst geben könnte, und sehr sensible Menschen wiederum gehen oft spontan davon aus, dass alle mehr oder weniger das Gleiche wahrnehmen wie sie, nur dass die Mehrheit aus ihnen unverständlichen Gründen anders darauf reagiert. Im Laufe des Buches werden wir sehen, wie sich aus diesen grundlegenden Missverständnissen eine Reihe unangenehmer Verquickungen ergeben können und wie sich diese vermeiden lassen.

Das Verständnis dieser Fakten und ihrer Wechselwirkungen hat dem hochsensiblen Autor geholfen, sich und sein Leben besser zu verstehen, anzunehmen und positiv zu gestalten. Das vorliegende Buch ist somit dem Phänomen der Hochsensibilität gewidmet sowie den begleitenden Umständen und Auswirkungen. Es enthält Informationen aus verschiedensten Quellen, sowohl zeitgenössischen als auch historischen, aus der medizinischen und psychologischen Forschung, ergänzt durch Daten aus den Beobachtungen und Umfragen des Autors. Höchstwahrscheinlich ist einiges dabei, das Sie immer schon wussten, ohne zu wissen, dass Sie es wissen.

Die Minderheit

Die Bandbreite der Sensibilität für Reize aller Art ist anders gelagert, als vielleicht zu erwarten wäre. Eine mindestens achtzigprozentige Mehrheit zeigt die zu erwartende Variation von etwas mehr oder weniger sensibel und der kleine Rest ist drastisch sensibler. Diese Minderheit wird hochsensibel genannt und wir freuen uns dazuzugehören.

Wie Sie später noch ausführlicher lesen werden, gibt es nicht nur hochsensible Menschen, sondern auch hochsensible Tiere. Und auch in der Tierwelt liegt der ziemlich stabile Prozentsatz der hochsensiblen Exemplare zwischen 15 und 20 Prozent. Diese Individuen sind wesentlich sensibler als der Durchschnitt, sie sind aufmerksamer, werden daher von Äußerlichkeiten leichter irritiert und verunsichert, dafür sind sie aber auch lernfähiger und origineller. Wir werden uns noch genauer damit beschäftigen, welchen biologischen Zweck diese Aufteilung in sehr empfindsame und auffällig weniger empfindsame Vertreter einer Art haben könnte.

Die Mehrheit

Hochsensibilität ist also ein Minderheitenphänomen. Die Mehrheit der Menschen, und das trifft auf alle Kulturen und Ethnien zu, bilden die merklich weniger empfindsamen. In vielen Kulturen, z. B. im alten China oder bei manchen Stammeskulturen, wurden Hochsensible besonders geschätzt und hatten spezielle Aufgaben. In unserer westlichen Kultur gab es früher verschiedenste Nischen für Hochsensible, beispielsweise im Bereich der Kunst oder der Religion. Dies hat sich jedoch durch die Kommerzialisierung und Institutionalisierung dieser Bereiche zu großen Teilen geändert. Heute finden sich viele hochsensible Menschen an Plätzen und Positionen im Leben, für die sie schlecht gerüstet sind. Die Mehrheit diktiert, was normal ist, und bestimmt die Rahmenbedingungen. So wurden das klaglose Ertragen und sogar Genießen der Hektik des modernen Lifestyles mit seiner Reizflut, die Überbetonung ständig sich ändernder Banalitäten sowie die Erhebung von Jugendlichkeit, Extrovertiertheit und Materialismus zu unantastbaren Götzen zum Standard.

Der Begriff Stimulation

Ein wichtiger Begriff, mit dem wir Sie in diesem Zusammenhang vertraut machen möchten, ist Stimulation. Stimulation ist im Grunde jede Art von Eindruck, jeder Reiz, jede Anregung, die wir erhalten. Wir meinen damit alle Eindrücke, ob sie nun von außen, aus dem Inneren unserer eigenen Körper oder aus der eigenen Gedanken- und Gefühlswelt kommen. Alle bewusst oder unbewusst empfangenen Eindrücke sind in unterschiedlichem Maße anregend oder erregend, von kaum merkbar bis überwältigend. Ein neuer Eindruck ist dabei immer stärker anregend oder stimulierend als der gleiche Eindruck, wenn er uns bereits vertraut ist. Jeder Mensch hat ein gewisses persönliches Maß an Stimulation, mit dem er sich am wohlsten fühlt. Stimulation unter der persönlichen Behaglichkeitszone erleben wir als langweilig, es tut sich nichts, wir sind unterfordert. Unterstimulierte Menschen werden oft unruhig und gehen mehr oder weniger gezielt auf die Suche nach Anregung, nach Abwechslung, nach Neuem. Haben wir allerdings mehr Anregungen oder intensivere Anregungen, als uns lieb ist, so sprechen wir von Überstimulation.

Überstimulation ist negativer Stress (Dystress) und führt leicht zu Überforderung. Überstimulation kann durch zu intensive Reize (z. B. extremer Lärm), zu viele verschiedene Reize zur gleichen Zeit (z. B. vier Kinder, die uns zur gleichen Zeit harmlose Fragen stellen) oder durch an sich erträgliche oder anfangs sogar angenehme Reize über einen zu langen Zeitraum hinweg hervorgerufen werden (z. B. das sanfte Kraulen am Hinterkopf kann nach einiger Zeit nervig und nach einigen Stunden zur Folter werden). Überstimulation ist also eine Art Reizüberflutung, die mehr oder weniger bewusst wahrgenommen wird. Menschen reagieren darauf mit Rückzugsbedürfnis, Aggression, körperlichen Erregungssymptomen wie Erröten, Herzklopfen oder Schweißausbrüchen, Zittrigkeit oder Verwirrtheit. Wenn Menschen überstimuliert sind – egal wie sensibel sie sind – sinken ihre Leistungen, sie können oft nicht mehr klar denken, werden tollpatschig, reagieren emotional oder irrational. Dauert der belastende Zustand an, werden sie krankheitsanfällig und neigen zu Neurosen oder Depressionen.

Wie gesagt, Überstimulation ist für alle Menschen unangenehm und belastend. Der springende Punkt ist, dass der relativ kleine Prozentsatz von hochsensiblen Menschen die Schwelle der Überstimulation auffällig früher erreicht als der Rest. (Von den diesbezüglichen Experimenten des bekannten russischen Verhaltensforschers Iwan Pawlow werden wir später noch hören.) Für so einen merklich sensibleren Menschen wurde Mitte der Neunzigerjahre von Dr. Elaine N. Aron der Begriff „highly sensitive person"[1], also „hochsensibler Mensch" bzw. „hochsensible Person", kurz „HSP", geprägt.

Das unberechtigte Gefühl, nicht in Ordnung zu sein

Wenn wir die sehr unterschiedliche Toleranz für Stimulation in Verbindung setzen mit der Tendenz, von sich auf andere zu schließen, dann wird so manches verständlich. Wer kennt nicht das Unverständnis oder die Ungeduld der weniger sensiblen Menschen, die von einem überstimulierten Mitmenschen gebeten werden, etwas für sie Angenehmes oder Gewohntes (wie etwa laute Musik, schnelles, sprunghaftes Reden) aus Rücksicht aufzugeben, obwohl von ihrer Warte aus kein Grund dazu besteht? Von diesem Blickpunkt aus betrachtet sind wir nicht mehr von Bosheit oder Rücksichtslosigkeit umgeben, sondern von Unverständnis bzw. der Unfähigkeit, sich in ein unvertrautes Erleben einzufühlen. Oder kennen Sie den hochsensiblen Menschen, der in seinem Bedürfnis nach sozialen Kontakten immer wieder Einladungen zu Festen annimmt, sich damit aber überfordert? Wenn er sich dann in Trubel, Rauch und Lärm nicht so recht wohlfühlt und stundenlang hin und her gerissen wird zwischen seinem Bedürfnis nach Rückzug und dem nach Kontakt, versteht er sich vielleicht selbst nicht. Er zweifelt an der eigenen Normalität, weil er sich an den anderen misst. In dieser Situation reagieren manche HSP mit Selbstverachtung, während andere dazu neigen, die nicht hochsensiblen Bekannten für verroht oder selbstzerstörerisch zu halten. Mit dem Wissen, dass wir HSP tatsächlich anders wahrnehmen, anders reagieren, andere Bedürfnisse haben, können wir solche Situationen vielleicht besser annehmen.

Gemeinsamkeiten hochsensibler Menschen

Im zweiten und dritten Kapitel werden wir uns die grundlegenden Tendenzen hochsensibler Menschen genauer ansehen. Die HSP haben noch viel mehr Gemeinsamkeiten als nur eine niedrige Schwelle hin zur Überstimulation. So viel sei jetzt schon gesagt: Hochsensible Menschen nehmen mehr Eindrücke auf und verarbeiten diese gründlicher, daher sind sie auch schon früher gesättigt bzw. überfordert. Sie nehmen feinere Nuancen wahr, allerdings in ganz unterschiedlichen Bereichen. Die einen haben ihren Schwerpunkt bei Geräuschen und Klängen, andere bei Farben, bei Harmonien oder Disharmonien, wieder andere bei logischen oder intuitiven Verknüpfungen. Sie nehmen Stimmungen und Gefühle nicht nur bei sich, sondern auch bei anderen überdurchschnittlich stark wahr, sie denken gerne in größeren Zusammenhängen und sie haben tendenziell mehr Verantwortungsgefühl bis hin zum Perfektionismus.

Selbstzweifel

Da hochsensible Menschen so intensiv wahrnehmen, sind sie auch leicht zu verunsichern und zu stören. Es hat sich gezeigt, dass nicht hochsensible Menschen mit einer schweren Kindheit oft leichter fertig werden als hochsensible. Das liegt möglicherweise daran, dass überdurchschnittlich empfindsame Kinder die Konflikte und Probleme ihrer Eltern stärker wahrnehmen als andere Kinder und die Eltern daher schonen wollen, für sie mitdenken und Opfer für sie erbringen, anstatt die eigenen Bedürfnisse zu verfolgen. Die Psychotherapeutin Alice Miller hat sich in ihrem Buch Das Drama des begabten Kindes[2] ausführlich mit diesem Phänomen beschäftigt. Wir werden später darauf zurückkommen.

Außerdem verarbeiten hochsensible Kinder Eindrücke gründlicher als nicht hochsensible, was im Fall von lange andauerndem Stress dazu führt, dass wesentlich mehr unbewältigt ins Unterbewusstsein verschoben werden muss.

Viele hochsensible Kinder haben grundlegende Zweifel an ihrem Selbstwert und an ihrem Wert für andere. Nicht nur in der Familie, sondern vor allem in Gruppen Gleichaltriger bekommen viele Hochsensible schon als Kinder den Eindruck, mit ihnen sei etwas nicht in Ordnung. Wenn sie den Lärm im Klassenzimmer oder auf dem Pausenhof schwer ertragen. Wenn sie die Regeln der Gruppe nicht durchschauen, weil sie immer nach dem tieferen Sinn suchen und dabei nicht erkennen können, dass eigentlich gerade ein anachronistisches Rudelverhalten am Wirken ist, wenn sie vielleicht Scherze wörtlich nehmen, wenn sie schneller erschöpft sind oder wenn sie von Grobheiten völlig verwirrt werden, selbst dann, wenn diese gar nicht ihnen galten, dann geschieht es oft, dass sie sich fremd oder ungenügd fühlen. Wenn sie dann auch noch zu den weniger beliebten Kindern zählen und „Sei nicht so sensibel" oder „Sei kein Spielverderber" zu hören bekommen, dann wird bereits so mancher 11-Jährige an sich und der Welt zu zweifeln beginnen. Viele Menschen fragen sich, nicht nur in ihrer Jugend, sondern ihr ganzes Leben lang, was mit ihnen nicht in Ordnung sei, weil sie Schwierigkeiten mit Ereignissen und Anforderungen haben, die doch für viele andere eine Kleinigkeit zu sein scheinen. Auch wohlmeinende Ratschläge, wie z. B. „Du bist okay, du brauchst Ablehnung nicht zu fürchten" beruhigen nicht, denn es ist oft nicht die mögliche Ablehnung, die den Stress bewirkt, sondern die Überstimulation. Viele, wenn auch nicht alle HSP, zweifeln nicht an ihrem grundlegenden Wert, sondern an ihrer Kompatibilität mit dem Rest der Menschheit. In späteren Kapiteln werden wir uns ausführlich damit beschäftigen, wie wir lernen können, gut zu uns selbst zu sein und unseren wichtigen Platz innerhalb der Gesellschaft einzunehmen.

Wege der Heilung und Selbstbestimmung

Aus dem bisher Gesagten geht bereits hervor, dass Hochsensibilität zwar ein innerlich sehr reiches und vielschichtiges Leben beschert, aber möglicherweise auch ein schmerzhaftes und problematisches. Das Gefühl, ungenügend, weniger belastbar und schwierig zu sein, kann besonders in der Kindheit tiefe Wunden in der Seele bewirken. Die Erkenntnis, sich nicht anpassen zu können, weil man zu verschieden vom Großteil der Mitmenschen ist, kann es sehr schwer machen, einen stimmigen Platz im Leben zu finden, ja es kann sogar so weit kommen, dass man meint, keinen Platz in der Welt zu haben. Wir haben erkannt, dass schon allein das Identifizieren der eigenen

Anlage große Veränderungen bewirken kann, dass im Lichte der Erkenntnis, zu dieser wertvollen Minderheit zu gehören, das bisherige Leben in einem neuen, freundlicheren und vor allem verständlicheren Zusammenhang gesehen wird. Wir müssen uns weder selbst verurteilen für unsere Andersartigkeit noch in Arroganz verfallen oder uns in Luftschlösser zurückziehen. Wenn wir wollen, können wir unseren wichtigen Part im Zusammenspiel der menschlichen Vielfalt erkennen und den Wert unserer Eigenart schätzen lernen.

Erwähnt sei noch, dass das Buch selbstverständlich für alle interessierten Leser gedacht ist, ungeachtet ihrer Empfindsamkeit. Es richtet sich im Dialog mit dem Leser oder der Leserin jedoch besonders an hochsensible Menschen. Viele von uns haben sich ein Leben lang nicht nur anders, sondern auch nicht zugehörig erlebt und oft die schmerzliche Erfahrung gemacht, dass sich viele Angebote nicht an uns richten. Für viele HSP, mit denen wir im Zuge der Arbeit an diesem Buch zu tun hatten, war es wichtig zu erkennen, dass es Sinn und Berechtigung hat, dass sie so sind, wie sie sind. Darüber hinaus war es für sie oft erleichternd, dass es gar nicht so wenige Menschen gibt, die ihnen in vielen Aspekten gleichen. Dies gilt vor allem auch für Aspekte, in denen sie sich bis dahin vielleicht von kaum jemandem verstanden oder angenommen gefühlt hatten, Eigenarten, die sie an sich selbst als schwierig erlebten.

Besonderheiten

*Hochsensibilität ist ein Geschenk,
für mich selbst und für alle, die ich berühre.*

Eigenheiten in der sinnlichen Wahrnehmung

Hochsensible Menschen besitzen eine sehr feine und detailreiche Wahrnehmung. Dies bezieht sich nicht auf die objektive Leistung der Sinnesorgane, da es unter Hochsensiblen genauso viele Seh- oder Hörschwache wie in der Gesamtbevölkerung gibt. Die erhöhte Sensibilität für Details und Feinheiten beruht einerseits auf schwächeren Filtern in der Wahrnehmung und andererseits auf einem erheblich sensibleren Nervensystem. Die menschliche Wahrnehmung wird ständig gefiltert, um wichtige Reize von jenen zu trennen, die (zumindest im Moment) eher unwichtig scheinen. Würden wir ständig alle Eindrücke ungefiltert (d. h. auf der gleichen Prioritätsstufe) ins Bewusstsein lassen, wären wir kaum noch in der Lage zu funktionieren. Die Farbe unseres Computerbildschirmes wäre ebenso wichtig wie der Text des Liedes im Radio, das Summen der Fliege am Fenster, die Papiere am Schreibtisch, der sanfte Druck des Hemdkragens oder des Hosengummis, das Telefongespräch des Kollegen am Nebentisch und eine Fülle weiterer Details. Um also aus all diesen Reizen den oder diejenigen herauszufiltern, die relevant scheinen, kommen normalerweise ganz automatisch Filter zum Einsatz.

Die Wahrnehmungsfilter hochsensibler Personen scheinen wesentlich schwächer ausgebildet zu sein als die anderer Menschen. Während nicht Hochsensible Gewohntes oder Uninteressantes (Radio, Hintergrundlärm, Gespräche anderer etc.) einfach ausblenden, d. h. nicht mehr bewusst wahrnehmen, fällt dies uns hochsensiblen

Menschen meist sehr schwer. Die schwache Filterung ist vor allem auch für die Überstimulation durch schwache Reize verantwortlich, wenn diese Reize entweder zugleich in großer Zahl auftreten (die Flut an Eindrücken in einem Einkaufszentrum kann hochsensible Personen schon an ihre Grenzen bringen) oder beständig über einen längeren Zeitraum hinweg (z. B. das Ticken einer Uhr oder der klassische Fall des tropfenden Wasserhahnes etc.).

Wahrnehmungsfilter können oft durch gezielte Aufmerksamkeit umgangen werden. Warten beispielsweise ein hochsensibler und ein nicht hochsensibler Mensch zusammen in einem Auto mit geöffneten Fenstern an der Kreuzung auf das Freischalten der Ampel, während im Baum neben der Kreuzung eine Amsel ihr Abendlied trällert, so sind die Chancen sehr hoch, dass der eine die Amsel wahrnimmt und der andere nicht. Weist man den nicht hochsensiblen Autofahrer jedoch darauf hin („Hör doch mal, wie schön die Amsel singt"), dann wird auch er das Gezwitscher registrieren.

Außer dieser schwächeren Filterung verfügen HSP auch über eine gesteigerte Wahrnehmung von Nuancen, was sich grundsätzlich auf alle inneren und äußeren Reize beziehen kann. Hochsensibilität kommt jedoch in endlos vielen Variationen vor, kaum zwei Menschen sind gleich. Die Bandbreite innerhalb der Gruppe hochsensibler Menschen ist groß und deshalb wird sich kaum jemand in allen folgenden Punkten wiederfinden. Doch jeder Hochsensible wird sich in einem guten Teil deutlich erkennen.

Sensibilität für die Luftqualität

Viele hochsensible Menschen reagieren sehr sensibel auf alles, was sich in der Luft befindet: Gerüche, Dämpfe, Rauch, Staub etc. Für hochsensible Menschen, die hier einen Schwerpunkt haben, ist jeder Stopp an der Tankstelle eine Qual; oder wenn von ihnen verlangt wird, in ein Büro umzuziehen, in dem ein Kopiergerät steht, kann sich das zum Drama auswachsen. Sie leiden darunter, wenn in einem anderen Stockwerk Malerarbeiten durchgeführt werden, oder riechen es, wenn sich jemand zwei Zimmer weiter hinter geschlossenen Türen eine Zigarette anzündet. Wenn sie an einem blühenden Rosenbeet vorbeigehen, können sie vor Verzückung unansprechbar sein, sie bemerken sofort, wenn die Sekretärin ihrer Frau das Parfum oder der Vorgesetzte ihres Mannes die Zigarettensorte wechseln, und ihre Gärten besiedeln sie gerne mit Duftpflanzen.

Auch das bodennahe Ozon, das sich besonders im Frühsommer in den Städten bildet, wird von vielen HSP wahrgenommen, lange bevor die ersten Ozonwarnungen ausgesprochen werden. Hochsensible Menschen bemerken abgestandene Luft in Räumen meist als Erste und neigen dazu, gerne und reichlich zu lüften.

Intensiveres Wahrnehmen von Geräuschen

Geräusche aller Art sind ein weiterer Bereich, in dem viele hochsensible Menschen besonders intensiv wahrnehmen. Dies kann die Klangfarben von menschlichen Stimmen oder Musikinstrumenten ebenso betreffen wie die Sensibilität gegenüber Lärm oder auch leisen, aber stetigen Geräuschen. Ein Büroarbeitsplatz ohne Radio als ständige Geräuschkulisse wird von vielen Menschen als öde oder bedrückend erlebt. Für viele HSP hingegen ist das Radio im Hintergrund eine stete Quelle von Stress, weil sie dem Geplapper des Sprechers automatisch zuhören und somit dauernd abgelenkt werden. Sie tun sich genauso schwer damit, diese Dauerberieselung zu überhören wie das Summen des Computers oder das Geklapper der Tastatur am Schreibtisch daneben. Sie hören das Gezwitscher der Vögel auch in der Großstadt, das Rauschen der Blätter oder das Bellen eines Hundes in der fernen Nachbarschaft. Hochsensible Menschen, die Musiker oder Musikliebhaber sind, nehmen Nuancen und Klangfarben wahr, die dem Großteil der Menschen verborgen bleiben.

Schwächere Gewöhnung an penetrante Geräusche

Zur erhöhten Geräuschsensibilität kommt auch ein schwächerer Gewöhnungseffekt. Der Geräuschpegel einer befahrenen Straße wirkt auch dann noch stimulierend auf sehr viele hochsensible Menschen, wenn sie schon seit Monaten oder Jahren neben dieser Straße wohnen. Mit der Zeit mag es dazu kommen, dass das Dauergeräusch vielleicht nicht mehr so bewusst wahrgenommen wird, doch die nervliche Belastung wird dadurch nicht oder nur mäßig geringer.

Bis jetzt war von den für nicht hochsensible Menschen entweder gar nicht oder als unaufdringlich wahrgenommenen akustischen Sinneseindrücken die Rede, die von Hochsensiblen durchaus als aufdringlich, störend und belastend erlebt werden können. Bei lauten, intensiven Geräuschen sind die Unterschiede in der Wahrnehmung oft noch dramatischer.

Stärkere Reaktionen auf intensiven Lärm

Stellen wir uns zwei nicht hochsensible Menschen vor, die auf der Straße in ein Gespräch vertieft sind. Fährt nun beispielsweise ein Einsatzwagen der Polizei oder der Rettung mit laut gellender Sirene nahe an ihnen vorbei, so werden sie entweder ihre Stimmen kurzfristig heben oder sie werden kurz schweigen und warten, bis die Lautstärke so weit abgenommen hat, dass sie weitersprechen können. Zwei hochsensible Leute in einer vergleichbaren Situation werden das Gespräch wahrscheinlich abbrechen, sich vielleicht sogar die Ohren zuhalten und mit gequälten Blicken um sich schauen. Wenn der Lärm schließlich vorbei ist, kann es sein, dass sie völlig den Gesprächsfaden verloren haben.

Kurzfristige, intensive Beschallung (wie etwa eine Polizeisirene, ein Presslufthammer, das Quietschen einer einfahrenden S-Bahn etc.) ist für die meisten Menschen bloß lästig, wenn sie sich gerade mit jemandem unterhalten, fällt ihnen jedoch ansonsten nicht besonders auf. Für hochsensible Menschen kann sie jedoch geradezu quälend sein. Viele erleben so etwas als körperlich schmerzhaft oder fühlen sich belastet bis zur Überwältigung. Sie wollen nichts anderes, als sich dem Lärm entziehen. Solche Ereignisse können als enorm anstrengend erlebt werden.

Um die Jahrhundertwende hat der durch seine Hunde-Experimente bekannt gewordene russische Mediziner und Physiologe Iwan Pawlow genau anhand dieser Eigenart der HSP Versuche durchgeführt. Von diesen Experimenten und Pawlows Schlussfolgerungen werden wir im nächsten Kapitel noch hören.

Feines Wahrnehmen von optischen Eindrücken

Optische Eindrücke wie Farben und Formen werden von verschiedenen Menschen sehr unterschiedlich wahrgenommen. Bei vielen Hochsensiblen lässt sich ein ausgeprägtes Farbgefühl und ästhetisches Empfinden beobachten. Sind sie über einen längeren Zeitraum hinweg mit dissonanten Farbkombinationen konfrontiert (beispielsweise an der Kleidung einer gegenübersitzenden Kollegin), so kann das bis zu Übelkeit führen. Hochsensible Künstler und Grafiker haben oft einen sicheren Blick dafür, welche Farbschattierungen welche Stimmungen oder Gefühle besser transportieren und damit den Gesamteindruck von Bildern oder Werbebotschaften unterstützen.

Geringfügig scheinende Abweichungen in der Linienführung (beispielsweise im Design von Lampen oder anderen Gegenständen des täglichen Gebrauchs) werden von nicht Hochsensiblen oft nicht bemerkt oder zumindest nicht wichtig genommen. Bei Hochsensiblen können sie jedoch den Unterschied machen zwischen Dingen, mit denen sie sich umgeben wollen, und solchen, die sie nicht mögen oder gar als Belastung erleben.

Subtile Abweichungen im Teint einer bekannten Person werden wahrgenommen und führen oft zur Frage nach deren Befindlichkeit. Viele hochsensible Menschen sehen auf den ersten Blick, ob jemand gefärbtes Haar hat oder nicht, einfach weil die bei jedem Wesen existierende subtile natürliche Harmonie zwischen den Farben der Haut, der Augen, der Augenbrauen und des Haars in einer für sie erkennbaren Weise gestört ist. Was vielen hochsensiblen Menschen ebenfalls sofort ins Auge sticht, sind anwesende Pflanzen oder Tiere.

Die Menschenkenntnis vieler HSP basiert zum Teil auf einer sehr feinen akustischen Wahrnehmung, indem geringste Schwankungen der Stimme und Verzögerungen beim Sprechen registriert und gedeutet werden, und zu einem weiteren Teil darauf, dass Nuancen der Mimik und subtile Gesten registriert und (meist unbewusst) interpretiert werden. Auch hier leistet die optische Feinwahrnehmung wichtige Dienste.

Andererseits gibt es auch ein dazu im Widerspruch stehendes Phänomen, und zwar oft bei ein und demselben hochsensiblen Menschen: Ganz offensichtliche äußere Veränderungen, die jeder nicht hochsensible Bekannte sofort registriert und kommentiert, wie etwa eine völlig neue Frisur, das Abrasieren eines jahrelang getragenen Bartes oder dergleichen, kann Hochsensiblen völlig entgehen.

Druck, Hitze und Kälte

Die Haut mit dem Tastsinn und ihrer Empfindsamkeit für Temperaturen ist für viele hochsensible Menschen ein Organ, das ihnen ständig eine Fülle an Informationen liefert. Ein ausgeprägter Tastsinn lässt sie viele Nuancen wahrnehmen, die sich sprachlich oft nicht differenzieren lassen und die nicht hochsensiblen Menschen nicht zugänglich sind. Als Beispiel sei die Pulsdiagnose in der Traditionellen Chinesischen Medizin genannt. Bei ihr können aus der Kombination der verschiedenen möglichen Qualitäten (knotig, gespannt, fadenförmig, schlüpfrig, breit) sowie der Stärke, Tiefe, Fülle und Regelmäßigkeit sehr akurate Rückschlüsse auf den Gesundheitszustand des Patienten gezogen werden. (Woraus sich ableiten lässt, dass es in der TCM nicht möglich ist, den Beruf des Arztes aus reinen Geld- oder Prestigeüberlegungen heraus zu ergreifen, wie es in der westlichen Medizin durchaus üblich geworden ist. Im traditionellen System braucht es zum Heilen außer der Entscheidung auch die Veranlagung. Mehr dazu im Kapitel 7, „Arbeit".)

Die differenzierte Temperaturwahrnehmung vieler hochsensibler Menschen bewirkt, dass sie eine schmale Behaglichkeitszone in puncto Temperatur haben. Es ist ihnen schneller zu kalt oder zu heiß oder zu zugig. Darum kann man sie oft dabei beobachten, wie sie ihr Mikroklima regulieren – sei es durch Öffnen und Schließen von Fenstern, durch das An- und Ablegen von Kleidung oder durch Standortwechsel wegen Sonne oder Wind.

Ein eigenes Kapitel ist die unwillkürliche Wahrnehmung von Druck, Reibung und ähnlichen Reizen am ganzen Körper. Die Prinzessin auf der Erbse war zweifellos eine hochsensible Person – doch die märchenhaften Zeiten, in denen solche Empfindsamkeit geschätzt wurde, sind vorbei. Der kratzige Pullover, den alle anderen ganz weich finden, der etwas zu enge Hosengummi, mikroskopisch kleine Krümel im Bett, Falten in der Socke, Kleidung aus Kunstfaser, der schlechte Schnitt mancher Schuhe und eine Unzahl weiterer

Details werden von vielen hochsensiblen Menschen nicht nur mehr oder weniger bewusst registriert, sondern beeinträchtigen ihr Wohlbefinden gerade so wie bei der Prinzessin auf der Erbse. Die Eltern hochsensibler Kinder können meist ein Lied davon singen, wie supersensibel ihr Prinz oder Prinzesschen ist. Doch auch erwachsene HSP, welche die korrigierenden Handlungen selbst durchführen, setzen sich dadurch immer wieder der Kritik und manchmal dem Spott anderer aus. Werden diese kleinen Unannehmlichkeiten jedoch erduldet, erhöhen sie das allgemeine Niveau an Stimulation fast wie ein kleiner Stachel im Fleisch und senken dadurch insgesamt die Stresstoleranz. Artikel wie Massagehandschuhe bzw. -riemen aus Jute oder sogenannte Massageschuhe (Badepantoffel aus Kunststoff mit Noppen auf der Sohlenoberseite zur Stimulation der Reflexpunkte) und ähnliche Wellnessprodukte sind für viele HSP spätestens nach wenigen Minuten wahre Folterinstrumente.

In diesem Zusammenhang wollen wir ebenfalls die Wahrnehmung der eigenen körperlichen Befindlichkeit erwähnen. Subtiler Dauerschmerz oder das Gefühl von Druck oder Hitze, beispielsweise von Entzündungen, sind bereits Extreme – die Wahrnehmung von solchen Unstimmigkeiten beginnt bei hochsensiblen Menschen oft schon sehr früh. Und das möglicherweise in einem Maße, das die Gesamtbefindlichkeit massiv beeinträchtigt. Auch Reaktionen auf verschiedene Speisen (z. B.: „Immer nachdem ich Huhn oder Pute gegessen habe, erlebe ich ein schwaches Brennen der Haut, vor allem an Armen und Beinen") oder andere Umwelteinflüsse (z. B.: „Heute gibt es sicher wieder Ozonwarnung, mich brennt es bereits in den Augen und es kratzt im Hals") werden schon gespürt, wenn sie bei der nicht hochsensiblen Mehrheit noch weit unter der Wahrnehmungsschwelle liegen. Was immer wieder zu dem leidigen Kommentar führt: „Das bildest du dir nur ein!"

Subtile Wahrnehmung – Innere Welten

Hochsensible Menschen nehmen nicht nur über die Sinne Informationen auf. Auch ihr Innenleben erscheint ihnen reich, differenziert und vielschichtig. Bei über 84 Prozent der hochsensiblen Menschen ist das so. Die endlosen Nuancen der eigenen Stimmungen sind für viele HSP nicht nur eine stete Quelle der Stimulation, sondern auch ein weites und faszinierendes Feld für Forschung und Spiel. So ist beispielsweise vielen Hochsensiblen der Einfluss von Filmmusik auf die Stimmungslage bewusst und manchmal ein Hauptgrund für sie, sich bestimmten Filmen auszusetzen und zu verfolgen, wie die Handlung und speziell die Musik die verschiedensten Register in ihrem Stimmungsapparat zieht. Andere Filme wiederum meiden sie, weil sie ihnen zu aufregend sind.

Hochsensible Kinder können wir dabei beobachten, wie sie die Verbindung von Körperhaltung, speziell Mimik, und Stimmungen erforschen. Wenn sie hingebungsvoll die ungewöhnlichsten Grimassen schneiden, doch nicht vor dem Spiegel, sondern mit leerem, nach innen gerichtetem Blick, dann beobachten sie wahrscheinlich gerade, wie jeder veränderte Muskel im Gesicht die Färbung der eigenen Stimmung ein wenig ändert. Nicht hochsensible Menschen merken vielleicht einen Unterschied, wenn sie lächeln, grimmig oder traurig schauen, aber die unzähligen Facetten der wechselnden Stimmungen bis hin zu den ausgefallensten bleiben ihnen verschlossen. Oft werden sie gar nicht in der Lage sein, ihr Gesicht in der Darstellung aller Arten von Masken so virtuos zu verzerren. Es ist, als ob wir die mit dem Gefühl korrespondierende Mimik nur dann willentlich produzieren können, wenn wir auch die entsprechende Fähigkeit zu ihrer Wahrnehmung haben.

Für hochsensible Menschen ist es nicht ungewöhnlich, bestimmte Farben, Klänge oder Zahlen mit gewissen Stimmungen verknüpft zu erleben. Am stärksten können wir das bei hochsensiblen Kindern beobachten, der Erwachsene hat seine Wahrnehmungen bereits zensiert. Das Lösen einer Rechenaufgabe kann durch so eine Verknüpfung nicht nur eine Denkleistung darstellen, sondern auch zum Erleben einer Kaskade von subtilen Stimmungen und Gefühlen führen. Ähnliches kann für das Malen oder das Musizieren gelten. Sinnliche Eindrücke, auch wenn sie sehr zart oder schwach sein mögen, sind bei den meisten von uns eng mit Gefühlen verbunden. So nimmt es nicht wunder, dass fast 92 Prozent der HSP angeben, dass sie sich von Kunst, Musik bzw. Naturstimmungen stark bewegt fühlen..

Hochsensible Menschen zeichnen sich auch durch eine vielschichtige Gedankenwelt aus. Wenn sie es durch Befragung oder Selbstbefragung trainieren, können viele von ihnen mehrere parallele Gedankenfäden wahrnehmen oder verschiedene Ebenen von Motivationen für ein und dieselbe Handlung erkennen. Innere Dialoge laufen meist bewusst ab, oft nicht nur als Zwiegespräch, sondern als innere Konferenz verschiedenster Anteile der Persönlichkeit. Wenn sie ihre Aufmerksamkeit darauf richten, können sie unter Umständen die einzelnen Stimmen bzw. die dazugehörigen Persönlichkeitsanteile anhand unterschiedlicher Qualitäten wiedererkennen. In den Abschnitten „Verarbeitung" und „Verhalten" werden wir die Gedankenwelt noch näher betrachten.

Die Zustände der Beziehungen zu anderen Menschen können in vielen Facetten erkannt werden. Während nicht hochsensible Menschen oft nur gut, weniger gut oder schlecht mit jemandem auskommen, ist die Wahrnehmung von Hochsensiblen oft bei weitem nuancierter als die Sprache, die uns zur Verfügung steht, um die unterschiedlichen Qualitäten zu beschreiben. Auch das Vorhandensein mehrerer, vielleicht widersprüchlicher Beziehungsfäden mit ein und derselben Person ist vielen hochsensiblen Menschen durchaus bewusst. Darüber hinaus gibt es im Bereich der Beziehungen so ungemein viel zu verarbeiten, dass wir in den Abschnitten „Verarbeitung" und „Beziehungen" weitere Aspekte besprechen werden.

Diese Feinwahrnehmung von Befindlichkeiten, Stimmungen und Beziehungsqualitäten, zu der die Hochsensiblen fähig sind, bezieht sich jedoch nicht nur auf ihre eigenen Zustände. Viele haben in den Augen von Menschen, denen diese Detailwahrnehmung fremd ist, geradezu den sechsten Sinn. Sie erkennen den körperlichen und psychoemotionalen Zustand anderer oder deren aktuelle Qualität ihrer Beziehungen oft schon bevor die betroffenen Personen sich dessen selbst bewusst sind. Wenn ein hochsensibler Mensch, der zum hohen Prozentsatz derer gehört, die diesen Bereich der Wahrnehmung ausgeprägt haben, einen Raum betritt, kann er oder sie kaum anders, als die Stimmung und Befindlichkeit der Anwesenden und oft sogar den Stand ihrer Beziehungen untereinander wahrzunehmen. Fragen wie „Was ist denn mit dir los, bist du unausgeschlafen/bedrückt/krank", die nach einem kurzen Überraschungsmoment ein erstauntes „Woher weißt du das?" nach sich ziehen, sind typisch für hochsensible Menschen. Bei einigen geht die Sensibilität für andere so weit, dass sie wie mit Röntgenblick Dinge an anderen wahrnehmen, die die betroffenen Personen selbst gar nicht sehen und vielleicht auch nicht sehen wollen. Dieses zweischneidige Talent wird uns im Kapitel über Beziehungen und an anderen Stellen ebenfalls noch begegnen.

Zum Abschluss des Punktes „Innere Wahrnehmung" wollen wir noch einmal vergleichend zusammenfassen, was ein nicht hochsensibler und eine ausgeprägte HSP jeweils wahrnehmen könnten, wenn sie zu einer Party eingeladen sind und den Raum das erste Mal an diesem Abend betreten.

Der nicht hochsensible Mensch wird die bereits anwesenden Leute wahrnehmen und sie wahrscheinlich kategorisieren nach „kenne ich" und „kenne ich nicht", „angenehm" oder „uninteressant". Wenn ihn dann die Gastgeberin anspricht mit der Frage, was er denn trinken möchte, wird er sich dankbar in ein Gespräch verwickeln lassen und den Rest des Raumes vorübergehend vergessen.

Ganz anders der hochsensible Mensch. Er sieht die bereits Anwesenden und nimmt gleichzeitig ihre momentane Befindlichkeit und ihre Stimmung wahr –das betrifft etwa so diffizile Zustände wie „schuldbewusst und bemüht", „eitel, aber integer" oder auch die traurige Schüchternheit des Mauerblümchens. Weiters sieht er die Beziehungen der im Gespräch Vertieften vielleicht wie Farbblasen im Raum, erkennt aus der Distanz – oder würde erkennen, wenn einige Minuten zur Verarbeitung zur Verfügung stehen würden –, wer sich mag, wer gerade versucht, den anderen irgendwie zu übertrumpfen, wo gerade jemand im Liebeskummer getröstet wird, wo Intrigen gesponnen werden etc. Darüber hinaus nimmt er auch sofort die Pflanzen im Raum wahr, vor allem ihre Farben, sowie die gesamte Dekoration, schließt aus manchen Einzelheiten, dass der/die Dekorierende schon ziemlich im Stress gewesen sein muss, bemerkt die Musik, den Rauch in der Luft und das offene Fenster am anderen Ende des Raumes, den Geruch aus der Küche und den eigenen Hunger. Vielleicht erkennt er von weitem einen Jugendfreund, den er vor langer Zeit aus den Augen verloren hat. Wenn genau an diesem Punkt, an dem bereits viele Einzelheiten aufgenommen wurden (teilweise an oder knapp unterhalb der Bewusstseinsschwelle), die Verarbeitung jedoch noch kaum begonnen hat, die Gastgeberin freundlich lächelnd auf ihn zukommt und fragt, was er denn trinken mag, kann genau dieser zusätzliche Entscheidungsstress der Tropfen sein, der das Fass der Aufmerksamkeit zum Überfließen bringt. Stottern, Stimmversagen oder die völlige Blockierung und Unfähigkeit, auch nur einen einzigen klaren Gedanken zu fassen, können die peinlichen Folgen sein.

Außersinnliche Wahrnehmung – andere Welten

Wenn es auch ungeklärt scheint, wie hochsensible Menschen den emotionalen Zustand eines Menschen wahrnehmen können, der gerade den Raum betritt, während sie der Tür den Rücken zukehren oder mit geschlossenen Augen im Bett liegen, sind das doch immer noch verhältnismäßig normale und überprüfbare Phänomene. Theorien, dass es sich um unterschwellige Wahrnehmung und Interpretation von subtilen Signalen wie dem Rhythmus der Schritte oder der Art und Weise handelt, wie die Tür geöffnet wird, scheinen plausibel. Darüber hinaus hat jedoch eine erhebliche Anzahl von hochsensiblen Menschen die Fähigkeit zur Wahrnehmung von ganz anderen Dingen. Das für die meisten Menschen leichter nachvollziehbare Ende dieses Spektrums sind dabei wiederum die Ereignisse, die mit Beziehungen zusammenhängen: z. B. erspüren zu können, wer anruft, wenn das Telefon klingelt, oder die hochsensiblen Freunde, die sich genau dann melden, wenn es uns schlecht geht und wir Aufmunterung brauchen. Hierher gehört auch das Phänomen, dass derjenige, den wir gerade anrufen wollen, uns anruft, just als wir zum Hörer greifen, oder dass wir immer zwei Tage, nachdem wir intensiv an Tante Herta denken mussten, von ihr einen Brief bekommen.

Darüber hinaus nehmen viele hochsensible Menschen Dinge und Erscheinungen wahr, die sie oft nicht als Wahrnehmung erkennen. Sie halten das dann vielleicht für spielerische Phantasie, über die sie nie mit jemandem sprechen. Das können einfache Farbmuster sein, fadenartige Verbindungen zwischen Menschen und Dingen, abstrakte Welten, die über die physische wie darüberprojiziert sind,

Wesenheiten aller Art, von verstorbenen Seelen, kleinen Leuten, Naturgeistern, Engeln und Lichtwesen, Schattenwesen, unverständlich fremdartigen oder märchenhaft vertrauten, mit denen sie kommunizieren oder auch nicht, bis hin zu komplexen Traumwelten, die einen Zusammenhang mit dem Geschehen auf der physischen Ebene erkennen lassen oder auch nicht.

Vermutlich haben die meisten hochsensiblen Menschen als Kinder Zugang zu solchen Ebenen, später werden sie dann oft aus dem Bewusstsein heraustrainiert, bleiben aber fast ebenso oft als spielerische Einbildung („Ich stelle mir das ja nur vor") oder kreativer Freiraum ein lebenslanger Begleiter. Wir werden uns hüten, hier auf den Realitätsgehalt solcher Wahrnehmungen eingehen zu wollen. Da dieser Bereich jedoch für viele Hochsensible einen mehr oder weniger großen Teil der subjektiven Wirklichkeit ausmacht, darf er nicht unerwähnt bleiben. Die Welten der Tagträumerei und die Frage, welchen subjektiven Stellenwert sie einnehmen, sind noch weitgehend unerforscht. Bessere Angaben stehen uns zur Verfügung über die Traumwelten, die von HSP während des Schlafes besucht werden. Über 64 Prozent geben an, oft bunt und intensiv zu träumen. Und noch mehr, nämlich 70 Prozent der befragten hochsensiblen Menschen, sagen, dass ihnen ihr Traumleben wertvoll ist.

Tiefe Verarbeitung aller Eindrücke

Eindrücke werden von hochsensiblen Personen jedoch nicht nur stärker und detaillierter wahrgenommen, sondern auch tiefer und gründlicher verarbeitet. Moderne Gehirnforscher sprechen vom Gehirn oft als von einem Biocomputer. Hereinkommende Daten müssen, bevor sie abgespeichert werden können, erst verarbeitet werden. Wie jeder weiß, der sich mit Systemabstürzen am Computer herummärgern muss, braucht dies Systemressourcen, also einfach gesagt, Zeit und Rechenleistung. Hat der Computer beides nicht in ausreichendem Maße, etwa weil man parallel noch fünf andere Programme laufen hat, ist das System überfordert und stockt oder stürzt ab.

Die Verarbeitung von Eindrücken im Nervensystem funktioniert ähnlich. Bei nicht hochsensiblen Menschen werden Eindrücke (also

Daten) in geringerer Menge gesammelt, relativ schnell verarbeitet und nach einfacheren Kriterien abgelegt. Hochsensible Menschen jedoch sammeln viel größere Datenmengen, verarbeiten diese Daten tiefer und gründlicher, stellen gleichzeitig Querverbindungen zu bereits Abgelegtem her und versuchen, die Daten möglichst stimmig und für zukünftige Querverbindungen abrufbar zu indizieren und zu speichern. Komplexe Datenmengen verursachen daher ein langes Nachhallen, um verarbeitet zu werden, und dies braucht, wie beim Computer, Zeit und Kapazitäten. Sind diese nicht vorhanden, etwa weil die Person gerade von anderen Dingen in Anspruch genommen wird, so kann es sein, dass die Daten in eine Art geistige Zwischenablage wandern, um zu einem späteren Zeitpunkt hervorgeholt, analysiert und verarbeitet zu werden, vorausgesetzt, die interne Prioritäten-Kennzeichnung erlaubt dies. Doch auch die Kapazität der Zwischenablage ist begrenzt; und ist sie zu voll, wirkt sich das ebenfalls als Überstimulation aus – die hochsensible Person hat das Gefühl, nun genug zu haben, obgleich vielleicht gerade gar nichts Anstrengendes läuft.

Kennen Sie das Gefühl der Überforderung an Tagen, an denen viel los ist? Mehr als drei Viertel aller HSP beobachten an solchen Tagen, dass sie das Bedürfnis haben, sich ins Bett oder einen abgedunkelten Raum zurückzuziehen – irgendwohin, wo sie vor weiteren Außeneinflüssen abgeschirmt sind und für sich sein können, wo sie niemand finden kann. Dies ist ein Alarmzeichen und spätestens an diesem Punkt sollte der Verarbeitung Priorität eingeräumt werden vor dem Aufnehmen weiterer Eindrücke, denn nur so können wieder neue Aufnahmekapazitäten bereitgestellt werden. Rückzug ist dabei nur eine mögliche Strategie, andere werden im Kapitel 5, „Selbstmanagement", zur Sprache kommen.

Eine andere Eigenschaft Hochsensibler ist es, bei der Bewertung von Eindrücken weitaus mehr Graustufen zu verwenden als nicht Hochsensible. Dadurch können Eindrücke nicht so schnell kategorisiert oder in eine bestehende Schublade abgelegt werden, einfach weil viel mehr Schubladen vorhanden sind. Dabei verwenden Hochsensible manchmal ein so nuancenreiches Set an Schubladen, dass das als Vereinfachung gedachte System der Schubladisierung ad absurdum geführt wird. Mit hinein spielt natürlich, dass es selten um ein reines Bewerten von Eindrücken geht, sondern fast immer auch die etwaigen Konsequenzen dieser oder jener Bewertung gleich mit bewertet werden.

Ein weiterer Aspekt der inneren Verarbeitung ist das Herstellen von Querverbindungen. Das ist ein Prozess, der Tage und Wochen dauern kann und fast ständig im Hintergrund mitläuft. Vielleicht kennen Sie ja das Erlebnis, wenn Ihnen einige Tage nach einem kommunikationsintensiven Besuch bei Freunden plötzlich – z. B. beim Frühstück oder zu einer anderen unpassenden Gelegenheit – eine kleine Nebenbemerkung wieder einfällt, die Ihnen klarmacht, dass sie offensichtlich gründlich aneinander vorbeigeredet haben? Über die wechselweise Verifizierung von Daten hinaus sind diese Verbindungen in hohem Maße für die Kreativität und Problemlösungskapazität des Individuums verantwortlich. Bestimmend für das Maß an Kreativität sind dabei die Menge und die Unkonventionalität dieser Verknüpfungen und natürlich auch psychologische Faktoren, die unter anderem bestimmen, ob der einzelne Mensch Vertrauen in sich bzw. seine Kreativität hat oder es gar nicht versucht.

Viele HSP haben das tiefe Bedürfnis zu verstehen. Je nach Veranlagung geht es dabei entweder um ein abstraktes Verständnis, ein emotionales oder ein praxisbezogenes. Für manche von uns ist es besonders wichtig zu verstehen, welchen tieferen Sinn dieses oder jenes Ereignis in unserem Leben haben könnte. Dieser Verarbeitungsschritt kann besonders zeitaufwändig sein. Das solcherart erreichte Verständnis ist beileibe nicht immer richtig, kann aber trotzdem notwendig sein, um ein Ereignis ablegen zu können.

Eine besondere Stellung nimmt die Verarbeitung von Emotionen aller Art ein. Dies hängt teilweise mit dem ausgeprägten Gerechtigkeitssinn und Harmoniebedürfnis vieler HSP zusammen, teilweise damit, dass Emotionen auch bei anderen oft selbst dann wahrgenommen werden, wenn sie überhaupt nicht ausgedrückt wurden, vor allem aber damit, dass sich dieser Bereich am schwersten verstehen lässt. Das von emotionalen Handlungen frustrierte Bedürfnis nach Sinn und Verständnis ist sicherlich auch eine stark ursächliche Wurzel dafür, dass sehr viele hochsensible Menschen einen starken Hang zu historischen, psychologischen oder biologistischen Erklärungssystemen für das Verhalten der Menschen haben.

Über die erwähnten Prozesse hinaus dürfte es eine ganze Reihe von Verarbeitungsschritten geben, die uns bis jetzt noch wenig verständlich sind. Alle zusammengenommen bewirken jedenfalls ein mehr oder weniger starkes Nachhallen aller Sinneseindrücke. Auffällig wird dies beispielsweise, nachdem wir uns einen Spielfilm angesehen haben – d. h., wenn wir uns mit komplexen emotionalen Zusammenhängen konfrontieren, wobei uns keine der handelnden Personen außerhalb des Filmkontextes bekannt ist. Je nach emotionaler Intensität des Films lässt sich der Nachhall bei manchen hochsensiblen Menschen noch drei oder vier Tage beobachten (z. B. in den stillen Morgenstunden oder in meditativen Momenten), auch wie er immer schwächer und blasser wird.

Ausgeprägte Intuition

Aufgrund ihrer für nicht hochsensible Menschen oft geradezu übersinnlich anmutenden Detailwahrnehmung ist Intuition für viele hochsensible Menschen eine ebenso wichtige Informationsquelle wie die Sinnesorgane. Eine mögliche Definition von Intuition lautet: das unbewusste Aufnehmen von Einzelheiten, diese in Beziehung setzen und das Ergebnis bei Bedarf wiedergeben. Es handelt sich also um einen Akt der Erkenntnis oder Einsicht, ohne dass dabei das lineare Denken oder die Sinne in erkennbarer Weise bemüht werden, und es ist für viele hochsensible Menschen so selbstverständlich, dass es ihnen kaum der Rede wert scheint. Viele intuitive Menschen lesen beispielsweise grundsätzlich keine Bedienungsanleitungen technischer Geräte – sie drücken einfach auf den Knopf, der offensichtlich der richtige ist, und der Apparat funktioniert. Am Arbeitsplatz und im zwischenmenschlichen Bereich haben hochsensible Menschen oft ein intuitives Gefühl für das richtige Vorgehen, womit sie einige andere durch ihre Sensibilität bedingten Schwierigkeiten mehr als wettmachen können. Trotzdem gibt es sehr viele hochsensible Menschen, die sich vehement dagegen wehren, als intuitiv bezeichnet zu werden. Der Grund dafür ist wohl hauptsächlich in ihrer Vorstellung von Intuition zu suchen. Viele Menschen meinen, wer Intuition hat, kann diese willentlich für eine bestimmte Aufgabenstellung einsetzen wie z. B. die Logik. Das gibt es natürlich auch, aber in den allerseltensten Fällen. Für den Großteil der intuitiven Menschen ist Intuition etwas, das einfach geschieht – oder eben auch nicht. In den seltensten Fällen haben sie darüber Kontrolle.

Der Vollständigkeit halber sei erwähnt, dass es durchaus auch hochsensible Menschen gibt, die sich sehr der Rationalität und der linearen Logik verschrieben haben und überhaupt keinen bewussten Zugang zu ihrem intuitiven Potenzial besitzen, aber auch solche, die ihren unreflektierten Zugang zur Intuition und ihr rationales Weltbild nahtlos miteinander verbinden können.

Ein erfreulich hoher Prozentsatz an hochsensiblen Menschen steht jedoch auf gutem Fuße mit der eigenen Intuition – egal, ob diese nun so bezeichnet wird oder nicht.

Neigung zu Überstimulation

Die wahrscheinlich allgemeingültigste Gemeinsamkeit hochsensibler Menschen ist ihre Tendenz zur Überstimulation, mit allen körperlichen und psychologischen Symptomen, die damit verbunden sind. Vereinfacht könnten wir sagen, dass es sich dabei um das Auftreten von Erregungszuständen handelt, besonders in für uns neuen und ungewohnten Situationen. Die Symptome können eine Beschleunigung von Herzschlag und Atemrhythmus sein, aufgerissene Augen und erweiterte Pupillen, Verspannungen von Schultern und Halswirbelsäule sowie des Kehlkopfes (was zu einer höheren Stimmlage führt), rasche Augenbewegungen, rote Flecken im Gesicht – und all dies oft ohne erkennbare Ursache. So manchem verschlägt es die Sprache oder es entsteht der Wunsch nach Distanz oder Rückzug. Oft kommt noch das Gefühl hinzu, nicht in Ordnung zu sein, denn die Mehrheit der Menschen scheint die Situation ja gut auszuhalten. Das führt immer wieder dazu, dass hochsensible Menschen medikamentös oder psychotherapeutisch auf Angstzustände oder Panikattacken behandelt werden. Angst und Panik führen zwar auch zu solchen Symptomen, doch sind sie von intensiven Emotionen begleitet, die den HSP abgehen, was wiederum nicht heißen soll, dass diese Zustände für die HSP nicht von Gefühlen begleitet werden. Es handelt sich nur eben nicht um Angst und Panik direkt.

Überstimulation ist oft verbunden mit Gefühlen des Ausgeliefertseins und der Hilflosigkeit. Auch Gereiztheit, Wut, Verwirrung und vor allem das üble Gefühl des Nicht-Akzeptierens der Situation lassen sich beobachten. Es handelt sich dabei durchwegs um Emotionen, die den allermeisten Menschen höchst unangenehm sind und denen sie zu entfliehen trachten, was dann oft zu Panik führt. Verständlicherweise haben viele Menschen Angst vor diesen Zuständen, Angst, sich selbst oder andere zu verletzen. Paradoxerweise sind diese Angst und der kopflose Drang, der Situation zu entfliehen, kontraproduktiv. Die Angst nämlich, dass es noch schlimmer werden könnte, ist eine zusätzliche Stimulation, die das Ganze tatsächlich noch schlimmer macht.

Oft handelt es sich bei diesen Erregungszuständen schlichtweg um körperliche, emotionale und gedankliche Auswirkungen der Überstimulation – und das Unbehagen ist eine Reaktion darauf. Zuerst kam die Überstimulation, die in ihren körperlichen Symptomen der Angst sehr gleichen kann. Als sekundäre Reaktionen können nun Angst und Panik hinzukommen, müssen aber auch nicht. Diese Zustände mit Medikamenten oder anderen Therapien zu behandeln, geht am eigentlichen Problem vorbei und bestärkt uns nur in der Überzeugung, dass mit uns etwas nicht in Ordnung sei.

Überstimulation entsteht durch zu viele Reize auf einmal oder durch zu intensive Reize bzw. durch an sich harmlose Reize über einen zu langen Zeitraum hinweg oder auch durch eine Kombination davon. Im Kapitel 5, „Selbstmanagement", werden wir besprechen, wie wir solche Zustände am besten vermeiden können bzw. wie wir mit ihnen umgehen, wenn sie doch auftreten. Doch auch bei gutem Selbstmanagement werden hochsensible Menschen hin und wieder solche Erregungszustände an sich wahrnehmen.

Zusätzlich zu den eben genannten Gemeinsamkeiten in Wahrnehmung und Verarbeitung gibt es parallele Tendenzen in vielen Aspekten von Verhalten und Eigenschaften hochsensibler Menschen, die sich nur schwer kategorisieren lassen. Die wichtigsten davon wollen wir im Folgenden unter die Lupe nehmen.

Tendenzen in Verhalten und Eigenschaften

Als ich jünger war, konnte ich mich an alles erinnern,
egal ob es wirklich passiert war oder nicht.

Mark Twain

Lebhafte Vorstellungskraft

Viele von uns besitzen eine äußerst lebhafte und vor allem auch bildliche Vorstellungskraft, und das oft schon in der frühen Kindheit. Es ist nicht unüblich, drei- oder vierjährige hochsensible Kinder dabei zu erleben, wie sie schwadronieren, dass sich die Balken biegen, indem sie lange und komplexe Phantasiegeschichten nur so aus dem Ärmel schütteln. Sie kämen nicht auf die Idee, dass jemand ihre Geschichten mit der Wirklichkeit verwechseln könnte, weil sie selbst noch keinen rationalen Bezug zur Wirklichkeit haben bzw. eine eher spielerische Weltanschauung besitzen bzw. noch gar nicht zwischen Phantasie und Realität unterscheiden. Auch die planerisch-gestalterische sowie die kreative und künstlerische Vorstellung liegen hochsensiblen Menschen im Blut.

Die intensive bildliche Vorstellungskraft, die den meisten Hochsensiblen zu eigen ist, bezieht sich auch auf zukünftige Entwicklungen. Jede Situation, jede Handlung ist für sie untrennbar mit potenziellen Zukünften verbunden. Bei vielen Dingen ist das offensichtlich, und ohne auch nur die geringste Anstrengung unternehmen zu müssen, „sehen" sie die wahrscheinlichsten Entwicklungen aus einer bestimmten Situation, gerade so, als wären die bereits Teil davon. Genauso wenig braucht man ein Studium in Ballistik, um das Zerbrechen eines Eies vorherzusehen, wenn man jemanden beobachtet, der gerade sieben Eier aus dem Kühlschrank genommen hat und diese jetzt irgendwie alle an den Körper drückt, um den Kühlschrank mit dem Ellenbogen zuzuschubsen. Doch so schlicht und deutlich diese Vorstellungen für hochsensible Menschen auch sind, für viele nicht hochsensible Menschen ist das mitnichten so. Sie müssen gezielt versuchen, sich die zukünftige Entwicklung solcher Handlungen vorzustellen, um sich die Wahrscheinlichkeiten bewusst zu machen. Bei älteren nicht hochsensiblen Menschen kann es auf Grund vieler eigener Erfahrungen zu einer vergleichbaren Zukunftsfühligkeit kommen.

Dies ist ein Punkt, bei dem HSP oft von sich auf andere, sprich, auf nicht hochsensible Menschen schließen. Wenn für uns HSP geradezu offensichtlich ist, welche Folgen eine Aktion oder ein Zustand haben werden, so trifft das auf viele unserer weniger sensiblen Mitmenschen keineswegs zu. Sie sind weder dumm noch selbstzerstörerisch, wenn sie scheinbar sehenden Auges auf den vorhersagbaren Zusammenbruch zugehen, um dann höchst erstaunt zu sein, wenn er eintritt. Sie konnten es sich einfach nicht vorstellen bzw. würde es für sie (wie auch für die Hochsensiblen, welche diesen Punkt weniger markant ausgebildet haben) einen eigenen Akt des Pausierens, Nachdenkens und Vorstellens erfordern, der eben oft nicht stattfindet. Wie wir später noch ausführlicher besprechen werden, ist es eine der gesellschaftlichen Funktionen der HSP, die warnende Stimme der Vernunft zu sein.

Einer der weniger angenehmen Aspekte der intensiven bildlichen Vorstellung ist es, dass auch die Ängste bei hochsensiblen Menschen in dieser Form auftreten. Sie können uns also etwas, das sie fürchten, bis ins kleinste Detail ausmalen. In der Filmindustrie ist deshalb das typische Opfer einer Horrorsequenz ganz sicher ein hochsensibler Mensch. Zart, verletzlich, voller intensiver Gefühle, die dank emotionaler Transparenz gut sichtbar sind und die das drohende Gewalterlebnis bereits vorwegnehmen – so werden Opfer in den Filmen dargestellt. Wen wundert es, dass viele hochsensible Jugendliche sich lieber coole Sieger als Rollenbild wählen – und sich damit leider mit der eigenen Anlage in Konflikt bringen und unerreichbare Ziele stecken.

So wie uns die Vorstellungsgabe helfen kann, wenn es um die Verwirklichung von Gestaltungszielen geht, so fällt sie uns in den Rücken, wenn es darum geht, mit Ängsten fertig zu werden. Gerade in dieser Hinsicht ist effektives Selbstmanagement essenziell, da auch Ängste, die nur von unserer Phantasie über mögliche Zukünfte ausgelöst werden, eine intensive Stimulation bedeuten. Ungeachtet der Wurzel kann Stimulation über einen längeren Zeitraum aber zu chronischer Überstimulation führen, mit allen unangenehmen Nebenerscheinungen bis hin zu Krankheiten, vor allem zu sogenannten psychosomatischen Beschwerden und Zivilisationskrankheiten.

Denken in größeren Zusammenhängen

Hochsensible Menschen zeigen die Tendenz, in größeren Zusammenhängen zu denken. Möglicherweise hat dies mit dem Zusammenwirken der beiden Gehirnhälften zu tun, auf das später noch näher eingegangen wird. Diese Neigung tritt zumeist als Automatismus auf und ist nichts, was Hochsensible extra tun müssen, im Unterschied zu weniger sensiblen Menschen. Während diese Anstrengungen unternehmen müssen, um etwas im systemischen Zusammenhang zu sehen, so ist es für HSP wiederum schwer, Dinge nicht im systemischen Kontext zu betrachten.

Dieses vernetzte Denken kann sowohl zeitlich-ursächlich sein (die Verbindung von Vergangenheit und Zukunft) als auch inhaltlich (Inwieweit betrifft das andere Bereiche oder Personen?), als auch assoziativ (Was hängt noch damit zusammen?). Einfach gesprochen ist ein Hund für die Hochsensiblen nicht bloß ein vierbeiniges Tier, sondern ein komplexes System von Zusammenhängen (Abstammung, Verhalten, soziale Bedeutung, unsere Erfahrungen mit Individuen dieser Spezies etc.). Dadurch müssen sie, wenn sie eine Wahrnehmung verarbeiten, auch alles miteinbeziehen, was an Assoziationen daranhängt – ein weiterer Grund für ihre tiefe und lange Beschäftigung mit der Verarbeitung von Eindrücken.

Der Hang, zeitlich-ursächliche Verbindungen herzustellen bzw. sich für solche Zusammenhänge zu interessieren, führt auch dazu, dass viele HSP ein Faible für Geschichte und historisch oder biologistisch hergeleitete Erklärungen für Ereignisse haben. Daher findet sich beispielsweise unter Historikern, Kulturgeschichtlern, Archivaren, Archäologen und ähnlichen Berufen ein sehr hoher Prozentsatz an hochsensiblen Menschen.

Tiefe Reflexion, Nachdenken und Nachempfinden

Hochsensible Menschen haben eine Neigung zu tiefer Reflexion. Nachdenken, sinnieren, Zusammenhängen nachspüren und philosophische Betrachtungen anstellen sind für viele HSP ein lustvoller Zeitvertreib. Das heißt aber auch, dass sie sich Entscheidungen in der Regel nicht leichtmachen, sondern sowohl die Konsequenzen als auch allgemeine größere Zusammenhänge ihrer Handlungen in ihre Überlegungen gründlich mit einbeziehen. Speziell Entscheidungen, die sie nicht nur selbst betreffen, sondern auch Auswirkungen auf andere Menschen haben, werden langsam und von allen Seiten her betrachtet. Diese Neigung, sämtliche Implikationen einer Entscheidung sorgfältig abzuwägen, lässt sie dann oft entscheidungsschwach oder zögerlich erscheinen. Richtiger wäre jedoch vielmehr der Begriff entscheidungslangsam. HSP fragen in der gründlichen Beleuchtung einer Entscheidungsfrage oft viele verschiedene Menschen um ihre Meinung, lassen sich darauf ein und übernehmen vielleicht den geäußerten Standpunkt sozusagen probeweise jeweils für einige Stunden. Viele nicht hochsensible Menschen beurteilen ein solches Verhalten als Unfähigkeit oder Schwäche. Doch selten wird eine HSP spontan und ohne gründliches Überlegen eine heikle Entscheidung treffen, es sei denn, sie kann ihrer Intuition bereits genug vertrauen, um sich von ihr sicher leiten zu lassen. Hochsensible Menschen, die sich selbst noch nicht sehr gut managen, können in diesem Bereich ihr Leben enorm erschweren, indem sie es versäumen, Entscheidungsprioritäten zu setzen. Es gibt sie, die Entscheidungsperfektionisten, die Stunden zubringen mit der Frage, ob das neue Mousepad dunkel- oder hellblau sein soll. Und sie sind fast ausnahmslos hochsensibel.

Berufliche Positionen, die blitzschnelle Entscheidungen erfordern, sind somit (außer für hochsensible Menschen mit nahezu unfehlbarer Intuition) meist wenig erfüllend. Ein Aufgabenbereich jedoch, der die langfristige Tragbarkeit getroffener Entscheidungen verlangt, profitiert beträchtlich von den wohlüberlegten und durchdachten Entscheidungen einer hochsensiblen Person. Mehr dazu folgt im Kapitel 7, „Arbeit".

Gewissenhaftigkeit, Ethik und Gerechtigkeitssinn

Satte 80 Prozent der hochsensiblen Menschen bezeichnen sich selbst als gewissenhaft. Generell neigen hochsensible Menschen dazu, Aufgaben sehr verantwortungsbewusst anzugehen, Fehler tunlichst zu vermeiden und das Ergebnis immer wieder zu überprüfen, was oft ein unschätzbarer Vorteil ist. Ganz allgemein könnte man sagen, dass hochsensible Menschen gerne gute Arbeit leisten, egal was sie tun. Wie bei allen anderen Punkten, so gibt es auch hier Ausnahmen. So unterliegen auch HSP sozialen Prägungen, welche diese Eigenschaft oft nicht oder nur wenig zum Vorschein kommen lassen.

Gewissenhaftigkeit äußert sich auch darin, dass die meisten hochsensiblen Menschen sehr hohe ethische Standards vertreten und bemüht sind, auch nach ihnen zu leben. Zwar sind hochsensible Menschen ebenso wenig Heilige wie nicht hochsensible Menschen, jedoch dürfte ihre deutliche Wahrnehmung der Befindlichkeit anderer hier eine große Rolle spielen. Wenn wir HSP nachfühlen können, welche Gefühle und Reaktionen unser Verhalten in unseren Mitmenschen auslöst, und mehr noch, wenn wir auch unfreiwillig stark mitempfinden, so erschwert dies egoistisches und rücksichtsloses Verhalten beträchtlich. Aber unabhängig von der hier geäußerten Theorie über den Ursprung ist nicht zu leugnen, dass Ethik bzw. ein Leben nach ethischen Grundsätzen früher oder später in der einen oder anderen Form ein Thema für wohl so ziemlich jeden hochsensiblen Menschen darstellt. Viele von ihnen sind oft von Schuldgefühlen geplagt wegen ihres hohen Anspruchs, dem Wahrnehmen verschiedenster Bedürfnisse und Nöte der Wesen in ihrer Umgebung und der eigenen Unzulänglichkeiten. Selbst Hochsensible, die erklärtermaßen keinen religiösen oder spirituellen Glauben haben, sind hier nicht ausgenommen. Bei ihnen geht es dann vielleicht um so abstrakte Werte wie Wahrheit oder um soziale und humanitäre Ziele. Doch das Finden bzw. Definieren von ethischen Lebensregeln sowie das Ausrichten der eigenen Handlungen nach diesen Regeln bleibt gleich. An dieser Stelle möchten wir jedoch noch einmal festhalten, dass auf kaum einen Hochsensiblen alle genannten Eigenschaften zutreffen und dass Hochsensibilität alleine noch kein Garant für einen ethischen Lebenswandel ist.

Als weitere Gemeinsamkeit hochsensibler Menschen beobachten wir oft einen ausgeprägten Gerechtigkeitssinn, der besonders nuancenreich ist und oft schon bei kleinen Kindern auffällt. Bereits in frühen Jahren haben diese Kinder eine sehr klare Vorstellung von Gerechtigkeit, Ungerechtigkeit und der angemessenen Reaktion auf ihre Handlungen. Der (achtlose) Missbrauch einer Autoritätsposition oder die Grausamkeiten kindlicher Gruppenprozesse können sie tief verletzen und in grundlegende Zweifel über das Leben stürzen. Solche Kinder verblüffen manchmal ihre Eltern oder Erziehungsberechtigten, indem sie Vorschläge unterbreiten, mit welchen Bestrafungs- und Belohnungssystemen sie in ihrer schulischen Leistung, in ihrem Bravsein oder Ähnlichem am besten unterstützt wären. Leider gehen Eltern in den seltensten Fällen darauf ein, weil sie das Kind als Partner im Erziehungsprozess nicht ernst genug nehmen.

Der ausgeprägte Gerechtigkeitssinn ist auch dafür verantwortlich, dass sich besonders viele HSP für globale Gerechtigkeit einsetzen. Was sich für andere als Idealismus in Sinne von Verschrobenheit und Entbehrlichkeit darstellen mag, ist für viele Hochsensible ein tiefes persönliches Anliegen. Ihr Bedürfnis nach Gerechtigkeit wird jedes Mal verletzt, wenn sie eine Zeitung mit internationalen Nachrichten zur Hand nehmen. Ihr Engagement erscheint ihnen als der von ihnen leistbare Tropfen auf den heißen Stein, den sie brauchen, um sich besser zu fühlen.

Fehlersensibilität bei sich und anderen

Im Zusammenhang mit einer klaren Wahrnehmung dessen, was stimmt (oder stimmen müsste), sind die meisten Hochsensiblen äußerst fehlersensibel. Dabei ist es weniger wichtig, ob sie diesen Fehler selbst begehen oder jemand anderes in ihrem Umfeld. Fehlerfreiheit scheint eine Art Ideal zu sein, das aus Prinzip angestrebt wird. Fehler zu machen ist vielen Hochsensiblen ein Gräuel, der ihrer Gewissenhaftigkeit entgegensteht und daher möglichst vermieden wird. 89 Prozent der hochsensiblen Menschen unternehmen besondere Anstrengungen, um Fehler zu vermeiden bzw. nichts zu vergessen. Vergesslichkeit ist für viele HSP ein besonderes Thema, auf das im Kapitel „Gesundheit" etwas näher eingegangen wird.

Diese geringe Fehlertoleranz trägt sehr dazu bei, dass hochsensible Menschen übermäßig zu Prüfungsstress neigen bzw. unter Beobachtung tendenziell weit schlechter abschneiden als in anderen Situationen bei den gleichen Aufgaben. 81 Prozent der HSP sagen, dass sie in Prüfungssituationen schlechtere Ergebnisse erzielen würden, der Rest ist mehrheitlich neutral. Während es unter nicht hochsensiblen Menschen bekanntermaßen nicht wenige gibt (wobei uns hierzu leider keine Zahlen zur Verfügung stehen), die unter Beobachtung oder bei Prüfungen zur Höchstform auflaufen, so zählen sich nur 5 Prozent der Hochsensiblen dieser Gruppe zu.

Hochsensible Menschen bemühen sich nicht nur, selbst Fehler zu vermeiden, sondern sie haben geradezu einen Blick für Fehler, egal wessen Fehler es nun sein mögen. Und da speziell sie nicht gegen den menschlichen Grundfehler gefeit sind, von sich auf andere zu schließen, machen sie auch andere manchmal direkt auf ihre Fehler aufmerksam, meist in der Annahme, ihnen damit einen Gefallen zu tun. Dadurch haben viele hochsensible Menschen den Ruf, überkritisch zu sein, manchmal sogar den eines Querulanten oder sie werden ob ihrer Strenge gefürchtet. Dabei liegt die Wurzel dieses oberlehrerhaften Verhaltens wohl meist in einer Art wissenschaftlichem Streben nach Fehlerfreiheit, in das andere ungefragt einbezogen werden.

Gute Fähigkeit zum Zuhören

Wenn Sie sich fragen, wer in Ihrem Umfeld denn nun wohl hochsensibel sein könnte, so brauchen Sie nur zu schauen, zu wem denn die anderen Menschen gehen, um sich auszusprechen – und zwar nicht weil sie Hilfe, sondern weil sie Verständnis suchen. Diese menschliche Klagemauer wird mit an Sicherheit grenzender Wahrscheinlichkeit zu den Hochsensiblen zu zählen sein. 81 Prozent der Hochsensiblen bezeichnen sich selbst als gute Zuhörer. Diese gesellschaftlich so wichtige psychohygienische Funktion des urteilsfreien Raumgebens und einfühlsamen Zuhörens wird (zumindest in informalen Alltagssituationen) vermutlich zu annähernd 100 Prozent von hochsensiblen Menschen abgedeckt. Im Abschnitt „Das kulturelle Ideal" berichten wir von einem in diesem Zusammenhang interessanten Versuch an der University of California in Santa Cruz.

Großes Harmoniebedürfnis

Streit und streitähnliche Konflikte stellen für viele hochsensible Menschen die Schreckensvision einer überstimulierenden Reizüberflutung dar. Um solche Konflikte zu vermeiden, vertreten sie unter Umständen den eigenen Standpunkt wider besseres Wissen nicht, schlucken ihren Protest hinunter und lassen fünf gerade sein. Sie kommunizieren oft ihren Ärger oder ihre Verletzung nicht, sondern ärgern oder grämen sich dann hinterher, wenn sie alleine sind.

„Der Klügere gibt nach" ist eine schmeichelhafte Bemäntelung der praktischen Tatsache, dass oft der Sensiblere nachgibt – denn lieber zurückstecken, als sich einer unerträglichen Disharmonie und Auseinandersetzung stellen zu müssen.

Diese in manchen Familien vielleicht noch als edel gewürdigte Haltung führt jedoch dazu, dass sich – je nachdem, an welchen Spruch man sich hält – der Dümmere oder der weniger Sensible durchsetzt und bestimmt, was geschieht. Damit werden Hochsensible, die als nichtsolidarische Minderheit mit verschrobenen Bedürfnissen sowieso einen schweren Stand im sozialen Leben haben, noch weiter an den Rand gedrängt. So sagen fast drei Viertel (72,6 Prozent) aller Hochsensiblen, dass ihnen Harmonie sehr wichtig ist und sie sich im Konfliktfall lieber zurückziehen. Ohne positiv bewältigte Konflikte nähert sich jedoch die soziale Gestaltungsmöglichkeit dem Nullpunkt.

Eng damit in Zusammenhang steht, dass 92 Prozent der HSP anerkennen, dass sie von der Stimmung anderer Menschen beeinflusst werden. 83 Prozent (das sind über 90 Prozent der besagten 92) finden diesen Einfluss erheblich. Daraus lässt sich unschwer ableiten, dass für sehr viele HSP das Auftreten eines Konfliktes bereits einen Verlust darstellt – denn entweder sie ziehen den Kürzeren und bekommen ihre Wünsche oder Bedürfnisse nicht erfüllt oder sie setzen sich durch, dann werden sie durch den Frust des anderen beeinträchtigt. Das Streben nach einer Lösung, bei der alle Beteiligten gewinnen, liegt somit im ureigensten Interesse der HSP.

Es gibt jedoch auch ca. 12 Prozent, die sich im Konfliktfall lieber nicht zurückziehen. Viele davon haben wohl für sich verstanden, dass wahre Harmonie ohne Konflikte nicht erreichbar ist. Manche von ihnen entwickeln sich (vorübergehend) zu echten Streithähnen, deren Harmoniebedürfnis sich paradoxerweise darin zeigt, dass sie jede Unstimmigkeit zum Konfliktfall machen. Auch wenn es für Außenstehende so aussehen mag, als hätten sie Spaß am Konflikt, so ist dies doch selten der Fall, sondern oft ist es die Sehnsucht nach der Harmonie, die sie sich von der Bewältigung des Konflikts versprechen. Unglücklicherweise sind diese konfliktfreudigen Hochsensiblen zwar sehr konfliktbereit, aber nicht unbedingt konfliktfähig. Mitten in der von ihnen herbeigeführten Auseinandersetzung kann es dann leicht dazu kommen, dass sie der Überstimulation erliegen. Das heißt, sie verlieren die Nerven, werden plötzlich sehr emotional, oft auf Kosten der eigenen Argumentation, nehmen Bemerkungen persönlich, die vielleicht durchaus nicht so gemeint waren, oder laufen mitten im Gespräch einfach davon, weil sie dem Stress nicht mehr standhalten können.

Uneinheitliches Persönlichkeitsbild

Viele HSP bieten ein ziemlich uneinheitliches Gesamtbild von sich, und zwar insofern, als sie im Allgemeinen als sehr angenehme Mitmenschen gesehen werden, ruhig, bescheiden, gute Zuhörer, harmoniebedürftig, gerecht, ethisch, gewissenhaft und was da sonst noch alles an guten Eigenschaften aufzuzählen wären – doch wenn sie (aus für nicht hochsensible Menschen kaum nachvollziehbaren Gründen) überstimuliert sind, und das kann bereits der Fall sein, wenn sie sehr hungrig sind, werden sie plötzlich zu grantigen, rücksichtslosen Menschen, die nur mehr ihre Ruhe wünschen oder mit vehementer Ungeduld etwas zu essen wollen, und alles andere scheint ihnen in solchen Momenten völlig egal zu sein. Auch die im vorigen Punkt besprochene Konfliktunfähigkeit zeichnet in den Augen des Beobachters oft ein sehr dissonantes Bild – mitten in einer harmlosen Diskussion werden diese Mitmenschen plötzlich ganz aufgeregt, beginnen vielleicht ohne Grund zu weinen oder laufen einfach mitten im Satz davon. Wo sie doch sonst so vernünftig scheinen …?!

Lernfähigkeit bis ins hohe Alter

Leben bedeutet für hochsensible Menschen lernen, und das in jeder Hinsicht. Oft ohne es zu merken, nehmen die meisten von ihnen ständig neue Inhalte auf und überraschen sich dann selbst mit Wissen oder Fähigkeiten, von denen sie gar nicht wussten, dass sie sie besitzen. Viele HSP finden sich beispielsweise an Arbeitsplätzen, an denen sie von ihrer eigentlichenTätigkeit her weit unterfordert sind, während alltägliche Kleinintrigen, die Radioberieselung und die Gruppenbesprechungen sie andererseits vielleicht bis an ihre Grenze fordern. Unterforderung gleichen sie oft damit aus, dass sie die Tätigkeiten ihrer Kollegen oder Kolleginnen auch noch erlernen – bis sie den gesamten Ablauf verstehen und beherrschen und dann vielleicht beginnen, sich mit Verbesserungsvorschlägen mehr oder weniger unbeliebt zu machen. Dem Autor sind persönlich zwei Fälle bekannt, wo nach der Kündigung eines hochsensiblen Mitarbeiters einmal drei und einmal sage und schreibe vier Leute eingestellt wurden, um das zu tun, was vorher ein einziger, hochsensibler Angestellter erledigte. Und das nicht etwa erst nach langjähriger Tätigkeit, sondern nach zwei bzw. vier Jahren Betriebszugehörigkeit. In beiden Fällen handelte es sich um eher oberflächliche Tätigkeiten, welche das Potenzial, die Kreativität und andere spezielle Fähigkeiten der HSP nicht einmal annähernd ausschöpften.

Diese Lernfähigkeit hochsensibler Menschen ist ziemlich unabhängig vom Alter der jeweiligen Person – HSP verblüffen oft noch im hohen Alter durch ihr Interesse für Neues und ihre geistige Beweglichkeit. Vermutlich hängt diese innere Agilität mit ihrem tiefen Bedürfnis zu verstehen zusammen, von dem wir bereits im Zusammenhang mit der Verarbeitung von Eindrücken sprachen. Fähigkeiten, die ein Leben lang geübt werden, bleiben uns meist bis ins reife Alter erhalten. Im Orient beispielsweise, wo die Menschen überwiegend am Boden sitzen, sind die meisten bis ins Greisenalter ohne nennenswerte Mühen fähig, sich im Schneidersitz auf den Boden zu setzen oder von dort aufzustehen. Hochsensible Menschen, die sich ein Leben lang bemühen, die unzähligen erlebten oder beobachteten Szenen zu verstehen, bleiben bis ins hohe Alter geistig rege, interessiert und offen für neue Einsichten.

Viele Hochsensible sind Spätentwickler

Ein weiterer Punkt, den die meisten hochsensiblen Menschen gemein haben, ist ihre verzögerte Reife, und zwar sowohl die körperliche als auch die psychoemotionale. Meist sind sie die Letzten in der Klasse, die Schamhaare bekommen, und während simpler veranlagte Kinder durchaus mit 13 oder 14 schon als erwachsen zu bezeichnen sind (und auch oft in ihren Familien entsprechend Verantwortung und Arbeitslast mittragen), so bewahren sich HSP oft sehr lange noch ein Stück Kindlichkeit. Der früheste Zeitpunkt, zu dem wir hochsensible Menschen als erwachsen bezeichnen würden, ist mit 24.

Auch sexuell sind sie oft Spätentwickler. Wenn sie sich trotzdem auf Sexualität einlassen, sobald ihre Klassenkameraden das tun, kann es leicht sein, dass sie sich überfordern. Ausführlicher eingehen werden wir auf die Sexualität der Hochsensiblen im Kapitel 6, „Zwischenmenschlichkeit".

Ebenso ist es nicht selten, dass Hochsensible ihren Idealberuf, ihren Lebenspartner oder ihre Heimat erst in reifen Jahren, wenn überhaupt, finden. Dies kann mehrere Ursachen haben. Eine davon ist die bereits angesprochene längere Entwicklungsdauer. Oft ist auch eine Kombination aus situationsbedingter Irritation und ausgeprägten, hohen Idealen dafür verantwortlich.

Die durch ihre hohe Sensibilität bedingte lange Entwicklungszeit steht in direktem Zusammenhang mit der hohen Komplexität des hochsensiblen neuropsychologischen Systems. Verständlicherweise braucht ein komplexes Instrument mit vielen Saiten lange, um harmonisch gestimmt zu werden. Auch den Umgang mit diesem Hochleistungsinstrument zu erlernen braucht eine lange Zeit. Damit lässt sich erklären, dass der Übergang vom Kind zum Erwachsenen bei den Hochsensiblen später erfolgt als bei nicht hochsensiblen Personen.

Wenn jedoch die Bereitschaft oder Fähigkeit, sich festzulegen und Verantwortung zu übernehmen, erst jenseits der Vierzig auftreten, dann ist das unserer Meinung nach keine gesunde Sache mehr, sondern Ausdruck einer gestörten Entwicklung. Es fehlten oder fehlen die nötigen inneren und äußeren Ressourcen zur gesunden und zeitgemäßen Entfaltung. Dafür kann, muss aber nicht, die sprichwörtliche schwere Kindheit verantwortlich sein. Auch äußerlich unproblematische Entwicklungssituationen können eine Vielzahl von Erlebnissen und anderen Faktoren enthalten, die die Entfaltung eines hochsensiblen Menschen nachhaltig beeinträchtigen. Mitte Zwanzig sind diese Menschen dann teils erwachsen, teils noch nicht und können deshalb ihren Platz in der Welt nicht einnehmen. So etwas kommt sicher auch bei nicht hochsensiblen Personen vor, hat dort aber vielleicht andere Auswirkungen. Denn der hochsensible Mensch hat ja zusätzlich die feine Wahrnehmung dafür, ob er sich am richtigen Platz befindet, ob ihm die Lebenssituation wirklich entspricht bzw. ob er ihr gerecht werden kann. Während sich ein weniger Sensibler vielleicht eher mit so einer Situation abfindet, werden sich Hochsensible mit ihrer Wahrnehmung von fehl am Platz auf Dauer weniger leicht arrangieren.

Übers Denken nachdenken

Reflexives Denken nimmt bei hochsensiblen Menschen oft auch die Form von Metadenken an, also Nachdenken über das Denken selbst. Wohl jede HSP beschäftigt sich irgendwann einmal damit, die Freiheit ihres Willens zu hinterfragen, dem Denkapparat beim Denken und Assoziieren zuzuschauen oder zu versuchen, den inneren Beobachter zu beobachten. Manche machen das sogar regelmäßig, und während man mit solchen Themen bei anderen große Ungeduld hervorrufen kann, so werden viele HSP für diesbezügliche Unterhaltungen interessierte Gesprächspartner sein.

Streben nach Vollkommenheit

Eine weitere, auffällige Gemeinsamkeit von sehr vielen hochsensiblen Menschen ist das Streben nach Vollkommenheit. Bei vielen von ihnen äußert sich das so, dass die spirituell-religiösen Aspekte des Lebens eine bedeutende Rolle spielen. Interessant ist dabei, dass es fast genauso häufig ein intensives persönliches Verhältnis zu Gott außerhalb organisierter Religionen ist, egal ob traditionell oder modern, wie innerhalb eines gemeinschaftlichen Glaubens. Für viele HSP ist die persönliche Vervollkommnung auf einem spirituellen oder religiösen Weg der wichtigste und sinngebende Aspekt ihres Lebens.

Eine weitere Gruppe von hochsensiblen Menschen versteht sich als naturwissenschaftlich orientiert und ist oft gleichzeitig auch atheistisch. Nichtsdestotrotz nimmt bei ihnen das Streben nach Vollkommenheit einen wichtigen Platz ein, wobei hier meistens abstrakte Ideale wie Wahrheit, Freiheit, Reinheit des Geistes oder Humanität bzw. universelle Liebe den Platz Gottes übernehmen. In seiner unerlösten Ausformung mündet das Streben nach Vollkommenheit gelegentlich in einen allgemeinen Perfektionismus. Dies geht einher mit sehr hohen bis kaum erfüllbaren Forderungen an sich selbst und auch an andere und kann für die davon betroffenen hochsensiblen Menschen die Unvollkommenheit und Relativität des Lebens und ihrer selbst schwer erträglich machen, was sie dann wiederum für ihr Umfeld schwer aushaltbar macht.

Körperliche Tendenzen hochsensibler Menschen

Über das bisher Erwähnte hinaus gibt es eine Reihe von physiologischen Eigenheiten, die oft mit Hochsensibilität Hand in Hand gehen. Da ist einmal die erhöhte Schmerzsensibilität zu nennen. 54 Prozent der Hochsensiblen sehen sich selbst als besonders schmerzsensibel – eine Eigenschaft mit Licht- und auch mit Schattenseiten. Beim Thema Gesundheit wird davon noch einmal die Rede sein. 22 Prozent sind sich nicht sicher, ob sie besonders schmerzsensibel sind oder nicht, und nur weniger als ein Viertel meint, nicht nennenswert schmerzsensibel zu sein.

Viele hochsensible Menschen (46 Prozent) reagieren stark auf Koffein, während 34 Prozent sagen, dass sie nicht stark darauf reagieren. Der Blutzuckerspiegel ist bei vielen hochsensiblen Menschen tendenziell niedrig und Unterzuckerung (sprich: Hunger) kann dramatische Auswirkungen auf ihr Wohlbefinden haben. Fast 76 Prozent sagen, dass Hungergefühle sie stark in ihrer Befindlichkeit beeinträchtigen. Schwindelzustände, Würgegefühle, extreme Reizbarkeit und Übelkeit sind dabei keine Seltenheit, jedenfalls sind Laune und/oder Konzentrationsfähigkeit verschlechtert. Stellt sich der Hungeranfall vielleicht auch noch mitten im Shoppingcenter ein, wo der allgemeine Grad der Stimulation sowieso schon hoch ist, so kann sich ein im Grunde harmloses Erlebnis von Hunger zur mittleren

Familienkrise ausweiten. Näheres zum Umgang mit solchen Situationen im Kapitel 5, „Selbstmanagement". Beobachtungen zeigen, dass sich diese starken Schwankungen des Blutzuckerspiegels mit zunehmendem Alter weniger stark auswirken. Hochsensible Menschen sind meist feinmotorisch sehr begabt. Dies ist eine Eigenschaft, die sich oft schon in früher Kindheit beobachten lässt. Überstimulierung jedoch beeinflusst ihre körperliche Koordination stark. Trotz guter Feinmotorik kann aus einer HSP sehr schnell der sprichwörtliche Elefant im Porzellanladen werden, wenn er sich beobachtet fühlt, es eilig hat oder rundum allgemeiner Trubel herrscht. Satte 84 Prozent bringt es ganz durcheinander, wenn sie viel auf einmal zu erledigen haben. Mehr als 79 Prozent der HSP geben an, dass es sie aufregt, wenn um sie herum viel vor sich geht. Diese letzte Angabe ist insofern besonders interessant, als sowohl der Handel als auch die Freizeitindustrie Milliarden investieren, um dem zahlenden Konsumenten besonders vielfältige und anregende Ereignisse in Form von Erlebnisshopping, Clubbing oder anderen Events zu bieten. Natürlich gibt es auch viele, vor allem jugendliche HSP, die solche Ereignisse suchen. Doch sie dienen ihnen meist als gezielter Ersatz oder Verstärkung der Wirkung von legalen oder illegalen bewusstseinsverändernden Drogen.

Auch eine Fähigkeit zu hoher Konzentration und zum Stillhalten ist den meisten hochsensiblen Menschen in die Wiege gelegt. Während die Vorstellung, eine Flüssigkeit (z. B. Öl) aus einem flachen Gefäß (z. B. einer Pfanne) in eine schmale Öffnung zu gießen (z. B. zurück in die Ölflasche), die meisten nicht hochsensiblen Menschen nervös und ungeduldig macht, werden viele (vor allem ältere) hochsensible Menschen dies einfach tun, ohne viel darüber nachzudenken. Hochsensible Kinder, die man buchstäblich wegtragen kann, wenn sie beispielsweise in ein Buch vertieft sind, sind keine Seltenheit.

Viele HSP sind Morgenmenschen, andere jedoch meiden gezielt die Hektik des Tages und suchen Entspannung und die Möglichkeit zum konzentrierten Arbeiten in den ruhigen Nachtstunden. Um sich zu regenerieren, benötigen hochsensible Menschen oft viel Schlaf, Überstimulation jedoch kann ihnen quälende Schlaflosigkeit bescheren. Wie die überdrehten Kinder liegen sie dann müde im Bett, übervoll mit den Eindrücken des Tages oder unter Spannung angesichts des Kommenden und völlig beschäftigt mit dem Verarbeiten der Erlebnisse bzw. damit, sich auf zukünftige Situationen vorzubereiten. Auch dazu werden wir im Kapitel 5, „Selbstmanagement", einiges sagen.

Im nächsten Kapitel werden wir noch einige weitere Fakten betrachten und dann überlegen, welche Schlussfolgerungen sich aus dem bisher Gesagten ziehen lassen.

Mehr Fakten und Vermutungen

Sich selbst und das Leben zu verstehen und anzunehmen kann einen großen Gewinn für die Lebensqualität bedeuten. Inzwischen haben Sie, liebe Leserinnnen und Leser, von Ihrer Sensibilität ein klareres Bild und sind möglicherweise bereits davon überzeugt, zu den hochsensiblen Menschen zu gehören. In diesem Falle wollen wir Sie beglückwünschen: Sie haben einen wichtigen Schritt in Richtung Heilung und Frieden mit sich selbst getan. So manches, was in Ihrem Leben bisher ungeklärt und/oder schmerzhaft war, mag im Lichte dieser neuen Fakten eine andere Wertigkeit annehmen. Dieser Vorgang wird auch als Reframing bezeichnet, auf Deutsch am ehesten: in einen neuen Bezugsrahmen setzen. Dieser Prozess kann aufwühlend sein und passiert vielleicht ganz spontan beim Lesen dieses Buches. Lassen Sie sich Zeit dafür. Machen Sie immer wieder eine Pause, vielleicht einen Spaziergang im Grünen, wenn verwirrende oder schmerzliche Ereignisse der Vergangenheit wieder auftauchen, um sich jetzt im Lichte Ihres veränderten Verständnisses in neuer Deutung zu präsentieren. Ausführlicher werden wir auf das Thema Reframing im Kapitel 4, „Gesundheit", eingehen, wenn wir über Heilung sprechen.

Doch zunächst möchten wir Sie mit einer Reihe von weiteren Fakten über Ihre altbekannte und doch neuentdeckte Hochsensibilität bekannt machen, die Ihnen vielleicht helfen können, dieses Phänomen noch weiter in seiner Normalität und seinen Zusammenhängen zu erfassen.

Geschichte der Forschung zum Thema

Schon Iwan Pawlow, Carl Gustav Jung, Alice Miller und andere haben zum Thema Hochsensibilität geforscht und publiziert. Über die Essenz ihrer Aussagen wird in diesem Kapitel berichtet. Doch keiner von ihnen hat die letzten Schlussfolgerungen gezogen, das gesamte Bild wurde nicht erfasst. Erst Dr. Elaine Aron, klinische Psychologin aus San Francisco, hat sich auf die Forschung zu diesem Thema konzentriert. Sie hat erstmals die Publikationen von Pawlow, C. G. Jung und Franke mit den Resultaten zeitgenössischer universitärer Forschungen zu einem großen Bild zusammengefügt, durch Hunderte eigene Interviews ergänzt und den Begriff „hochsensible Person" (im Original: „highly sensitive person") geprägt, für den sich die Abkürzung HSP eingebürgert hat. Dr. Aron hat diese Ergebnisse und ihre Schlussfolgerungen zuerst in Fachzeitschriften publiziert und 1996 in den USA als Buch veröffentlicht. 2006 erschien die deutsche Übersetzung. Durch ihre Pionierarbeit haben viele Tausend Hochsensible zu einem neuen Selbstverständnis und mehr innerer Harmonie gefunden.

Dank der Arbeiten dieser Wissenschaftler konnten wir unsere eigenen Forschungen auf dem Wissen über viele Gemeinsamkeiten Hochsensibler aufbauen. Besonders ermutigend finden wir die Gewissheit, dass es sich bei der Hochsensibilität nicht um eine subjektive Befindlichkeit handelt, sondern um eine nachweisbare Veranlagung, und zwar um eine sinnvolle und nützliche. Die Wiedergabe der nachfolgenden Forschungsergebnisse soll Ihnen zeigen, wie wir zu diesem Schluss kommen, und auch, welche Aufgabe diese Anlage in der Welt erfüllen kann und soll.

Eine Krankheit?

Nachforschungen zum Thema Hochsensibilität in der Fachliteratur brachten bis vor einigen Jahren nicht viele Ergebnisse, doch es finden sich eine Menge Hinweise auf Introversion. Nach C.G. Jung versteht man darunter einen Persönlichkeitstyp, der sich der Welt nicht vorbehaltlos zuwendet, sondern dazu neigt, sich eher nach innen zu wenden. Daraus zog Dr. Aron den Schluss, dass Hochsensibilität und Introversion von Fachleuten fälschlicherweise oft gleichgesetzt wurden. Das ist sicherlich der Fall und auch unter Laien werden hochsensible Menschen aus mangelndem Verständnis heraus oft als schüchterne, neurotische, krankhaft gehemmte oder verklemmte Menschen gesehen, was zum Selbstbewusstsein dieser Gruppe nicht gerade beiträgt. Zunächst ist es also wichtig, Hochsensibilität von all den negativen Assoziationen zu befreien, die ihr auf Grund gesellschaftlicher Vorurteile nachgesagt wurden. In den folgenden Abschnitten werden wir die Ergebnisse einiger Experten kurz betrachten.

Wer nach außen schaut, träumt.
Wer nach innen blickt, erwacht.
Carl Gustav Jung

C. G. Jung: Der Introvertierte

Der Schweizer Psychoanalytiker Carl Gustav Jung hielt sehr viel von den sensitiven Introvertierten, wie er sie nannte. Er selbst stammte aus einer Familie von selbstbewussten Hochsensiblen. Er definierte den introvertierten Menschen als „am Subjekt interessiert", im Unterschied zum extrovertierten als „am Objekt interessiert". Mit den Begriffen Subjekt und Objekt wollte er sich jedoch nicht auf das Terrain der Philosophen begeben, sondern mit „Interesse am Subjekt" meinte er, dass die von ihm als introvertiert bezeichneten Menschen primär an den inneren Zuständen interessiert wären, sei es an ihren eigenen oder an denen anderer Menschen. Mit anderen Worten könnten wir auch sagen, dass der Extrovertierte am Objekt selbst interessiert ist, der Introvertierte jedoch im Allgemeinen an der mit dem Objekt verknüpften Bedeutung: warum es da ist, woraus es besteht, wo es herkam, welchen Sinn es hat, wie es ihm geht, wie es mit anderen Objekten in Beziehung steht etc.

Eine der Konsequenzen daraus ist eine gewisse Isolation hochsensibler Menschen, wenn sie sich für Objekte interessieren. In den Worten Jungs sind „Objekte für den Introvertierten eine private Sache und keine öffentliche". Öffentlich bezieht sich dabei nicht auf den öffentlichen Raum im gesellschaftlichen Sinne, sondern auf alles, was ein weiteres bewusstes menschliches Wesen involviert. Wir möchten wieder einmal betonen, dass dies, wie auch nahezu alles andere, was über HSP zu sagen ist, nur als Tendenz gilt und daher nicht auf alle von uns in gleicher oder auch nur merkbarer Weise zutrifft. Aber so mancher Leser, so manche Leserin mag hier vielleicht eine Erklärung dafür finden, dass man nichts erledigt bekommt, wenn andere, speziell andere HSP, anwesend sind. Sei es Hausarbeit, das Pflegen eines Sammlerhobbys oder Fernsehen, vielen von uns fällt es schwer, sich solchen objektorientierten Tätigkeiten im Beisein anderer Menschen zu widmen. Manche haben geradezu ein schlechtes Gewissen dabei, so als wäre die Beschäftigung mit der Welt der Objekte irgendwie etwas Anstößiges, so als müsste uns vor anderen HSP peinlich sein. Nach den Erkenntnissen von Carl Gustav Jung ist diese Haltung ein Nebenprodukt dessen, was die sensiblen Introvertierten grundlegend kennzeichnet. C. G. Jung meinte, dass introvertierte Menschen am liebsten in einem selbstkontrollierten Umfeld leben würden, in dem sie das Maß an sensorischem Input selbst regulieren könnten. Sie hätten eine „tiefe und sensible Beziehung zu Stimuli" und neigten daher zu „sensorischer Überlastung", seine Bezeichnung für Überstimulation. Wir finden den Begriff der sensorischen Überlastung vor allem deswegen nicht so treffend, weil er sich so ausschließlich auf die Sinne bezieht und die gedanklichen bzw. emotionalen Stimuli außer Acht lässt. Jung, dem wir den Begriff des kollektiven Unbewussten verdanken, sah deutlich, dass sensible Menschen in viel stärkerer, direkterer Verbindung mit dem Unbewussten stehen, das ihnen auch Informationen von höchster Wichtigkeit sowie prophetische Vorausschau gibt. Für Jung lag es auf der Hand, dass sich diese Menschen durch mehr Rückzug und der Dosierung von Stimuli besser schützen müssten. Er sagte, sie seien „Erzieher und Förderer von Kultur, deren Leben die andere Möglichkeit lehrt, die des inneren Lebens, das in unserer Zivilisation so schmerzlich fehlt".

Iwan Pawlows Versuche zur Belastbarkeit

Iwan Pawlow, ein russischer Physiologe um die Wende des vorigen Jahrhunderts, der unter anderem für seine Entdeckung des bedingten Reflexes bei Hunden (daher stammt der Begriff „Pawlow'scher Hund") im Jahre 1904 den Nobelpreis erhielt, beschäftigte sich auch mit der Empfindsamkeit der Menschen. Auf der Suche nach einer objektiven Messbarkeit der Sensibilität fand Pawlow, dass es markant ist, wie schnell sich ein Mensch bei Überstimulation völlig verschließt. Diesen Punkt nannte er transmarginale Hemmung. Pawlow benutzte für seine Experimente die intensive Beschallung der Versuchspersonen oder anders ausgedrückt: Er setzte sie extremem Lärm aus. Überschreitet die Anzahl der Dezibel eine bestimmte Höhe, brechen die solcherart gequälten Menschen völlig zusammen. Man kann das als Schutzmechanismus verstehen, die Notbremse des Körpers.

Wie zu erwarten, gibt es Menschen, die weniger und solche, die mehr aushalten. Aber was Pawlow verblüffte, war die Tatsache, dass es in Sachen Sensibilität zwei deutlich unterscheidbare Gruppen von Menschen gibt. 15 bis 20 Prozent erreichten den Punkt der transmarginalen Hemmung sehr schnell – und dann kam lange nichts mehr, bevor schließlich die weniger Sensiblen einer nach dem anderen anfingen, dichtzumachen. Grafisch dargestellt sieht das in etwa so aus:

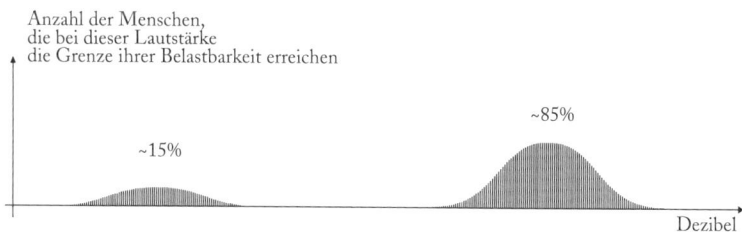

Anzahl der Menschen,
die bei dieser Lautstärke
die Grenze ihrer Belastbarkeit erreichen

~85%

~15%

Dezibel

Wenn wir nun die x-Achse umdrehen, sodass sie nicht Robustheit, sondern Empfindsamkeit darstellt (je weiter rechts, umso empfindsamer), dann ergibt sich folgendes Bild:

~85%

~15% HSP

Empfindsamkeit

Das Nervensystem jener Gruppe, die den Punkt des Zusammenbruchs am schnellsten erreicht, unterscheidet sich nach Ansicht des russischen Forschers fundamental von dem der anderen Gruppe. Pawlow begründete das vor allem damit, dass es keinen fließenden Übergang zwischen den beiden Gruppen gibt. Aber auch darüber hinaus fand er eine Reihe von Gemeinsamkeiten bei den Menschen der kleineren, empfindlichen Gruppe. Jedenfalls fand Pawlow diese Menschen sehr bemerkenswert und er war überzeugt, dass diese Anlage vererbt wird. Für ihn waren die Hochempfindlichen ein eigener, besonderer Menschenschlag. Heute wissen wir, dass HSP sehr hohe Mengen an Neurotransmittern aufweisen, bei der Übertragung der Stimuli innerhalb der Nervenbahnen somit geringere Übertragungsverluste auftreten. So schaffen es auch Reize bis ins Bewusstsein, die bei anderen Menschen gar nicht erst im Gehirn ankommen.

Die transmarginale Hemmung erklärt noch ein anderes Phänomen, das für Hochsensible typisch ist. Iwan Pawlow stellte fest, dass es auf dem Weg vom unstimulierten Menschen bis zu dem, der vom Schutzsystem der transmarginalen Hemmung ausgeschaltet wird, drei deutlich unterscheidbare Phasen gibt:

Die äquivalente Phase: Hier entspricht die Intensität des Reizes der Intensität der Reaktion.

Die paradoxe Phase: Hier kommt es zur sogenannten quantitativen Umkehr. Dabei wird auf schwache Reize stark reagiert, auf starke hingegen schwach.

Die ultraparadoxe Phase: Knapp vor dem Zusammenbruch – oder eigentlich ist das bereits der Beginn des Kollapses – kommt es zur qualitativen Umkehr, bei der auf negative, d. h. unangenehme, zerstörende Reize positiv reagiert wird und auf positive negativ.

Viele hochsensible Menschen kennen das Phänomen, dass sie sich im Stress z. B. in nebensächliche Details verbeißen und das eigentlich zu erreichende Ziel oder die abzuwendende Bedrohung dabei gar nicht mehr wichtig nehmen. Das ist ein Zeichen dafür, dass die gesunde, äquivalente Phase bereits verlassen wurde, die Überstimulation also schon ein ungesund hohes Maß erreicht hat. Die ultra-paradoxe Phase sehen wir möglicherweise bei völlig überstimulierten und überdrehten Kindern, die sich heftig und auch körperlich gegen Ruhe und Stille wehren und immer noch mehr von dem Reiz wollen, der sie so aus dem Gleichgewicht gebracht hat.

Jerome Kagan: Gehemmte Kinder

Diese Theorie wird von den Forschungsergebnissen Jerome Kagans, eines Psychologen der Universität Harvard, der erst vor wenigen Jahren emeritierte, gestützt. Er setzte Säuglinge verschiedenen Reizen aus und testete deren Reaktion. Etwa 20 Prozent reagierten stark auf Stimulation, zappelten, weinten und versuchten zu entkommen. Kagan bezeichnet diese empfindsameren Säuglinge als gehemmt, weil sie sich – mit wenigen Ausnahmen – zu merklich vorsichtigen, introvertierten Kindern entwickelten. Wir sind jedoch der Ansicht, dass dieser äußere Eindruck einfach dadurch entstehen kann, dass die hochsensiblen Kinder bei den späteren Laborbesuchen all die neuen Eindrücke, die das unbekannte Umfeld mit sich brachte, zu verarbeiten hatten. Oder anders gesagt, wir glauben, dass nur ein kleiner Teil der von Kagan als gehemmt bezeichneten Kindern das auch tatsächlich waren. Fest steht jedenfalls, dass diese 20 Prozent seiner Versuchspersonen deutlich stärker auf alle Eindrücke reagierten und auch sonst einige interessante Gemeinsamkeiten zeigten.

Alice Miller: Das begabte Kind

Die Psychoanalytikerin Alice Miller, die sich im Besonderen mit dem Thema Kindesmisshandlungen und deren Folgen für den Einzelnen und die Gesellschaft befasste, hat in den 1970er Jahren ein Buch mit dem Titel Das Drama des begabten Kindes veröffentlicht. Darin beschreibt sie, wie die Verdrängung von eigenen Wünschen und Impulsen und die Herausbildung eines falschen Altruismus von Generation zu Generation weitergegeben werden, wobei begabte

– das heißt feinfühlige und intelligente – Kinder besonders empfänglich dafür sind. Diese begabten Kinder, die sich in hohem Maße bemühen, den Ansprüchen und Hoffnungen ihrer Eltern gerecht zu werden, fragen sich oft, wie sie wohl sein, welche Gefühle sie haben müssten, um diesen Anforderungen an sich selbst gerecht zu werden. Als Erwachsene nehmen sie ihre eigenen Gefühle und Wünsche nicht wahr oder jedenfalls nicht wichtig. Die Gefühle, Ängste und Hoffnungen ihrer Eltern spüren sie dagegen deutlich und später ebenso die Gefühle ihrer Partner, Kinder oder Arbeitskollegen. Viele von diesen Menschen werden laut Miller später Psychotherapeuten oder andere Helfer.

Wir können aus dem Gesagten und auch aus unseren eigenen Erfahrungen und Recherchen schließen, dass Kinder nicht nur wegen eines unerträglichen Drucks oder wegen Drohungen auf ihre Wünsche und Bedürfnisse verzichten. Besonders Hochsensible verzichten zugunsten ihrer geliebten und vielleicht auch gefürchteten Eltern, teils, weil Belohnungen verschiedenster Art fürs Bravsein winken, teils, weil andernfalls Strafen zu erwarten sind, aber auch, um die wahrgenommene Not der Eltern zu mindern und ihnen nicht auch noch die Last eines schlimmen Kindes zu bescheren. Nicht die Eltern kümmern sich dann um die Sicherheit und die Bedürfnisse des Kindes, sondern das Kind kümmert sich um die Sicherheit und die Bedürfnisse der Eltern. Man spricht hier auch von einer Rollenumkehr, die umso besser funktioniert, je empfindsamer das Kind ist. Unter Umständen hätte also ein nicht hochsensibles Kind mit den gleichen Eltern eine Kindheit mit mehr und besserer Unterstützung, da es die Eltern weniger schont und mehr fordert.

Alice Miller bringt in einer späteren Veröffentlichung[3] die Meinung zum Ausdruck, dass alle Menschen, wenn sie als Kinder respektvoll behandelt wurden, wenn sie Schutz und Ehrlichkeit erfahren durften, im späteren Leben sensibel, einfühlsam und hoch empfindsam wären und dass sie kein Bedürfnis verspüren würden, anderen Menschen zu schaden, sondern im Gegenteil Schwächere schützen würden und mit realen Bedrohungen kreativer umgingen.

Wir sind zwar auch der Meinung, dass Menschen durch die Sicherheit, die sie in der Kindheit erfahren, ihrerseits anderen Sicherheit geben können, dass sie eine Kindheit voll Vertrauen zu Menschen macht, denen man ebenfalls vertrauen kann. Wir sehen dies jedoch unabhängig davon, ob sie hochsensibel sind oder nicht. Wir kennen persönlich genügend Menschen mit glücklicher Kindheit, die keine HSP sind. Sie spüren kein Bedürfnis, anderen Menschen zu schaden, und wollen Schwächere schützen. Sie sind zweifellos sehr angenehme und wertvolle Mitmenschen, aber nicht hochsensibel.

Nach unseren Recherchen besteht kein ursächlicher Zusammenhang zwischen der Qualität der Kindheit und dem Auftreten der Hochsensibilität. Wir werden weder durch eine schwere noch durch eine glückliche Kindheit zu "Sensibelchen". Auch die Ansicht, dass hochsensible Personen zu solchen wurden, weil die Eltern zu sehr auf ihren Schutz als Kinder geachtet, sie überbehütet oder verzärtelt hätten, halten wir für falsch. Hochsensibilität ist eine Anlage, die bereits bei der Geburt sichtbar ist. Was sich durch die Qualität der Kindheit tatsächlich ändert, und zwar ganz wesentlich, ist das Ausmaß, in dem wir uns selbst lieben und wertschätzen können und unsere Eigenheiten bejahen, sei es nun Hochsensibilität oder irgendeine andere Anlage.

Anmerken möchten wir an dieser Stelle noch, dass wir keinesfalls hochsensibel mit gut gleichsetzen wollen, noch umgekehrt der Meinung sind, dass Nicht-HSP weniger angenehme oder wertvolle Zeitgenossen wären. Im Gegenteil, wir haben die oft größere Geradlinigkeit und Verlässlichkeit von nicht Hochsensiblen, ihren praktischen Verstand und ihren Witz sehr zu schätzen und zu lieben gelernt. Andererseits gibt es leider nicht wenige hochsensible Menschen, die ihre Sensibilität dafür missbrauchen, den wunden Punkt des vermeintlichen Feindes zu erspüren und ihn genau dort anzugreifen. Der Feind ist dabei oft der Ehepartner oder die Arbeitskollegin, von der sich die HSP angegriffen fühlt. Normale oder sogar unterdurchschnittliche Sensibilität sind ebenso wie Hochsensibilität weder ein Defekt noch eine Auszeichnung.

Ein eigener Schlag

C. G. Jung, Iwan Pawlow und auch Jerome Kagan konnten keinen Zusammenhang zwischen Empfindsamkeit und Geschlecht feststellen. Unsere Kultur erleichtert es Mädchen und Frauen, zu ihrer Sensibilität zu stehen, während Buben und Männer damit nicht so gut in ihre Geschlechterrolle passen. Aber von der Veranlagung her gibt es gleich viele männliche Hochsensible wie weibliche. Kagan stellte darüber hinaus fest, dass zwischen HSP und den anderen Kindern auch klare physische Unterschiede bestehen. Seine gehemmten Säuglinge hatten in den Jahren ihrer Kindheit deutlich mehr Allergien, Schlafstörungen, Koliken und Verstopfungen als die anderen. Dadurch ist es für die Eltern von hochsensiblen Kindern schwieriger, ruhig und verlässlich zu sein.

In Kagans Labor in Harvard zeigten die empfindsameren Babys deutlich höhere Herzfrequenzen, unter Stress weiteten sich ihre Pupillen früher und ihre Stimmbänder spannten sich eher als bei den weniger sensiblen Kindern. Oder anders ausgedrückt: Sie halten Stress weniger gut aus und zeigen das auch ihrer Umwelt. An diesem Mechanismus ändert sich auch mit zunehmendem Alter wenig. Viele HSP leiden auch als Jugendliche und Erwachsene noch darunter, dass sich ihre Stimmbänder bei Aufregung anspannen. Dadurch ist ihnen leicht anzumerken, wenn sie aufgeregt oder im Stress sind, was dann den Stress oft noch verstärkt.

Die Körperflüssigkeiten der hochsensiblen Säuglinge zeigten Anzeichen für hohe Konzentrationen von Noradrenalin im Gehirn. Noradrenalin ist ein Neurotransmitter, der alle Prozesse im Gehirn besser ablaufen lässt. Es wird vom Körper aller Menschen in geringen Mengen zusammen mit dem Stresshormon Adrenalin produziert. Als Mittler zwischen den Gehirnzellen sorgt es nicht nur für effizientere Denkprozesse, sondern weckt das Gehirn auf und bereitet es auf bevorstehende Denkprozesse vor. Nun ist Noradrenalin im Blut hochsensibler Menschen ständig in ungleich größeren Mengen vorhanden als bei anderen. Das heißt, dass sie tendenziell ständig geistig auf ihren Einsatz warten.

Auch das Hormon Cortisol, das unter dauerhafter Erregung freigesetzt wird, war bei den von Kagan untersuchten hochsensiblen

Kindern weit stärker vorhanden als bei der nicht hochsensiblen Parallelgruppe. Interessanterweise war die feststellbare Menge an Cortisol bei den HSP immer höher, sowohl unter akutem Stress als auch in einer ruhigen Situation, etwa zu Hause.

All das führte Kagan zu dem Schluss, dass Hochsensible (die er Gehemmte nennt) tatsächlich ein eigener Menschenschlag sind, der sich genetisch deutlich von nicht Hochsensiblen unterscheidet. Zwar gehören beide der gleichen Spezies an, aber der Unterschied ist für das geschulte Auge unübersehbar und objektiv feststellbar. Und da die Unterschiede praktisch schon ab der Geburt erkennbar sind, sind sie mit großer Sicherheit ererbt. Damit bestätigte Jerome Kagan die These von Pawlow.

Schwerpunkte der Sensibilität

Bei Pawlow und Kagan sind ca. 15 bis 20 Prozent der Versuchspersonen der Gruppe der HSP zuzuordnen, obwohl sie dort anders genannt werden. Bemerkenswerterweise ist dieser Prozentsatz an merklich sensibleren Individuen auch bei anderen höheren Säugetieren zu finden. Wir befragten Menschen, die viel mit Tieren zu tun haben. So ziemlich alle waren sich einig darin, dass es auch bei Tieren einen gewissen Prozentsatz von Individuen gibt, die auffällig sensibler sind. (Unsere Fragen waren speziell auf Hunde, Katzen und Pferde bezogen, aber auch Nagetiere wurden genannt.) Oft wurden diese Tiere als nervös oder verschreckt bezeichnet, doch gleichzeitig auch als sehr lernfähig. Der Prozentsatz der hochsensiblen Tiere wurde von Tierärzten auf verblüffende 20 Prozent geschätzt.

Somit erscheint es als gesichert, dass es sich bei Hochsensibilität nicht um eine subjektive Befindlichkeit oder gar um Einbildung handelt. Das Gefühl von Andersartigkeit, das viele HSP seit ihrer Kindheit begleitet, täuscht sie nicht. Der Unterschied ist real und er betrifft 15 bis 20 Prozent!

Wenn wir diese Tatsache in Vorträgen erwähnen, taucht aus dem Publikum oft spontan die Frage auf: „20 Prozent?! Wo sind denn die alle?" Sehr, sehr viele Hochsensible fühlen sich bis ins Erwachsenenalter hinein wie Außerirdische auf dem falschen Planeten, haben den

Eindruck, sie seien weit und breit das einzige Wesen mit so hoher Sensibilität. Wie passt das nun mit der Tatsache zusammen, dass eigentlich jeder fünfte oder sechste Mensch HSP ist? Warum fällt es uns so schwer, sie in unserem Umfeld wahrzunehmen?

Das hat sicher verschiedene Gründe, einer wurde schon genannt: Wir wachsen auf mit der Überzeugung, der oder die Einzige unserer Art zu sein. So ein Glaubenssatz lässt sich nicht von heute auf morgen auflösen. Besonders dann nicht, wenn wir über viele Jahre versucht haben, unsere schmerzlich empfundene Einsamkeit dadurch erträglicher zu machen, dass wir den Aspekt unserer Einzigartigkeit oder schmeichelhaften Besonderheit in den Vordergrund stellten.

Ein anderer Grund, warum wir uns vielleicht schwertun damit, jeden fünften oder sechsten Menschen als hochsensibel zu erkennen, kann sein, dass er oder sie gar nicht erkannt werden will. Wer sich auf Grund seiner Sensibilität als Verlierer erlebt, sich jedoch gleichzeitig wünscht, ein Held und Gewinner zu sein, beginnt sich zu gebärden wie ein Sieger oder doch so, wie er glaubt, dass sich Sieger gebärden. Wer erlebt hat, dass die eigene Offenheit und freundliche Zutraulichkeit, die sich an vielen hochsensiblen Kindern beobachten lassen, von anderen als Einladung zur Demütigung und zu Übergriffen gewertet wurden, wird bestrebt sein, Strategien und Verhaltensmuster zu entwickeln, die die eigene Wesensart maskieren. Das betrifft vor allem, aber nicht nur, hochsensible Buben und Männer.

Der wichtigste Grund ist aber wohl die große Vielfalt unter uns hochsensiblen Menschen. Von der menschlichen Tendenz, von sich auf andere zu schließen, haben wir bereits gesprochen. Im Zusammenhang mit dem Erkennen anderer Hochsensibler kann dies eine große Rolle spielen, wenn wir nur diejenigen als besonders sensibel erkennen, die uns sehr ähnlich sind. Hochsensible sind jedoch genauso verschieden voneinander wie andere Menschen auch. Da sind zunächst einmal die körperlichen Unterschiede, so wie z. B. groß – klein, feingliedrig – plump. Hinzu kommt die Vielfalt in der Wesensart, z.B. introvertiert – extrovertiert, schnell – langsam, konfrontativ – ausweichend, aktiv – passiv etc., etc. Doch darüber hinaus gibt es deutliche Unterschiede in der Sensibilität selbst. Und wir meinen damit nicht einmal die quantitativen Unterschiede, sondern die qualitativen. Im Versuch einer groben Gliederung der Sensibilitätsbereiche, in denen wir unsere Schwerpunkte haben können, erkennen wir drei große Gruppen, in die wir sie einteilen können: körperlich/sensorisch, seelisch/gefühlsbetont und kognitiv/abstrakt.

Wer den Schwerpunkt seiner Sensibilität in dem großen körperlich/sensorischen Feld hat, nimmt sinnliche Reize stärker und bewusster wahr als nicht Hochsensible, aber auch viel stärker als andere HSP, die ihren Schwerpunkt in einem anderen Bereich haben. Dazu zählen neben den augenfälligen Dingen wie dem genauen Hören, komplexen Riechen, starken Temperaturempfinden etc. auch subtilere sinnliche Außenwahrnehmungen wie das Bemerken von Farbharmonien, eine seismische Empfindsamkeit für Erschütterungen und Vibrationen und vieles mehr. Neben der sehr detailreichen Registrierung der Außenwelt gehört auch die vielschichtige Wahrnehmung des eigenen Körpers und seiner inneren Funktionen in diesen Bereich.

Hochsensible Menschen mit Schwerpunkt im seelisch/emotionalen Bereich sind die klassischen Empathiker. Sie spüren oft sehr deutlich, wie es anderen geht, vorausgesetzt, dass sie nicht gerade selbst emotional verstrickt sind, doch dazu später mehr. Derart Hochsensible betreten einen Raum und wissen oft sofort, ob die dort Anwesenden gerade streiten, flirten, jemanden ausrichten, Wissen weitergeben, Smalltalk machen, ein persönliches oder ein sachliches Gespräch führen. Je nachdem, wie gut die Sensibilität mit ihrem Abstraktionsvermögen verknüpft ist, sind sie fähig ihre Wahrnehmungen zu verbalisieren oder sie reagieren rein emotional, indem sie sich entweder wohl und willkommen fühlen oder deplaziert, unwohl oder gar bedroht. In Gesprächen nehmen sie die Untertöne oft ebenso stark wahr wie das gesprochene Wort oder sogar stärker. Das kann, speziell wenn der Unterton unbewusst ist oder wenn der im Unterton mitschwingende emotionale Nebenaspekt dem Gegenüber zwar bewusst ist, aber von ihm selbst nicht gut geheißen wird, und besonders wenn die Emotion aus einer gänzlich anderen Situation mit anderen Menschen herrührt, zu gelegentlich sehr unangenehmen Verstrickungen führen. Diese werden dann meist Missverständnisse genannt, weil wir für solche Verwirrungssituationen, die sich aus der unterschiedlichen Gewichtung verschiedener, paralleler emotionaler und inhaltlicher Beziehungsaspekte ergeben können, kein besseres Wort haben.

Im kognitiv/abstrakten Bereich besonders begabte Hochsensible haben ihren Schwerpunkt in der Musik, Mathematik, abstrakten Physik, Metaphysik, Philosophie und in verwandten Gebieten. Sie wissen intuitiv, was wahr ist und was nicht. So wie jemand mit seinem Schwerpunkt im seelisch/emotionalen Bereich intuitiv erfasst, ob eine Aussage wahr ist oder nicht, weil diese Menschen sehr genau spüren, ob der Sprecher ehrlich ist oder lügt oder etwas verdrängt, erkennt der abstrakt Hochsensible intuitiv, ob die Aussage an sich wahr ist oder nicht, auch wenn er mit ihrem Urherber keinerlei Kontakt hat. Das kann sich beispielsweise auch auf die Wahrheit mathematischer Aussagen oder die Fehlerfreiheit des Codes von Computeranwendungen beziehen. Sollen sie die intuitive Beobachtung dann beweisen, kann es Stunden dauern, bis sie die Gleichung ausgerechnet haben oder den Code Zeile für Zeile durchgegangen sind, aber ob das Ergebnis richtig ist oder nicht, das erfassen HSP mit Schwerpunkt im kognitiv/abstrakten Bereich oft schon in wenigen Minuten. Auch zukünftige Entwicklungen einer Situation können sie leicht erfassen – und verstehen es dann oft nicht, wieso andere sich so schwer damit tun, bis zum Ende zu denken.

Wie Sie sich beim Lesen der verschiedenen Beschreibungen wahrscheinlich bereits gedacht haben, sind die meisten von uns Mischtypen. Die Festlegung auf drei Bereiche ist natürlich eine Vereinfachung. Wir sind sogar der Meinung, dass sich jeder dieser drei Bereiche noch weiter untergliedern lässt. Eine Unterteilung der verschiedenen Arten von Hochsensibilität wurde erstmals von Brigitte Schorr veröffentlicht[4]. Frau Schorr unterscheidet allerdings vier Ausprägungen der Hochsensibilität – neben den empathischen, den kognitiven und den sensorischen Hochsensiblen beschreibt sie noch die spirituellen Hochsensiblen. In diesem Punkt sind wir anderer Ansicht. Abgesehen davon, dass auch nicht hochsensible Menschen eine sehr innige und lebendige Spiritualität haben können, nimmt der spirituelle Zugang von HSP ebenfalls verschiedene Ausprägungen an. Bei kognitiv/abstrakten Hochsensiblen steht der kognitive

Anteil – die Erkenntnis geistlicher Welten, das Wissen um größere Zusammenhänge und der Wunsch zu verstehen – im Vordergrund, bei seelisch/emotionalen HSP finden wir oft eine ausgeprägte Gottesliebe und viel Mitgefühl mit anderen Menschen. HSP mit Schwerpunkt im körperlich/sensorischen Bereich wiederum haben meist eine sehr handlungsorientierte Spiritualität durch Spenden, gute Werke etc.

Vor dem Hintergrund der verschiedenen Ausprägungen der Hochsensibilität wird besser verständlich, dass Hochsensible einander oft nicht erkennen. Sogar zwei Hochsensible, die beide ihre Schwerpunkte beispielsweise im seelisch/emotionalen Bereich haben, können einander für Nicht-HSP halten, wenn sie die Schwerpunkte in verschiedenen Unterbereichen haben. Das alles führt unserer Meinung nach dazu, dass wir oft auch dann, wenn wir theoretisch um die Existenz vieler Hochsensibler um uns herum wissen, zuerst einmal nur wenige von ihnen als solche erkennen. Das ändert sich jedoch meist, wenn wir uns über eine längere Zeit mit diesem Thema befassen.

Was die ganze Situation weiter verwirrt, sind die oben angesprochenen emotionalen Verstrickungen und emotionalen Altlasten. Weil das ein großer Bereich ist, der sich in vielen verschiedenen Aspekten des Lebens auswirken kann, widmen wir ihm einen eigenen Punkt im Kapitel „Gesundheit". An dieser Stelle sei nur erwähnt, dass es neben den angeboren hochsensiblen Menschen auch jene gibt, die auf Grund von spezifischen Traumen, von Rollenumkehr oder ähnlich prägenden Situationen in ihrer frühen Jugend gezwungen waren, in bestimmten Bereichen eine außergewöhnlich hohe Empfindsamkeit für manche Dinge zu entwickeln.

Stop and Go – zwei grundlegende Reaktionsmuster

Die neuere psychologische Forschung spricht von zwei entgegengesetzten Systemen im Gehirn, deren Kombination den Grad der Intro- oder Extroversion bestimmt. Das eine System, Verhaltensaktivierung oder Annäherung genannt, ist dafür zuständig, uns Dingen (besonders neuen) zu nähern. Es dient vermutlich dazu, uns nach den Dingen streben zu lassen, die wir zum Überleben brauchen, wie Nahrung und soziale Integration. Unter dem Einfluss des Verhaltensaktivierungssystems sind wir entsprechend wagemutig, neugierig und nach außen gehend.

Sein Gegenstück, das System Verhaltenshemmung oder Rückzug, ist im Grunde ein Warnsystem. Es ist ein Reflexionssystem, das uns langsamer macht, auf Gefahren achten und vorsichtig sein lässt. Schon aus den Bezeichnungen können wir erkennen, welches dieser beiden Systeme in unserer Kultur als das bessere angesehen wird. Im Zuge der Begegnungen zwischen Völkern und Kulturen und der damit verbundenen globalen Vermischungsprozesse haben sich naturgemäß die extrovertierteren, aggressiveren Kulturen stärker durchgesetzt. Wir leben heute in einer nach außen gerichteten und wettkampforientierten Welt. Manchmal entsteht der Eindruck, als gäbe es einen gesellschaftlichen Konsens darüber, dass wir zuerst handeln und dann denken. So sind beispielsweise in gesellschaftlichen Auseinandersetzungen um die Neueinführung bzw. Verbreitung von neuen Technologien mit noch unbekannten Auswirkungen die Vertreter von Vorsicht und Bedacht in der Minderheit.

Jerome Kagan fand heraus, dass der Teil des Gehirns, in dem das Warnsystem sitzt, bei seinen gehemmten Kindern der aktivere war. Dieses System, das Aron das Stopp-und-schau-System nennt, ist demnach bei Hochsensiblen das ausgeprägtere, doch auch das Aktivierungssystem ist vorhanden. Auf Nachfrage bezeichnen sich ca. 70 Prozent der HSP als introvertiert. Grundsätzlich ist dazu zu sagen, dass die meisten extrovertierten Menschen auch gelegentlich introvertierte Phasen haben und dass introvertierte Menschen manchmal durchaus aus sich herausgehen können. Darum sind diese Bezeichnungen als Trend zu verstehen und nicht als absolute Zuordnung.

Mit unserem Verständnis von den zwei wechselwirkenden psychologischen Systemen können wir vier Typen von Menschen ableiten: 1. Die mit einem starken Annäherungs- und einem schwachen Rückzugssystem (das von Ersterem eindeutig dominiert wird) – das sind die ausschließlich extrovertierten Menschen und unter ihnen werden wir nicht viele HSP finden können, weil ja Teil der Definition von Hochsensibilität die starke Ausprägung des Reflexionssystems ist. Dies sind die extrovertierten Nicht-HSP, welche zur Zeit die globale Kultur dominieren.

2. Dann gibt es die Menschen, deren Reflexionssystem stark ist und die ein schwaches Annäherungssystem haben – das sind die Introvertierten, die ein äußerlich ruhiges, geordnetes, eher ereignisarmes Leben bevorzugen und sich eines regen und tiefen Innenlebens erfreuen. In dieser Gruppe befinden sich die introvertierten HSP, das sind etwa 70 Prozent aller HSP.

3. Weiterhin gibt es die Menschen, bei denen sowohl das Annäherungs- als auch das Reflexionssystem schwach ausgebildet sind. Das sind die langsamen und stillen Nicht-HSP, bei denen sowohl das äußere als auch das innere Leben ereignisarm bevorzugt wird.

4. Und dann gibt es noch die Menschen, bei denen beide Systeme stark ausgeprägt sind. Bei ihnen stehen die Impulse zur Annäherung und zum Rückzug häufig miteinander in Konflikt. Dies sind die ausgeprägt extrovertierten hochsensiblen Menschen. Solche HSP haben eine sehr schmale Bandbreite der optimalen Stimulation. Sie sind leicht überstimuliert, aber auch leicht gelangweilt. Sie neigen dazu, oft und gerne Neues ausprobieren, sich dabei aber auch selbst zu überfordern. Oft schwanken sie periodisch zwischen Phasen der Extrovertiertheit und des Rückzugs, weil sie im Grunde genommen keine Extrovertierten sind, sondern sowohl im allgemeinen Sprachsinn extrovertiert als auch introvertiert im Sinne von C. G. Jung sind.

Wenn beide Systeme stark ausgebildet sind, sehen wir scheinbar sprunghafte und impulsive Menschen, die Dinge anpacken und wieder hinwerfen, ihre Umwelt häufig verwirren und im Extremfall den Eindruck einer gespaltenen Persönlichkeit hinterlassen. Gerade für die Gruppe der sowohl extrovertiert als auch introvertiert veranlagten HSP ist es ganz besonders wichtig, dass diese beiden unterschiedlichen Teile der Persönlichkeit lernen, miteinander zurechtzukommen. Hier kommt die hohe Schule des Selbstmanagements ins Spiel. Ist jedoch einmal erreicht, dass diese potenziellen Widersacher harmonisch miteinander kooperieren, können sich diese Menschen zu erstaunlichen Leistungen aufschwingen.

Diverse Eigenheiten

Hochsensibilität ist ein komplexes Phänomen. Es gibt noch einige bemerkenswerte Eigenheiten, die in Verbindung damit verstärkt auftreten. Sie alle lassen sich in geringem Maße auch bei weniger sensiblen Menschen beobachten. Dort sind sie jedoch oft Indikator für verschiedenste psychische oder biochemische Dispositionen, was für HSP nicht in dieser Weise zutrifft. Vieles davon könnte uns sicherlich einiges über tiefe innere Zusammenhänge bei hochsensiblen Menschen sagen bzw. über die Rolle der Hochsensibilität für die gesamte Spezies. Diese Zusammenhänge sind jedoch noch nicht ausreichend erforscht, um sie zu veröffentlichen. Die Forschung geht weiter und wird sicherlich in zukünftige Bücher zum Thema einfließen. An dieser Stelle werden die beobachteten Fakten vor allem deshalb präsentiert, damit Sie wissen, lieber Leser und liebe Leserin, dass Sie damit nicht alleine sind und dass es für eine HSP völlig normal ist, so zu sein.

Leichtes Erschrecken

Fast drei Viertel der hochsensiblen Menschen erschrecken leicht, während nur 15 Prozent dies auf Nachfrage verneinen. Der Hang zur Schreckhaftigkeit ist natürlich bei verschiedenen HSP unterschiedlich stark ausgebildet. Uns sind auch manche Fälle bekannt, wo die Personen mit einer Zeitverzögerung von bis zu einer Sekunde erschreckt zusammenzucken, wenn sie in ihrer Konzentration unterbrochen werden. Dies ist für die Betroffenen manchmal peinlich, weil andere Menschen dann möglicherweise die Echtheit der Reaktion anzweifeln. Der Vorwurf, die Sensibilität nur schauspielerisch darzustellen, um sich wichtig zu machen oder um sich Vorteile zu erschleichen, wird vielen Hochsensiblen immer wieder gemacht. Ihre Schreckhaftigkeit, die für viele Menschen unglaubwürdig wirkt, trägt sicher auch einiges zu diesem falschen Bild bei.

Hang zum Vegetarismus

Unsere Umfragen haben ergeben, dass unter hochsensiblen Menschen deutlich mehr Vegetarier oder Veganer sind als im Durchschnitt der Bevölkerung. Es ist stark zu vermuten, dass dies einerseits mit dem Wunsch zusammenhängen könnte, andere Lebewesen nicht zu schädigen, und andererseits mit dem stark ausgeprägten Wertesystem, das sich oft auch im Konsumverhalten niederschlägt. Darüber hinaus wählen Hochsensible gerne eher die leicht verdaulichen Speisen, um nicht mit schwerem Essen ihre Verdauung zu belasten. Mehr zum Thema „Ernährung" finden Sie im Kapitel „Gesundheit".

Phasen von Weltschmerz

Über 80 Prozent aller hochsensiblen Menschen haben gelegentliche Phasen von Weltschmerz, in denen sie vertraute oder scheinbar banale Tatsachen sehr traurig stimmen. Weniger als 12 Prozent kennen solche Phasen nicht. Es kann natürlich sein, dass ein Teil der Befragten auch depressive Episoden dazugezählt haben, doch nach Umfragen im Umfeld des Autors handelt es sich dabei mehrheitlich um Zustände, die sich von Depressionen deutlich unterscheiden. Vielmehr geht es um eine offene, fließende Trauer, eine Melancholie ohne das schwere, lähmende Element der Depression. Häufig tritt der Zustand am Abend oder sonst bei deutlicher Müdigkeit auf.

Überdurchschnittlich große Probleme mit Veränderungen

Veränderungen sind ein spezielles Kapitel für hochsensible Menschen. Mehr als die Hälfte der HSP fühlt sich von Veränderungen durcheinandergebracht, weitere 20 Prozent (insgesamt knapp über 72 Prozent) beantworten die Frage mit „eher ja". Ungefähr 7 Prozent haben geringe, weitere 7 Prozent keine nennenswerten Probleme mit Veränderungen, darunter die mageren zwei Prozent derer, die Veränderungen im Leben an sich als angenehm und zentrierend erleben. Die restlichen 97 Prozent der HSP können und werden vermutlich trotzdem in der Retrospektive Veränderungen mal mehr, mal weniger als positiv und förderlich sehen. Doch bei den zwei Prozent geht es darum, dass Veränderung selbst unmittelbar als positiv erlebt wird, noch bevor Näheres über die Richtung oder über Auswirkungen bekannt ist. Doch die Mehrheit der HSP wird von Veränderungen irritiert bis gestört.

Hochsensible Kinder, aber auch ebensolche Tiere können mitunter auf geringfügige Veränderungen in ihrem Bereich massiv reagieren. Der Autor kennt einen hochsensiblen Hund, einen Golden Retriever (sehr viele Mitglieder dieser Rasse dürften zuchtbedingt hochsensibel sein), der während eines Spaziergangs auf einem seiner drei üblichen Ausgangsrouten den neuen Briefkasten an irgendeinem Gartentor sofort registrierte, ihn gründlich verbellte und anschließend ausgiebig beschnüffelte und erst nach geraumer Zeit zum Weitergehen zu bewegen war. Bei den folgenden zwei oder drei Spaziergängen auf dieser Route wiederholte sich die Prozedur in allmählich schwächer werdender Form, bis die Neuerung endlich verdaut war.

Für hochsensible Kinder kann die vertraute Routine besonders wichtig sein. Rituale am Morgen, beim Schlafengehen, beim Essen, beim Weggehen und Heimkommen geben den meisten Kindern Freude und Sicherheit, für hochsensible Kinder sind sie oft essenziell für ihr Wohlbefinden. Wenn Sie also ein hochsensibles Kind haben, sollten Sie versuchen, besonders in Umbruchsphasen wie etwa Einschulung oder Wohnungswechsel möglichst viele der kleinen und größeren Gewohnheiten beizubehalten. Gut ist es auch, Veränderungen anzukündigen, damit sich betroffene HSP darauf einstellen können.

Kindliche Naivität

Eine weitere interessante Eigenheit hochsensibler Menschen scheint eine gewisse Naivität zu sein, wie 62 Prozent von ihnen von sich selbst bestätigen. Man könnte sie wohl auch gutgläubig nennen. Sie nehmen Scherze von Freunden für bare Münze oder sind immer wieder aufs Neue enttäuscht, wenn sich Versprechen in der Werbung oder der Politik als unwahr herausstellen. Sie glauben nicht nur in abstrakter Weise an das Gute im Menschen, sondern sie nehmen ohne viel Nachdenken an, dass dieses Gute die Handlungen der Menschen in weit höherem Maße beeinflusst, als es tatsächlich der Fall ist. Dies ist umso bemerkenswerter, als die überwiegende Mehrheit der HSP eine sehr hohe emotionale Intelligenz (EQ) aufweist und auch der klassische Intelligenzquotient (IQ) bei ihnen über dem Durchschnitt liegt. Die Menschenkenntnis ist also meist hoch, im reflektierenden Gespräch können sie wohl oft die Realitäten gut einschätzen – aber nichtsdestotrotz halten sie immer wieder Aussagen für bare Münze, die von vielen nicht hochempfindsamen Menschen leichter durchschaut werden.

Gefühle der Verbundenheit

Eine weitere Eigentümlichkeit, die HSP gemein haben, ist das einseitige Gefühl von Verbundenheit. Mehr als drei Viertel beobachten an sich, dass sie sich anderen Menschen tendenziell stärker verbunden fühlen, als das umgekehrt der Fall zu sein scheint. Nur fünf Prozent sind sich sicher, dass das bei ihnen nicht so ist. Diese Tendenz ist insofern sehr bemerkenswert, als sich daraus in Verbindung mit der urmenschlichen Neigung, von sich auf andere zu schließen, wohl gar manche schmerzliche Erfahrung ergibt. Extremfälle davon sind die tragischen Schicksale unerwiderter Liebe, von denen die Literatur voll ist. Bis vor wenigen Jahrzehnten waren wohl nahezu 100 Prozent der Poeten, Schriftsteller, Komponisten, Maler und sonstigen Künstler hochsensible Menschen und auch heute sind sie es noch zur überwiegenden Mehrheit. Doch auch bei HSP ohne künstlerische Neigungen finden sich die eine oder andere schmerzliche Erinnerung an Enttäuschungen (Ent-Täuschungen!) durch Illoyalitäten von Freunden, Bekannten oder Kollegen. Die HSP hat sich in solchen Fällen meist ausreichend verbunden gefühlt, war ihrerseits loyal und hat unreflektiert dieselbe Erwartung an die nicht hochsensible Person. Dass sich der hochsensible Mensch so eine Enttäuschung meist sehr zu Herzen nimmt, akzentuiert vielleicht den Eindruck, in Beziehungen selbst stärker verbunden zu sein als die jeweils anderen.

Höchst bemerkenswert – wenn auch ganz besonders wenig erforscht und hinterfragt – erscheint uns das Gruppenverhalten hochsensibler Menschen. Weniger als ein Drittel der HSP sind der Ansicht, dass Hierarchien etwas Natürliches im Leben darstellen. Demgemäß tun sich nur 24 Prozent leicht damit, sich unterzuordnen. Weitere 17 Prozent können sich damit abfinden. Weniger als 18 Prozent der HSP bemühen sich darum, in einer Gruppe das Sagen zu haben, weitere 10 Prozent wünschen es sich, doch mit 48 Prozent sind es fast die Hälfte der Hochsensiblen, die in Gruppen dezidiert nicht dominieren wollen.

Hochsensibilität vermutlich angeboren

Menschen sind komplex und vielschichtig und das trifft auf HSP sicherlich in einem sehr hohen Maße zu. Deshalb ist es schwer, Aussagen zu machen, die auf alle Hochsensiblen gleichermaßen zutreffen. Mit Sicherheit lässt sich jedenfalls sagen, dass die Hochsensibilität in fast allen Fällen ab der Geburt feststellbar ist. Ganz selten scheint es vorzukommen, dass Menschen erst als Erwachsene an sich selbst eine bis dahin unbekannte Empfindsamkeit bemerken. Im einzigen uns bekannten Fall trat das nach dem traumatischen Erlebnis eines mehrtägigen Komas auf. Leider ist das Phänomen der Hochsensibilität an sich noch viel zu wenig erforscht, um zu verstehen, wie es zu diesen Sonderfällen kommt. Doch von diesen Ausnahmen abgesehen sind Menschen von Geburt an hochsensibel. Alle Anzeichen deuten darauf hin, dass Hochsensibilität vererbt wird. Die Forschung in diesem Bereich zeigt sich als schwierig, weil wir bei der Beurteilung der Empfindsamkeit der Eltern oft auf subjektive Eindrücke und äußere Anzeichen angewiesen sind. Überdies bemühen sich sehr viele HSP ein Leben lang, ihre Empfindsamkeit abzulegen oder zumindest nicht zu zeigen. In wirtschaftlich härteren Zeiten, wie wir sie in der ersten Hälfte des zwanzigsten Jahrhunderts hatten, ist diese Tendenz sicher noch verstärkt, einfach weil viele Menschen meinten, sich diese Empfindsamkeit nicht leisten zu können. Auch hat Hochsensibilität viele Gesichter und Ausformungen, Intensitäten und Spezialisierungen, was es nicht leichter macht, sie ohne gründliche Tests zu erkennen.

Wir wissen bisher so gut wie nichts über die hier wirkenden Vererbungsmuster. Es ist durchaus denkbar, dass die Anlage auch eine Generation überspringen kann. Sicher ist jedenfalls, dass von denselben Eltern in einer Familie sowohl hochsensible als auch nicht hochsensible Kinder kommen können. Aber auch ohne im Detail sagen zu können, wie die Vererbung der Hochsensibilität vor sich geht, können wir doch die Vorhersage treffen, dass nahezu einhundert Prozent der HSP unter ihren Eltern oder Großeltern ebenfalls zumindest einen hochsensiblen Menschen finden werden.

Wir finden Hochsensibilität nicht nur bei Männern und Frauen in gleichem Maße, sondern auch bei allen Völkern und Ethnien dieser Erde. Und sogar bei anderen höheren Säugetieren zeigt sich in etwa der gleiche Prozentsatz auffällig feinfühliger Individuen. Daraus können wir mit an Gewissheit grenzender Wahrscheinlichkeit schließen, dass Hochsensibilität nicht nur etwas Natürliches und Normales darstellt, sondern dass diese genetische Spielart eine wichtige Funktion für die Art hat.

HSP – eine Klasse für sich

Sie, werter hochsensibler Leser und werte hochsensible Leserin, sind also tatsächlich in einer grundlegenden Weise anders als annähernd fünf Sechstel der Menschheit. Wir HSP sind genetisch unterschiedlich, dadurch nehmen wir anders wahr und verarbeiten anders. In einem Teil des Buches werden wir uns mit der Frage auseinandersetzen, ob es sinnvoll sein könnte, auch anders zu leben als die Mehrheit. Aber zunächst werfen wir einmal einen ersten Blick darauf, was denn unsere Eigenart für einen Sinn haben könnte.

Das Sechstel an hochsensiblen Individuen findet sich, wie gesagt, außer bei uns Menschen vermutlich bei allen höheren Säugetieren, jedenfalls bei Hunden, Katzen, Pferden und Nagetieren. Daraus zieht Dr. Aron den Schluss, dass Hochsensibilität – zumindest in einem Teil der Population – einer Art nützlich ist. Sie argumentiert, dass es einer Gruppe nützlich ist, wenn ein gewisser Prozentsatz langsam und vorsichtig ist, Gefahren eher bemerkt, leicht Wasserstellen aufspürt usw. So einleuchtend das auf den ersten Blick wirkt, so müssen wir doch sagen, dass die Wahrheit komplizierter sein muss. Für Herdentiere mag dieses Erklärungsmodell ganz gut funktionieren, aber bei Katzen beispielsweise muss die Sache anders liegen, weil sie Einzelgänger sind oder in polygamen Familienverbänden leben. Trotzdem ist dort der gleiche Prozentsatz an Hochsensiblen zu bemerken. Ohne Zweifel nützt es der Gattung, wenn ca. ein Sechstel der Individuen hochsensibel ist, sonst fänden wir dies nicht so durchgehend bei verschiedensten Tierarten. Auch dass der Nutzen in vielen verschiedenen Situationen gegeben sein muss, lässt sich daraus schließen. Jedoch in welcher Weise dieser Nutzen geschaffen wird und wieso sich bei verschiedensten Spezies der Prozentsatz immer zwischen einem Fünftel und einem Sechstel einpendelt, wissen wir leider noch nicht.

Wir stimmen jedoch mit Frau Dr. Aron überein, dass Menschen als Spezies noch stärker von der HSP-Minderheit profitieren als jedes andere Säugetier. Menschen haben die Fähigkeit zu reflektieren, sie können sich Möglichkeiten vorstellen und sie haben ein Bewusstsein von Vergangenheit und Zukunft. All dies ist eng mit dem Menschsein verknüpft – und es findet sich besonders stark bei hochsensiblen Menschen. Durch die Fähigkeit zu komplexen Mitteilungen und durch die zeitversetzte Kommunikation durch Aufzeichnungen aller Art – von der Höhlenmalerei über die Schrift bis zu Multimedia – spielt beim Menschen der Einfluss des Einzelnen auf die Gruppe eine sehr große Rolle. Und wenn es stimmt, dass Not die Mutter der Erfindung ist, dann kommen bestimmt sehr viele Erfinder aus den Reihen der HSP, denn sie leiden nun einmal leichter unter Bedingungen, die für andere noch akzeptabel sein mögen. Somit haben wir den größeren Bedarf an Lösungen. Das ausgeprägte Harmoniebedürfnis der HSP wurde ebenfalls schon erwähnt – dadurch werden reife Hochsensible in Gruppen meist die Stimme der Versöhnung und Vernunft sein.

Elaine Aron teilt die Menschheit in zwei Gruppen – die aktiven, draufgängerischen Krieger und Führer (die Krieger-Könige, wie Aron sie nennt) und die königlichen Ratgeber. Letztere sind die Bedächtigen, Friedliebenden, Rücksichtsvollen, Vorausschauenden – die HSP. Dass die amerikanische Psychologin alle Menschen, die nicht HSP sind, zu Königen ernennt, ist ein galanter Zug von ihr. Wir halten es für unwahrscheinlich, dass der Wille zur sozialen Dominanz tatsächlich in allen nicht hochsensiblen Menschen in nennenswerter Weise vorhanden ist. Wir meinen, dass gar nicht so wenige Menschen die Verantwortung, die mit der Entscheidung über andere verbunden ist, nicht auf sich nehmen möchten. Genauso ist die öffentliche Exponierung, der Führer zwangsläufig ausgesetzt sind, nicht jedes Menschen Sache. Aber wie dem auch sei, den Hochsensiblen die Rolle des königlichen Ratgebers zuzuteilen ist gar nicht so schlecht.

Die Ratgeber hat es in allen Kulturen gegeben. In alten Zeiten waren sie in Personalunion Priester, Wissenschaftler, Künstler und Heiler. Eine Minderheit, die selten direkt regiert (und wenn, dann meist ohne sich mit Ruhm zu bekleckern), doch immer eine wichtige Rolle gespielt hat. So wie es im einzelnen Menschen das Stopp-und-schau-System braucht, um dem draufgängerischen Aktivierungssystem ein Gegengewicht zu geben, so braucht eine Gesellschaft die königlichen Berater. Entschlossenheit, Entscheidungsfreude, Mut und Risikobereitschaft sind wichtige Eigenschaften im Lenken einer Gesellschaft, einer Familie oder einer anderen Gruppe, doch ohne den mäßigenden Rat der Vorsichtigen, Einfühlsamen und Vorausschauenden kann die Entwicklung rasch an den Rand der kollektiven Selbstzerstörung führen.

In den ältesten Hochkulturen der Welt waren die Bedächtigen und Feinfühligen respektiert und geschätzt. In den Tausende Jahre überdauernden Kulturen des alten Japans, Chinas, Ägyptens oder in Bharata, dem vedischen Indien, waren die HSP eine eigene, angesehene Klasse. Ihre Werte dienten als gesellschaftliche Leitbilder, für ihre besonderen Bedürfnisse wurde gesorgt und kaum ein Herrscher traf Entscheidungen, ohne sie um Rat zu fragen (was nicht heißt, dass er den Rat immer befolgt hat). In der heutigen Welt ist noch ein schwacher Widerschein davon sichtbar, wenn die Stimmen von Künstlern, Wissenschaftlern oder Vertretern des Klerus zum Zwecke der öffentlichen Meinungsbildung publiziert werden.

Doch auch außerhalb einer anerkannten oder institutionalisierten Rolle erfüllen hochsensible Menschen in jeder Gesellschaft und in jeder Gruppe eine wichtige Funktion. Sie sind die Stimme der Vernunft, der Vorsicht und der Bedächtigkeit, die Mahnung zur Sanftheit, zur Langsamkeit und zum Frieden. Die Entspannung, das Sowohl-als-auch und die Integration werden von Hochsensiblen ebenso vertreten wie Bescheidenheit, das Verständnis für die Natur und die Pflege der inneren Werte. Es ist eine leise, meist unaufdringliche Stimme, der im Zuge der historischen Entwicklung immer weniger Gehör geschenkt wurde. Nichtsdestotrotz erfüllt sie eine bedeutende Funktion in jeder Nachbarschaft, in jedem Dorf, in jedem wirtschaftlichen Betrieb.

Licht und Schatten der Hochsensibilität

Hochsensibilität scheint also eine für das menschliche Leben äußerst wichtige Funktion zu sein, die manchmal für die Betroffenen nicht sehr angenehm ist, jedoch andererseits Gefühle, Stimmungen und Wahrnehmungen verschafft, die sehr schön und erfüllend sein können. In dieser Widersprüchlichkeit lässt sich die Anlage zur HSP mit der Elternschaft vergleichen. Kinder zur Welt zu bringen, sie aufzuziehen und zu verantwortungsbewussten Erwachsenen zu erziehen ist eine für das Bestehen der Menschheit absolut vitale Funktion. Immer wieder vermittelt es einem Gefühle tiefer Erfüllung, Sinnhaftigkeit, Freude und Dankbarkeit, wie jede Mutter und jeder Vater sicherlich bestätigen kann. Doch wie ebenfalls jede/r weiß, die oder der die Elternschaft gekostet hat, ist es nicht immer angenehm, sondern auch mühsam, voller Entbehrungen, gelegentlich auch schmerzhaft und gesellschaftlich wenig anerkannt.

Ein Teil der Mühsal der Elternschaft dürfte quasi in der Natur der Sache liegen. Doch ein Teil erwächst den Müttern und Vätern auch aus ihrer sozialen Situation, die stark vom kulturellen Kontext bestimmt wird. Unsere fragmentierte Gesellschaft mit dem Abnehmen von Kontakt und Solidarität in der Nachbarschaft, der Zunahme von Leistungsdruck, täglicher Mobilität und einer Werbung, die das kindliche Gemüt immer mehr zum Konsumieren manipuliert, ist nicht dazu angetan, aufrichtig bemühten Eltern das Leben zu erleichtern. Ein weiterer Teil der unangenehmen Aspekte der Elternschaft erwächst uns aus der Schwierigkeit, mit uns selbst und unseren Bedürfnissen, Wünschen und Begierden so umzugehen, dass sie weder mit unseren Verantwortungsgefühlen kollidieren noch in Opfergefühle oder bittere Selbstaufgabe münden. Und ein Teil ist wohl auch mangelndes Wissen, mangelnde Ausbildung und Vorbereitung auf die mannigfaltigen Aufgaben, die eine Elternschaft so mit sich bringt.

Mit der Anlage zur HSP verhält es sich ganz ähnlich. Sie ist wichtig für die Menschheit, kann als sehr unangenehm erlebt werden, aber auch große Tiefe und Erfüllung geben. Ein Teil der Mühsal liegt vielleicht auch hier in der Natur der Sache. Doch ein anderer Teil erwächst sicherlich aus dem Konflikt mit einem kulturell ungünstigen Umfeld und weitere Teile der Mühsal entstehen aus inneren Konflikten bzw. aus Unwissenheit.

Sehr sensibel zu sein in einem Umfeld, das eine solche Empfindsamkeit nicht schätzt, ja, sie oft nicht wahrnimmt bzw. für nicht wahr hält, wenn darauf aufmerksam gemacht, das kann sicherlich eine Quelle steten Leids sein. Als Minderheit in einem Umfeld zu leben, das nicht auf die Bedürfnisse dieser Minderheit Rücksicht nimmt, ist immer eine Belastung. Doch anders als bei Linkshändern, Rollstuhlfahrern oder sprachlichen Minoritäten macht das den HSP nicht in erster Linie das Handeln im praktischen Leben schwer. Die stärkste Belastung erwächst den meisten HSP daraus, dass sie bei ungenügendem Selbstmanagement häufig bis an oder über die Grenzen ihrer Belastbarkeit mit Reizen der verschiedensten Art überflutet werden. Carl Gustav Jung meinte, dass die sensiblen Introvertierten in einem Umfeld leben sollten, in dem sie die auf sie einströmenden Eindrücke drosseln oder intensivieren könnten, so wie es ihren wechselnden Bedürfnissen entspräche. Doch nur wenige HSP sind heutzutage in der glücklichen Situation, so viel Kontrolle über die auf sie einströmenden Stimuli ausüben zu können. Überstimulation ist ein Indikator von Machtlosigkeit und das Bewusstwerden eben dieser Ohnmacht bringt das Erleben intensiver Stimulation oft erst zum Eskalieren.

Hochsensible Menschen haben – ebenso wie alle anderen – sehr reale Bedürfnisse nach sozialer Zugehörigkeit und gemeinsamen Aktivitäten. Andere Bedürfnisse ergeben sich aus wirtschaftlichen Notwendigkeiten oder den Verpflichtungen der Elternschaft oder anderen Verantwortlichkeiten. Wieder andere Wünsche entstehen, weil auch HSP beileibe nicht immun sind gegen die bedürfnisweckenden Einflüsterungen der gegenwärtigen Konsumkultur. Viele dieser Bedürfnisse, Wünsche oder Begierden können die Betroffenen mit denen ihres hochsensiblen Körpers in Konflikt bringen.

Schon allein der Stress, zwischen den sich widersprechenden Wünschen und Gefühlen zu entscheiden, ist für viele von uns HSP sehr stimulierend. Speziell innere Konflikte, die sich ergeben, wenn in Gruppen spontane Ideen für gemeinsame Aktivitäten auftauchen, können da sehr anstrengend oder schmerzhaft sein. Wir verbringen beispielsweise einen mit verschiedensten Aktivitäten ausgefüllten Urlaubstag mit Freunden. Am frühen Abend kehren wir erschöpft ins Quartier zurück, als plötzlich der Vorschlag auftaucht, tanzen zu gehen, und bei den anderen die Müdigkeit wie weggeblasen erscheint. Gerne wären wir dabei, wenn unsere Freunde noch einige schöne und ausgelassene Stunden miteinander verbringen, und auch Tanzen macht uns Spaß – aber gleichzeitig haben wir bereits mehr als genug und brauchen dringend Rast und Zeit für uns alleine. Eine schnelle Entscheidung soll es auch noch sein, weil die anderen ja losgehen wollen. In einer solchen Situation verwünscht so manche HSP ihre Empfindsamkeit.

Doch genau in dieser Empfindsamkeit, die durch ein unverständiges Umfeld und kollidierende eigene Begierden zur Qual werden kann, liegt auch das besonders Erfüllende, das den Hochsensiblen vorbehalten ist. Die feine, detaillierte Wahrnehmung, die Freude an der Schönheit der Schöpfung, die Tiefe und Subtilität des Gefühlslebens, ein abstraktes Vorstellungsvermögen, die Erkenntnisfähigkeit und Wahrnehmung von Sinnhaftigkeit sind nur einige der Quellen tiefer Gefühle und erhebender Erlebnisse, die jenseits des Vorstellungsvermögens nicht hochsensibler Menschen liegen.

Hochsensibilität ist ein Gesamtpaket mit Vor- und Nachteilen. Wenn wir darum wissen, wie sehr diese Empfindsamkeit unser Leben bereichert, fällt es den meisten von uns gleich viel leichter, den vergleichsweise seichteren Freuden zu entsagen, wenn es zu einem Konflikt der eigenen Interessen kommt. Vielleicht, weil wir uns dann vom Leben nicht mehr so ungerecht behandelt fühlen – und Ungerechtigkeit ist etwas, das HSP bekanntlich nicht sehr gut ertragen.

Gegenwärtig ist fast die Hälfte aller Hochsensiblen (46 Prozent) mit ihrer Anlage so wenig glücklich, dass sie sich weniger Empfindsamkeit wünschen. Durch Kenntnisse der individuellen Ausformung der eigenen Anlage und einiger Techniken für das erfolgreiche Selbstmanagement können viele der Nachteile gemildert werden. HSP, die mit sich und ihrer Eigenheit in Frieden sind, genießen nicht nur ihr Leben viel mehr, sondern können die von der Natur für sie vorgesehene Rolle sicher besser erfüllen. Die Welt braucht sie und ihre Empfindsamkeit.

Biochemie ist nicht alles

Es gibt Stimmen in den Reihen der Psychologen, die meinen, dass viele Forschungsergebnisse, die aus der Beobachtung von Kindern gewonnen werden oder in denen von Tierbeobachtung auf menschliches Verhalten geschlossen wird, ein verzerrtes Bild der Wirklichkeit lieferten, weil sie die bewussten Entscheidungen und den graduellen Prozess der Selbsterziehung und -entwicklung außer Acht ließen. Dies ist im Bereich der angeborenen Sensibilität sicher wahr. Wenn auch jede HSP ihr spezielles, zart besaitetes Nervenkostüm bei ihrer Geburt erhalten hat, so ist Vererbung doch nicht der einzige Faktor, der später unseren Umgang damit bestimmt.

Es gibt die Einflüsse aus Erfahrungen und Lernerlebnissen unserer Kindheit, auf die wir vor allem im nächsten Kapitel, „Gesundheit", ausführlicher eingehen werden. Darüber hinaus sind die bewussten, erwachsenen Entscheidungen und Prioritätensetzungen ganz wichtig. Speziell hochsensible Menschen mit dem für sie typischen Einblick in die eigenen Denk- und Gefühlsprozesse können damit sich selbst und ihr Lebensgefühl, ihre Gewohnheiten und damit ihren Charakter und letztlich sogar ihr Schicksal formen und gestalten. Solche Prozesse erfordern Beharrlichkeit und können Jahre dauern, sind jedoch als integrierter Teil eines religiösen oder spirituellen Lebens für viele HSP etwas Vertrautes und täglich Geübtes.

Körperliche und seelische Gesundheit

Nur derjenige, der an den Leiden leidet,
wird von den Leiden befreit.

Lao Tse

Wie wir bis jetzt gezeigt haben, sind hochsensible Menschen in gewissen Bereichen – manche von ihnen in sehr vielen – auffällig zarter besaitet als der Rest der Menschen. Sie scheinen weniger belastbar zu sein und reagieren stärker auf alle möglichen Umwelteinflüsse. Es liegt die Frage nahe, wie sich dies auf die Gesundheit der Betroffenen auswirkt bzw. auswirken kann. Diese Überlegung scheint insofern besonders wichtig zu sein, als bekannte Gefahren leichter zu vermeiden sind. Wem die eigenen Schwachstellen, Gefahrensignale und Eigenheiten vertraut sind, kann sich auf sie einstellen und mit ihnen umgehen. Zusätzliches Gewicht erhalten diese Aspekte durch die Tatsache, dass hochsensible Menschen von allen Einflüssen stärker stimuliert werden, und da stehen natürlich Warnsignale und Leiden des Körpers und der Seele an vorderster Front.

Besonderheiten des hochsensiblen Körpers

Ausgeprägtes Frühwarnsystem

Das hochsensible Nervenkostüm der HSP bildet auch die Basis für ein sehr gutes Frühwarnsystem. Entzündungsherde, Verkrampfungen, Probleme mit dem Verdauungsapparat oder dem Kreislauf sowie alle anderen leichten Unpässlichkeiten und körperlichen Ungleichgewichte werden schon sehr früh ans Bewusstsein weitergeleitet. Die Tendenz zu größerer Achtsamkeit verhilft dazu, diese frühen, subtilen Signale nicht auszublenden, sondern zur Kenntnis zu nehmen. Die Anlage zum intensiveren und tieferen Verarbeiten wiederum führt dazu, dass solche Anzeichen zu Überlegungen und Fragen hinleiten, die meist solange am Arbeiten sind, bis eine befriedigende Antwort gefunden wurde.

Ein funktionierendes Frühwarnsystem kann die beste Gesundheitsversicherung darstellen, denn wenn Probleme behoben werden, solange sie noch klein und schwach sind, können sie sich erst gar nicht zu großen ausweiten. Unglücklicherweise nehmen sich viele hochsensible Menschen selbst so wenig wichtig bzw. manchmal auch die eigene Wahrnehmung nicht ausreichend ernst, sodass die Behebung von kleinen Befindlichkeitsstörungen eine niedrige Priorität für sie hat. Dadurch werden Maßnahmen zum Gegensteuern so lange zurückgestellt, bis die Probleme so groß geworden sind, dass sie sich durch intensivere Symptome die nötige Aufmerksamkeit verschaffen.

Das Frühwarnsystem ist jedoch auch ein potenzieller Spannungspunkt. Manche HSP nehmen körperliche Ungleichgewichte, die sich ohne Gegenmaßnahmen über kurz oder lang zu Krankheiten oder ähnlich deutlichen Unannehmlichkeiten auswachsen können, bereits in einem Stadium wahr, wo sie von den Diagnosemethoden der modernen westlichen Medizin noch nicht feststellbar sind. Geht der achtsame und vorausschauende hochsensible Mensch damit zum Arzt, so kann dieser vielleicht gar nichts feststellen, obwohl für die Betroffenen selbst bereits ein mehr oder weniger deutlicher, jedenfalls wahrnehmbarer Leidensdruck besteht. Manchmal steht dann gleich der Vorwurf der Hypochondrie im Raum. Bleibt das Problem im Frühstadium unbehandelt, kann es wachsen, die Symptome können sich verstärken bis zu einem Punkt, an dem das Problem auch von Ärzten erkannt werden kann. Manchmal taucht dann in ihrem Umfeld, aber auch bei den erkrankten Menschen selbst der Verdacht auf, sie hätten sich die Krankheit durch die intensive Einbildung selbst herbeigewünscht.

Neigung zu Allergien

Allergien sind bekanntlich Überreaktionen auf bestimmte, zumeist körperfremde Stoffe. Inzwischen ist sich die Medizin auch weitgehend darüber einig, dass Stress und die Reizüberflutung der modernen Welt maßgeblich an der Zunahme der Allergien beteiligt sind. Nicht nur, dass immer unnatürlichere Stoffe Eingang in unsere Atemluft, unser Wasser und unsere Nahrung finden, so werden es auch ständig mehr. Irgendwann ist es dem Körper zu viel und er beginnt auf irgendeinen Stoff wie Pollen oder Rückstände von Weichspüler in der Wäsche, auf Milcheiweiß, Erdbeeren oder irgendetwas anderes wie auf einen Krankheitserreger zu reagieren.

Hochsensible Menschen, die Außeneinflüssen aller Art offensichtlich weniger Widerstände und Filter entgegensetzen als der Rest der Menschheit und sich vielleicht auch auf der biologischen Ebene intensiver mit diesen Einflüssen auseinandersetzen, klagen eher über Unverträglichkeiten oder Allergien. Vielleicht aber bemerken sie allergische Reaktionen bloß deutlicher und sind stärker davon beeinträchtigt. Ein wenig sensibler Mensch wird das eigenartige Brennen in den Unterarmen nach dem Konsum von Pute, Huhn, Schwein und anderen Tieren, die mit Antibiotika behandelt wurden, wahrscheinlich gar nicht bemerken und auch ein leicht juckender Ausschlag dringt selten bis ins Bewusstsein vor, ebenso wenig wie das leichte Jucken der Augen nach dem Konsum von Milchprodukten als Hinweis auf eine Milchallergie. Ganz anders eine HSP – sie ist zumindest beunruhigt, macht sich Gedanken darüber und ist vom Jucken vielleicht bereits erheblich stimuliert, wodurch die Gesamtbelastbarkeit sinkt.

Untypische Reaktionen auf Medikamente

Ursprünglich waren wir der Meinung, dass Medikamente bei den meisten hochsensiblen Menschen bereits in merklich geringeren Dosierungen wirken als sie – zugeschnitten auf die weniger empfindsame Mehrheit – routinemäßig verabreicht werden. Seit der Erstauflage dieses Buches erreichten uns jedoch Informationen, die ein differenzierteres Bild zeigen. Quellen dafür sind die Ergebnisse einer Umfrage, die mit Tausenden Teilnehmern vor einigen Jahren von dem Münchner Pharmakologen Dr. Fiebrig durchgeführt wurde, und die Aussagen einiger Experten. Auf Psychopharmaka reagieren HSP der Beobachtung des Neurologen und Psychiaters Dr. Possnigg, Gründer von www.burnout.net, zufolge unvorhersagbar. Manchmal werden weitaus geringere Dosierungen benötigt als für den durchschnittlichen Patienten. Manchmal muss einem hochsensiblen Patienten die doppelte oder gar dreifache Menge verschrieben werden, bis der gewünschte Effekt eintritt. Und andere hochsensible Personen bewegen sich in puncto Dosierung völlig im Normbereich.

Viele hochsensible Menschen sind der Überzeugung, dass sie von den Nebenwirkungen der Medikamente besonders stark betroffen sind. Deshalb hat der Verein „Zart besaitet" in Zusammenarbeit mit Dr Immo Fiebrig Tausende Datensätze einer Internetumfrage zum Thema Medikamentenempfindlichkeit ausgewertet. Das führte zu dem überraschenden Ergebnis, dass hochsensible Personen mit ihrem Dosierungsbedarf durchaus in der gleichen Bandbreite liegen wie der Rest der Bevölkerung. Allerdings bemerken die HSP unerwünschte Nebenwirkungen schon viel früher. Das heißt, dass diejenigen, die einen Schwerpunkt ihrer Sensitivität auf der inneren Körperwahrnehmung haben, Nebenwirkungen schon wahrnehmen können, wenn die Dosierung für die erwünschte Hauptwirkung fast noch zu gering ist.

Viele Hochsensible sprechen ausgezeichnet auf alternative Heilmethoden an. Heilkräuteranwendungen und Ähnliches zeigen bei weiten Teilen der Bevölkerung angeblich kaum größere Erfolge als ein Placebo, doch sehr viele hochsensible Menschen haben damit die besten Erfahrungen gemacht. Es liegt der Schluss nahe, dass nicht nur das Nervensystem, sondern der gesamte Stoffwechsel hochsensibler Menschen empfänglicher für äußere Einflüsse ist und daher besser auf solche Anwendungen reagiert.

Neigung zu Stresskrankheiten
Viele hochsensible Menschen kennen aus leidiger Erfahrung den Übergang vom Kurzzeit- zum Dauerstress, zum Beispiel beim Einschlafen, wenn knapp vor dem Wegdriften eine Störung kommt (z. B.: „Mama, ich bin durstig ..."), so ist das noch kein Problem:

Wasserglas gebracht, Kind geküsst, zurück ins Bett. Die Müdigkeit tut das ihre, schnell ist man wieder am Punkt des Einschlafens – da schreckt man wieder ein wenig auf, vielleicht weil das Kind im Schlaf hustet. Manche Menschen erreichen da schon den kritischen Punkt, doch spätestens bei der dritten derartigen Störung schaltet das Nervensystem vieler HSP auf Dauerstress.

In der Regel ist es so, dass nach dem Ende der Störung das Adrenalin nach einigen Minuten genügend abgebaut ist, die Ruhe wieder einkehrt und der Organismus zum Normalzustand übergeht. Jedoch nach einer gewissen Anzahl von Adrenalinstößen innerhalb einer gewissen Zeitspanne schaltet der Körper auf Dauerstress und schüttet nicht nur Adrenalin, sondern auch Cortisol in den Blutkreislauf aus. Wie viele Störungen innerhalb welcher Zeitspanne jeder Einzelne verkraftet, ist individuell sehr unterschiedlich, generell jedoch wird dieser Punkt von hochsensiblen Menschen auffällig schneller erreicht als von anderen. Jeder kann sich da einmal selbst beobachten, um die eigene Belastbarkeit kennen zu lernen, doch mehr als die Hälfte der befragten HSP, die eine Antwort wussten, nannten drei Störungen innerhalb von einigen Minuten bis zu einer halben Stunde als die kritische Zahl. Der Mechanismus tritt natürlich nicht nur beim Einschlafen auf, sondern bei jeder Art von Unterbrechung der Konzentration oder Störung im eigenen Rhythmus.

Cortisol ist ein Hormon, das den Körper in dauerhafter Alarmbereitschaft hält. Sobald eine gewisse Konzentration von Cortisol im Blut feststellbar ist, beruhigt sich der Organismus auch nach Abbau des Adrenalins nicht mehr, sondern wartet gespannt auf die nächste Störung. Statt endlich einzuschlafen, liegen wir dann stundenlang wach oder wenn wir dreimal bei der Schreibtischarbeit unterbrochen wurden, können wir uns vielleicht gar nicht mehr richtig konzentrieren, weil wir mit einem Teil unserer Aufmerksamkeit darauf warten, wieder angesprochen zu werden, obwohl wir vielleicht inzwischen sogar alleine im Büro sind.

Das Alarmhormon Cortisol braucht zehn bis zwanzig Minuten, um voll wirksam zu werden und wird nur sehr langsam abgebaut. Es dauert mindestens einige Stunden, manchmal sogar einige Tage, bis der Normalzustand wieder erreicht ist. Solange die Effekte des Cortisols im Körper wirksam sind, kommt es auch leichter zu einer kurzzeitigen Erregung durch Adrenalinausstoß, das heißt, wir sind in diesem Zustand noch empfindsamer und noch leichter erregbar, was wiederum schneller zu einem erneuten Cortisolausstoß führen kann.

Dieser andauernde Spannungszustand ist über eine längere Zeit der Gesundheit abträglich. Ein langfristig erhöhter Cortisolspiegel kann zu erhöhter Infektionsanfälligkeit, zu Essstörungen, Vergesslichkeit, Bluthochdruck, Knochen- und Knorpelabbau sowie anderen körperlichen Störungen führen. Der Kreislauf wird belastet und die oft resultierende Schlaflosigkeit schwächt außerdem das Immunsystem. Dabei ist gerade Schlaf ein wichtiger Faktor, um Cortisol möglichst rasch wieder abzubauen. Deshalb ist es speziell für hochsensible Menschen besonders wichtig, sich ausreichend Ruhe und Rückzug zu verschaffen. Reichlich Wasser zu trinken ist ebenfalls hilfreich. Einige nützliche Techniken rund um das Thema Schlaf und Cortisolabbau werden im Kapitel „Selbstmanagement" vorgestellt.

Zum Thema Vergesslichkeit bei HSP sind vor allem zwei Dinge erwähnenswert. Zum einen kann ein über Jahre oder Jahrzehnte hoher Cortisolspiegel zu einer besonderen Form der Altersvergesslichkeit führen. Darüber hinaus scheinen viele Hochsensible schon in jungen Jahren über ein sehr schlechtes Kurzzeitgedächtnis zu verfügen. Wer kennt nicht den Menschen, der fast jedes Mal, wenn er aus der Wohnung geht, etwas mitzunehmen vergisst, oder denjenigen, der zweimal zurückgeht, um zu schauen, ob er das Wasser oder den Herd auch wirklich abgedreht hat, ob er auch wirklich abgesperrt hat etc? Dies ist jedoch keine schlechte Gedächtnisleistung im üblichen Sinne, keine schlechte Reproduktion des Gewussten, sondern ein aus der Überstimulation resultierender Zustand milder Verwirrung. Er kann verhindern, dass die Informationen überhaupt aufgenommen werden. Der Autor beispielsweise war jahrelang fast ständig auf der Suche nach seiner Brille, die er irgendwo im Haus abgelegt hatte, ohne es selbst zu registrieren, weil er mit der Aufmerksamkeit woanders war. Oder das Gedächtnis funktioniert gut mit ausreichender Ruhe (wird das Haus erstens allein und zweitens ohne Hektik verlassen, wird nur ganz selten etwas vergessen), Zeitstress bzw. das Reden oder auch nur die Anwesenheit einer weiteren Person ist hingegen so stimulierend, dass fast immer etwas zu Hause liegen bleibt, manchmal sogar das Wichtigste.

Zusammenfassung

Zur körperlichen Gesundheit lässt sich zusammenfassend sagen, dass hochsensible Menschen die besten Anlagen haben, um gesund ein hohes Alter zu erreichen. Voraussetzung dafür, diese Anlage auch zu realisieren, ist jedoch eine weitgehend stressarme Lebensführung oder zumindest ein guter Umgang mit Stress. Dazu braucht es gute Selbstkenntnis, ein gewisses Know-how in Selbstmanagement, Kreativität und eine Portion glücklicher Fügung. Viele HSP brauchen relativ viel Ruhe, Regelmäßigkeit und eine gewisse Sicherheit. Allen hochsensiblen Menschen ist geholfen, wenn sie es lernen, gelassen zu bleiben mit Hilfe von regelmäßiger stiller, meditativer Zeit, Hingabe und innerer Disziplin. Für manche von uns ist dies jedoch absolut notwendig zur Erhaltung der Gesundheit.

Hochsensible Kinder sind auf Grund ihrer zarten Konstitution krankheitsanfällig. Wird diese Sensibilität erkannt und darauf entsprechend Rücksicht genommen, ergeben sich keine längerfristigen Probleme und der heranwachsende Mensch lernt von Anfang an, auf sich und seine speziellen Bedürfnisse Rücksicht zu nehmen. Fehlen den Betreuungspersonen jedoch die nötige Aufmerksamkeit, das Einfühlungsvermögen oder die Kenntnisse, so kann diese Vernachlässigung zu konstitutionellen Schwächungen führen.

Die nächste Gefahr für die Gesundheit können die Experimente mit dem Lebensstil im jugendlichen Alter bilden. Fastfood, Drogen und ein intensives Nachtleben können bei allen Menschen, aber bei hochsensiblen noch viel leichter zu bleibenden Schädigungen führen. Auch die Gefährdung der Gesundheit durch Unfälle auf den Fahrten von und zu den Diskos im ländlichen Raum ist erheblich. Jedoch zumindest von einigen weiteren Risikofaktoren in diesem Alter sind die hochsensiblen Jugendlichen weniger betroffen – der Liebe zu Mopeds und Motorrädern und der Freude an Extremsportarten. Zwar sind auch HSP im Alter von 15 bis 25 am stärksten durch die eigene Unvernunft gefährdet, doch erhalten sich die meisten von ihnen trotzdem eine gewisse Bedächtigkeit.

Ist die Jugend ohne bleibende Gesundheitsschäden überstanden und die Stressfrage befriedigend gelöst, steht gesunder Hundertjährigkeit nichts mehr im Wege. Eine entsprechende Ernährung und Zeiteinteilung, welche auch die Gesundheit fördern, ist vielen hochsensiblen Menschen ein Anliegen um der Sache selbst willen. Ein exzellentes Frühwarnsystem erlaubt es, Krankheiten zu vermeiden oder schon im Anfangsstadium zu behandeln, und zwar oft mit Mitteln, die so schwach sind, dass sie den Körper nicht in einem anderen Bereich schädigen. Die Besonnenheit und Umsicht, die sich spätestens mit zunehmendem Alter bei fast allen HSP zeigen, unterstützt durch ihre ausgeprägte Intuition, helfen Unfälle vermeiden. Und der vielleicht wichtigste Punkt für Gesundheit und Langlebigkeit ist unsere Fähigkeit, unserem Leben einen Sinn zu geben bzw. abzugewinnen, auch wenn uns Schicksalsschläge und Enttäuschungen beuteln. In dieser Verbundenheit mit einer tieferen Ebene der Sinnhaftigkeit liegt eine enorme Kraft, die speziell in Situationen, die nicht hochsensible Menschen resignieren oder zerbrechen lassen, ihr richtungsgebendes und tröstendes Potenzial entfaltet. Doch damit begeben wir uns bereits in den Bereich der Psyche und ihrer Auswirkungen auf den Körper.

Psychoemotionale Gesundheit für HSP

Grundsätzlich ist die Anlage zu Hochsensibilität nicht mit mangelnder psychoemotionaler Gesundheit verbunden, eher im Gegenteil. Hochsensible Menschen sind per se weder gehemmt noch neurotisch oder depressiv, nicht zurückgeblieben, soziophobisch oder in einer anderen Art und Weise psychisch oder emotional krank. Hochsensible Menschen haben einfach ein hoch sensitives Nervensystem, so wie Linkshänder mit der linken Hand geschickter sind, ohne deshalb krank oder sonst wie nicht in Ordnung zu sein. Das kann gar nicht oft und stark genug betont werden.

Richtig ist allerdings, dass viele Menschen, die von Hochsensibilität und den mit ihr in Zusammenhang stehenden Phänomenen keine Ahnung haben, so manche Verhaltensweise von HSP in bestimmten Situationen mit dem Ausdruck einer Hemmung, Neurose, Depression oder Soziophobie verwechseln.

Wer ein Kind beobachtet, das nach zwei Monaten Schulbetrieb nach wie vor immer nur still dasitzt, auch in den Pausen, und mit großen Augen alle Wahrnehmungen aufsaugt, kann schon mal auf die Idee kommen, dass das Kind gehemmt sei. Kommt dann jemand mit der Erklärung der Hochsensibilität, klingt das vielleicht nach fauler Ausrede. Könnte derselbe Beobachter eben dieses Kind jedoch sehen, wie es in einer anderen Situation – beispielsweise in seiner vertrauten Umgebung mit nur zwei oder drei Klassenkameraden – gar nicht still, sondern höchst aktiv, kommunikativ und ausgelassen agiert, käme die Aussage über die Gehemmtheit vielleicht ins Wanken. Zumindest theoretisch können sich dann vielleicht auch nicht hochsensible Menschen mit der Vorstellung anfreunden, dass das Kind in der Klasse einfach so sehr mit Aufnehmen und Verarbeiten beschäftigt ist, dass es gar nicht auf die Idee kommt, nach außen zu gehen, weil die zur Verfügung stehenden Systemressourcen ausgelastet sind.

Denken wir an ein anderes, ebenfalls hochsensibles Kind, das vielleicht zusätzlich zur unbekannten Schulsituation und den vielen neuen Menschen noch mit anderen Faktoren neu konfrontiert wird, zum Beispiel erstmals die Welt von Film und Fernsehen kennen lernt (aus den Unterhaltungen der Klassenkameraden über die Sendungen vom Vorabend) oder von der sozialen Situation stärker gefordert ist, weil es bis dahin vielleicht bei Großeltern ganz ohne gleichaltrige Spielkameraden aufgewachsen ist oder emotional sehr behütet war und die unter manchen Kindern üblichen Methoden der Konfliktlösung wie Gewaltandrohung oder gar Gewalt selbst gar nicht kannte. Die Systemressourcen dieses Kindes sind vielleicht so sehr ausgelastet, dass auch für eine gewisse Körperbeherrschung wenig überbleibt und es oft in Selbstvergessenheit mit offenem Mund und schlaffem Gesicht starrt und horcht. Manchmal ist es vielleicht so gefordert, dass es eine ruhigere Phase, z. B. eine Unterrichtsstunde, dazu verwendet, die Aufnahme neuer Eindrücke weitgehend zu drosseln und sich nur der Verarbeitung des Aufgenommenen zu widmen und dabei traumverloren aus dem Fenster starrt, so sehr in sich versunken, dass es auch die Mahnungen und Rufe der Lehrerin nicht bemerkt und schließlich an der Schulter gerüttelt werden muss, um mit seiner Aufmerksamkeit in den Klassenraum zurückzukehren.

Wer so ein Kind sieht, es nur in diesem Umfeld kennt und nichts von den Zusammenhängen ahnt, dem sei es schon verziehen, wenn der Verdacht auf geistige Behinderung auftaucht. Stellen wir uns weiters einen hochsensiblen Menschen vor, der aus einer Kleinstadt kommt. Er hat einen Abend im Kreise von starken und liebevollen Menschen in der nahen Großstadt verbracht, vielleicht in einer kleinen spirituellen Gemeinschaft oder im intimen Freundeskreis. Er hat stundenlang erlebt, wie Liebe, gegenseitige Fürsorge und Anteilnahme geflossen sind, wie die Menschen sorgsam miteinander umgingen. Dieses beglückende Erlebnis hat sein Herz geöffnet, er ist hoch stimuliert durch die erlebte Intensität und seine eigenen Gefühle, auch wenn diese durchwegs positiv sein mögen. Dadurch ist er wahrscheinlich noch aufnahmefähiger und feinfühliger als sonst.

Und nun stellen wir uns vor, wie dieser Mensch spätabends in der Großstadt mit öffentlichen Verkehrsmitteln nach Hause fährt. Unterwegs sieht er sehr viele junge Menschen, die auf dem Weg zu oder von einem Lokal oder einer ähnlichen Freizeiteinrichtung sind. Er erkennt, dass viele von ihnen von der Sehnsucht nach Kontakt und Liebe motiviert sind, kann auch sehen, wie sie sich selbst im Wege stehen. Er spürt unter den coolen Oberflächen die Bedürftigkeit und Unsicherheit. Vielleicht ist für andere HSP nachvollziehbar, dass ein solches Erlebnis tagelange Traurigkeit auslösen kann, doch für den Betroffenen selbst ist es unter Umständen schwer zu erklären, vor allem, wenn er versucht, sich einem nicht hochsensiblen Menschen darüber mitzuteilen. Da mag beim Zuhörer schon der Gedanke auftauchen, dass da wohl Depression im Spiel ist.

Manche HSP wissen aus eigener anstrengender Erfahrung, dass soziale Ereignisse mit mehr als einer Handvoll Teilnehmern, besonders solche, die erst zu später Stunde beginnen, für sie keinen Gewinn darstellen, auch wenn sie dort endlich wieder einmal X träfen oder sich Y sehr freuen würde, sie zu sehen. Jede solche Einladung bringt sie in Entscheidungskonflikte, die in sich vielleicht schon sehr stimulierend sind, und ruft die Erinnerung an die Überstimulation durch Lärm, Rauch, Übermüdung und viele fremde Menschen bei ähnlichen Festen wach. Wer deshalb regelmäßig absagt, mag bei manchen Mitmenschen den Eindruck erwecken, an Sozialphobie zu leiden. Hochsensibilität ist also keinesfalls mit Neurose oder Depression gleichzusetzen. Es ist jedoch darüber hinaus nicht zu übersehen, dass tatsächlich ein hoher Prozentsatz der hochsensiblen Menschen auch unter Neurosen, Depressionen oder Sozialphobien leidet – vermutlich ein höherer als bei den nicht hochsensiblen. Die Hintergründe dieser Tatsache wollen wir uns in den nächsten Punkten etwas genauer ansehen.

Psychoemotionale Verletzungsgefahr

Ganz allgemein können wir sagen, dass hochsensible Menschen für psychoemotionale Verletzungen merklich anfälliger sind als der Rest der Menschheit. Dies wird einleuchtend, wenn wir die innere Dünnhäutigkeit mit einer ebensolchen äußeren, körperlichen vergleichen. Ein Mensch mit einer dicken, widerstandsfähigen Haut wird viele der kleinen Unbilden des täglichen Lebens nicht oder kaum wahrnehmen – Äste, scharfe Kanten und raue Gegenstände kratzen seine Haut nur oberflächlich, spitze Steinchen am Boden werden vielleicht als angenehm massierend erlebt, während ein Mensch mit dünner, zarter Haut bei jedem Kratzer blutet und beim Barfußgehen Schmerzen leidet. Weil aber die Zusammenhänge doch komplex sind und jeder seine Sensibilitäten an anderer Stelle hat, wollen wir uns das einmal im Detail ansehen.

Versuche der Psychologin Megan Gunnar an der Universität von Minnesota haben gezeigt, dass hochsensible Kleinkinder die ausgeprägte Tendenz zeigen, auf unbekannte Situationen zu reagieren, indem sie auf Dauerstressmodus schalten, was an bedenklich erhöhten Cortisolwerten ersichtlich ist.

Doch die Forscherin gab sich damit nicht zufrieden und startete weitere Experimente. Um mehr über die zugrundeliegenden Mechanismen zu erfahren, nahm sie eine Gruppe von Säuglingen, die auf Grund früherer Tests einwandfrei alle als hochsensibel erkannt worden waren, und teilte sie in zwei Gruppen. Die Kinder wurden von der Mutter getrennt und jeder Säugling bekam einen eigenen Babysitter zur Seite gestellt. Doch nur die Babysitter der einen Gruppe waren zur Aufmerksamkeit angehalten. Sie reagierten auf jedes Bedürfnis des Kindes und taten ihr Bestes, um ihrem Schützling das Gefühl von Behütetsein und Sicherheit zu vermitteln. Die Babysitter der anderen Gruppe wurden instruiert, das Kind zwar nicht zu vernachlässigen, aber nur das Nötigste zu tun und nicht besonders aufmerksam zu sein. Sie saßen lesend in der Nähe und reagierten nur, wenn das Kind unmissverständlich nach etwas verlangte.

Nach nur einer halben Stunde dieser ungleichen Betreuung konfrontierte Gunnar jedes einzelne der neun Monate alten Babys mit einer überraschend neuen Situation. Unabhängig davon, welcher Versuchsgruppe sie angehörten, reagierten fast alle zuerst einmal mit Zeichen von Angst und Aufregung, also mit Kurzzeitstress. Darüber hinaus wechselten fast alle Mitglieder der Gruppe mit den nachlässigen Betreuungspersonen anschließend mit der Ausschüttung von Cortisol in den Langzeitstressmodus. Die Kinder, die besonders aufmerksam betreut worden waren, gingen jedoch fast alle binnen kurzer Zeit wieder in den Zustand zufriedener Gleichgültigkeit über, und zwar ohne dass die Babysitter in dieser Testsituation irgendwie eingegriffen hätten.

Wir können aus diesen Versuchen ersehen, welchen Unterschied die Qualität der Betreuung dabei macht, wie kleine, hochsensible Kinder die Welt erleben und verarbeiten. Wer nicht das Privileg hatte, eine ausgeglichene und aufmerksame Betreuungsperson zur Seite zu haben, oder vielleicht sogar die betreuende Person selbst gelegentlich als bedrohlich erleben musste, hat vermutlich die Welt als Ganzes bedrohlicher erlebt und war öfter im Zustand von Dauerstress. Eine aufmerksame Betreuungsperson ist eine Ressource für das Kind, die ihm die Sicherheit vermittelt, auch mit neuen Situationen fertig zu werden. Ohne diese Ressource neigen Kinder dazu, sich von neuen Situationen überfordert und bedroht zu fühlen. In einer bedrohlicheren Welt kann die Seele leichter verletzt werden.

Hochsensible Kinder brauchen somit tendenziell mehr Begleitung als andere, um sich psychisch und emotional gesund zu entwickeln. Während es in den ersten Lebensjahren dazu einer sicheren Verbundenheit mit einer Betreuungsperson bedarf, kann diese Rolle etwas später zu großen Teilen von Geschwistern oder anderen Menschen übernommen werden, die verlässlich präsent sind und zu denen eine Vertrauensbeziehung besteht.

Parallel dazu müssen wir uns als nächsten Punkt vor Augen halten, dass kleine Kinder an sich schon viel mehr von den Stimmungen und Emotionen der Erwachsenen wahrnehmen, als uns oft lieb ist, und bei hochsensiblen Kindern ist dieser Zug noch stärker ausgeprägt. Somit sind die emotionalen Zustände der Erwachsenen ein mehr oder weniger offenes Buch für sie. Das heißt, sie nehmen auch jene Gefühle ihrer Betreuungspersonen (in der Regel die Eltern) wahr, die diese selbst gar nicht gutheißen und lieber verbergen möchten, manchmal sogar vor sich selbst. Sobald sie etwas älter sind, nehmen diese Kinder unter Umständen auch Dinge wahr, die sie nicht direkt betreffen, die aber die Erwachsenen voreinander zu verheimlichen suchen. Solche unbeabsichtigte Mitwisserschaft kann sowohl Loyalitätskonflikte als auch Gefühle von Bedrohung verursachen.

Bestätigung in der eigenen Wahrnehmung von Wirklichkeit ist ein weiterer wichtiger Faktor für so bedeutende Dinge wie Selbstvertrauen und Zugehörigkeitsgefühl. Wer nicht das Glück hatte, unter der Betreuung von Menschen aufzuwachsen, die ebenfalls hochsensibel und sich dieser Anlage bewusst waren, wird diese Bestätigung in so manchen Bereichen vermisst haben. Dies ist gar nicht anders möglich, wenn das Kind Sachen sieht, hört, fühlt oder in anderer Weise wahrnimmt, die die Menschen in seinem Umfeld entweder gar nicht wahrnehmen oder leugnen. (Zu den Hintergründen dieses Leugnens werden wir weiter unten noch etwas sagen.)

Allzu oft bleibt es nicht bei der mangelnden Bestätigung. Immer wieder werden hochsensible Menschen für ihre Wahrnehmungen abgewertet. Wenn der Pulli kratzt, den die Eltern ganz normal weich finden, bleibt es oft nicht beim „Das bildest du dir ein", sondern auch Aggression kann auftauchen. Die Prinzessin auf der Erbse war in märchenhaften Zeiten eine begehrte Partnerin für den Königssohn, heutzutage jedoch wird diese Bezeichnung kaum jemals mit positivem Beiklang verwendet. Hochsensible Kinder spüren tatsächlich manchmal mikroskopische Krümel, winzige Falten in Leintuch oder Socke oder ähnliche Kleinigkeiten in einem Maße, das ihr Wohlbefinden beeinträchtigt. Wenn so etwas schon die Geduld und Toleranz verständnisvoller Eltern sehr strapazieren kann, machen weniger zarte Naturen oder auch HSP im Stress ihrem Unmut auch mal in verletzender Weise Luft. Erzählt das Kind dann noch von Dingen, die es auf nichtphysischen Ebenen sieht, wird es im wohlwollendsten Fall als Flunkerer, manchmal sogar als Lügner bezeichnet. Dass so etwas die Wahrscheinlichkeit nachhaltiger seelischer Verletzungen erhöht, liegt auf der Hand.

Für so manches hochsensible Kind kommt verschärfend hinzu, dass die Eltern oder ein Elternteil die besondere Empfindsamkeit des Kindes erkennen und zu wissen meinen, dass es sich damit in unserer Welt schwertun wird. Die Einsicht, dass Hochsensibilität zu Schmerz und Ausgrenzung führen kann, fußt unter Umständen sogar auf ihrer eigenen leidvollen Erinnerung und Erfahrung. Werden daraufhin – selbst mit besten Intentionen – Versuche unternommen, das Kind von seiner Empfindsamkeit zu befreien, es abzuhärten, anzupassen und so auf die vermeintliche Härte des Lebens vorzubereiten, so führt das leicht zu traumatischen Ereignissen und dadurch zu psychischen und emotionalen Verletzungen, die lebensbestimmend sein können. Es ist sicher richtig, dass Abhärtung bzw. ein Ausweiten der eigenen Grenzen unter anderem zum Handwerkszeug hochsensibler Menschen zählt, die in der heutigen Welt glücklich und integriert leben wollen. Kinder oder Jugendliche sollten jedoch diesbezüglich nicht behandelt werden, sondern durch Vorbild sowie unter Anleitung und mit viel Unterstützung lernen, dies selbst zu tun. Bei der oben genannten, aufgezwungenen Abhärtung fehlt meist der unabdingbar nötige Respekt und die Wertschätzung für die Sensibilität. Wenn dieser so unabtrennbar mit dem Kind verbundene Wesenszug als Übel gesehen wird, das man wegmachen will, stehen die Vorzeichen denkbar schlecht.

Einen weiteren Risikofaktor für die psychoemotionale Gesundheit einer heranwachsenden HSP stellt ihr häufig stark ausgeprägter Gerechtigkeitssinn dar. Eltern und Lehrer sind bloß Menschen, die auch bei besten Absichten nicht immer völlig gerecht sein können. Während dies weniger sensiblen Kindern und den allermeisten Erwachsenen kaum oder gar nicht auffällt, gibt es viele hochsensible Kinder, denen so eine Verfehlung markant ins Auge sticht. Wir kennen einige Fälle, in denen diese Kinder dann den vermeintlich ungerechten Erwachsenen zur Rede stellen. Hat der betroffene Elternteil oder Lehrer die nötige Bescheidenheit und ausreichend nervliche Ressourcen, um seine Betroffenheit und Reue zu zeigen, stärkt dies das Vertrauen des Kindes in die Bezugsperson und in sich selbst. (Über die angemessene und zielführendste Form dieses Zur-Rede-Stellens kann man mit dem Kind dann anschließend sprechen.) Viele Erwachsene werden jedoch aus Überlastung, falschem Stolz, mangelnder eigener Wahrnehmung oder anderen Gründen wenig Einsicht zeigen, sondern stattdessen in einer Weise reagieren, die Selbstwert und Vertrauen des Kindes nicht fördern.

Viele Eltern, selbst wenn sie ehrlich bemüht sind, schaffen es nicht, diesen hohen Anforderungen an ihre Aufmerksamkeit, Geduld, Konsequenz, Gerechtigkeit, Anerkennung und Zuwendung gerecht zu werden. Und es geht hier sicherlich nicht darum, irgendwelche Schuldzuweisungen vorzunehmen. Die Erinnerungen an nicht so optimale Umstände in unserer eigenen Kindheit und Jugend sind vielleicht schmerzhaft. Aber es wird notwendig sein, dass die hochsensiblen Menschen, die eine für ihre Entwicklung weniger förderliche häusliche Situation vorgefunden haben, vor dieser Tatsache nicht die Augen verschließen. Das Wissen um die bereits erlebten Härten kann uns helfen, Verständnis und Geduld für uns und unsere Bedürfnisse aufzubringen, damit wir unserem inneren Kind selbst ein besserer Elternteil sein können. Auch falls wir eigene Kinder haben, kann es uns davor bewahren, die Schwierigkeiten unvermindert weiterzugeben, aber uns auch zeigen, verständnisvoll mit uns selbst zu sein, wenn wir Fehler machen.

Spezielle Probleme mit dem Selbstwert

Mit dem Selbstwert sehr vieler hochsensibler Menschen scheint es nicht zum Besten zu stehen. Aus der Fülle von möglichen Ursachen lassen sich drei Themenbereiche zusammenfassen. Dass es daneben immer auch individuelle, völlig andersgelagerte Ursachen geben kann, sei der Vollständigkeit halber erwähnt.

Die Erfahrung, häufig ins Unrecht gesetzt zu werden
Viele hochsensible Menschen werden schon als Kinder ins Unrecht gesetzt, aber auch als Jugendliche und Erwachsene pssiert ihnen das immer noch häufig. So wie sie selbst oft unreflektiert annehmen, dass alle Menschen gleich empfindsam sind, und nicht verstehen, wieso andere sich selbst und anderen so viel Unangenehmes zumuten, schließen die nicht hochsensiblen Menschen ebenfalls von sich auf alle anderen. Die hohe Empfindsamkeit, die geringe Belastbarkeit, die Langsamkeit in der Entscheidungsfindung und vielem anderen, die plötzlichen Stimmungsschwankungen – wenn nicht hochsensible Menschen solches Verhalten an den Tag legen, dann hat das ganz andere Gründe als bei den hochsensiblen Menschen: Entweder sie sind krank bzw. knapp vor Ausbruch einer Krankheit oder sie verfolgen ein verdecktes Ziel. Im letzteren Fall wollen sie sich vielleicht vor einer Aufgabe drücken, wollen jemanden in eine bestimmte Richtung beeinflussen oder versuchen ein Aufmerksamkeitsdefizit auszugleichen. Wenn das auch nicht allen Menschen gleichermaßen bewusst sein mag, so werden doch sehr viele – mehr oder weniger unterschwellig – solche Motivationen unterstellen, wenn sie hochsensible Menschen in ihrem Sosein beobachten. Und bekanntlich werden Dinge, die wir selbst getan haben, tun oder tun möchten, bei denen wir aber ein schlechtes Gewissen hatten, haben bzw. hätten, am heftigsten angegriffen, wenn sie uns im Verhalten anderer begegnen. Somit werden hochsensiblen Menschen häufig Motivationen wie Dünkel, Überheblichkeit, Faulheit oder – beispielsweise bei bedächtiger Entscheidungsfindung – Inkompetenz und andere Charaktermängel unterstellt. Solche Projektionen und vor allem auch die darauf fußende respektlose oder abwertende Behandlung hinterlassen ihre Spuren.

Das kulturelle Ideal
Der typische hochsensible Mensch entspricht nicht dem gegenwärtigen kulturellen Idealtypus. Menschen, die dem kulturellen Ideal näher sind, haben eine hohe soziale Attraktivität, das heißt, sie sind begehrte Spielgefährten, Gesellschafter oder Sexualpartner. Unsere Kultur verehrt den Sieger und Helden, was auf der alltäglichen

Ebene heißt, dass schlagfertige, extrovertierte Menschen mit hoher Konfrontationsbereitschaft und der Fähigkeit, auch im öffentlichen Wettstreit gut abzuschneiden, in einer Gruppe auffallend mehr Zuwendung und positive Aufmerksamkeit erhalten als die typische HSP. Dies gilt für Kinder wie für Erwachsene und für Buben und Männer etwas stärker als für Mädchen und Frauen, aber auch in rein weiblichen Zirkeln ist dieses Muster zu beobachten. Die typische hochsensible Person jedoch ist eher introvertiert und außerhalb eines kleinen Kreises vertrauter Menschen oft etwas unbeholfen.

Wir Mitteleuropäer neigen vielleicht dazu, dieses soziale Ideal als typisch menschlich anzusehen. Doch eine in den 1990er Jahren gemeinsame wissenschaftliche Studie der psychologischen Fakultäten einmal der Universität Waterloo in Ontario, Kanada, und einmal der Lehrer-Universität Shanghai in China belehrt uns eines Besseren. In dieser Studie wurde ermittelt, welche Merkmale die beliebtesten Spielgefährten bzw. Klassenkameraden in verschiedenen Kindergartengruppen und Schulklassen gemein haben. In Kanada, dessen Kultur ja nach wie vor von Menschen mitteleuropäischer Abstammung dominiert wird, sind dies erwartungsgemäß Mut, Redegewandtheit, soziale Initiative und körperliche Leistungsfähigkeit bei Spielen oder Sport. In China hingegen sind die begehrtesten Spielgefährten auffällig stille und in sich ruhende Kinder, die auch als scheu und sensitiv bezeichnet wurden. Somit ist klar, dass die besondere Wertschätzung von eher aggressivem, wettbewerbsorientiertem Verhalten keine urmenschliche, sondern eine kulturelle Eigenheit ist. Wir können uns gut vorstellen, dass beim Aufeinandertreffen verschiedener Kulturen im Laufe der zunehmenden Verschmelzung der Menschheit die aggressiven Heldenkulturen die anderen dominierten und dass sie deshalb auch heute weltweit den Ton angeben.

Interessantes über die kulturelle Psyche und das Heldensyndrom zeigt uns ein Versuch von Avril Thorne, gegenwärtig an der University of California in Santa Cruz. Zwanzig extrovertierte und ebenso viele introvertierte Studentinnen, die einander nicht kannten, wurden ausgewählt und dann für eine halbe Stunde zu Gesprächspaaren zusammengefügt. Einmal wurden die introvertierten mit den introvertierten und die extrovertierten mit den extrovertierten zusammengeführt und dann jeweils eine extrovertierte Person mit einer introvertierten. Die Teilnehmerinnen des Versuches waren über die Versuchsanordnung nicht informiert und auch nicht über die unterschiedlichen Veranlagungen. Nach den Gesprächen wurden alle Versuchspersonen anonym befragt, welche Gesprächspartnerin sie als angenehmer erlebt hatten. Und interessanterweise hatte nicht nur der Großteil der introvertierten Studentinnen die ebenfalls introvertierte Gesprächspartnerin als angenehmer erlebt als die andere, sondern auch der Großteil der extrovertierten hatte das Gespräch mit der introvertierten Gesprächspartnerin mehr genossen.

Daraus schließen wir, dass introvertierte Menschen zwar ein geringeres soziales Ansehen genießen und dadurch in Gruppen weniger positive Zuwendung erhalten, andererseits jedoch in der tatsächlichen Interaktion dem Gesprächspartner häufig die angenehmere Erfahrung vermitteln. Die Gründe für das Ergebnis des Versuches sind nachvollziehbar: Introvertierte erleben einander als vergleichbar zurückhaltend und wenig fordernd, was rasch zu einem Gefühl von Sicherheit und Vertrautheit führt. Extrovertierte wiederum erleben die Zurückhaltung und das Zuhören des introvertierten Gesprächspartners als angenehm, weil sie dadurch nicht mit ihm in Konkurrenz treten müssen, sondern die ersehnte Aufmerksamkeit kampffrei erhalten. Die Gründe dafür, wieso diese überwiegend positiv erlebten Menschen in unserer mitteleuropäischen Kultur nichtsdestotrotz sozial wenig geschätzt werden, sind hingegen schwerer zu verstehen.

Wie sehr wir als Kinder in unserer sozialen Gruppe anerkannt wurden, hat selbstverständlich Auswirkungen auf die Entwicklung unseres Selbstwertgefühls. Auf der praktischen Ebene ergibt sich daraus der Unterschied, ob ein Kind bei den anderen als Spielgefährte begehrt ist oder ob es immer wieder Ablehnung erfährt, wenn es mitspielen will. Ob die anderen Mitglieder der Gruppe darum wetteifern, Zeit mit einem bestimmten Kind verbringen zu können, oder ob das Kind ständig investieren muss, um eine gewisse Zugehörigkeit genießen zu können, hat Auswirkungen auf sein Welt- und Selbstbild. Jeder, der es als Kind erleben musste, wie man als Letzter überbleibt beim Wählen der Teammitglieder für ein Ballspiel und dann vielleicht noch das demütigende Feilschen der Mannschaftskapitäne mitanhören musste, welcher von ihnen denn nun die Last dieses unfähigen Mitspielers auf sich zu nehmen hätte, weiß, was gemeint ist. Auch die sehr schmerzliche Erfahrung, beim Versteckenspielen nach einiger Zeit in einem besonders guten Versteck zu bemerken, dass die anderen inzwischen etwas anderes spielen und gar nicht bemerkt haben, dass ein Kind fehlt, ist den weniger begehrten Spielgefährten vorbehalten. Solche Erlebnisse hinterlassen Spuren, vor allem bei hochsensiblen Kindern.

Andersgeartete Belastbarkeit und Leistungsfähigkeit

Spätestens als Jugendliche merken die meisten hochsensiblen Menschen, dass sie in mancherlei Hinsicht viel geringere Belastungen ertragen können als die meisten Menschen. Und zwar handelt es sich dabei um alltägliche Belastungen, denen ein junger Mensch zwangsläufig begegnet. Dass sie dagegen in Extremsituationen oft weitaus größere Belastungen positiv verarbeiten können als andere, ist vielen nicht bewusst, weil extreme Situationen selten sind. Wenn eine HSP sich einmal in einer emotionalen Ausnahmesituation als stabiler und handlungsfähiger als andere erlebt hat, so lässt sich dies leicht als Zufall abtun, denn viel öfter erlebt ein hochsensibler Mensch seine geringere Belastbarkeit.

Am augenfälligsten sind dabei die körperlichen Belastungen. Lärm, Staub, Gerüche, Hitze oder Kälte usw. können Hochsensible – wie schon in den Kapiteln 2 und 3 ausgeführt – in weitaus geringerem Maße als andere Menschen tolerieren. Doch auch nervliche oder emotionale Belastungen beeinträchtigen eine HSP merklich stärker. Für viele hochsensible Jugendliche wird das spätestens dann zum Problem, wenn das andere Geschlecht beginnt, interessant zu werden. Die Aufregungen des Flirtens und der Verliebtheit bringen viele hochsensible Burschen und Mädchen an die Grenzen ihrer Belastbarkeit, insbesondere weil anfangs ein Großteil dieser Interaktionen in größerer Runde und damit öffentlich stattfindet. Zurückweisungen, von nicht hochsensiblen Jugendlichen rasch weggesteckt, können eine verliebte HSP beiderlei Geschlechts zerschmettern und nächtelang die Polster nass weinen lassen.

In engem Zusammenhang damit steht auch die geringere körperliche Leistungsfähigkeit. Dies kann so weit gehen, dass vielen hochsensiblen Kindern und Jugendlichen Leibesübungen und Gruppensport ein Gräuel sind. Dies wird verständlicher, wenn wir uns die Situation im Turnsaal einer Schule etwas genauer ansehen. Es ist oft laut, die Kinder laufen kreuz und quer, durch die Benützung von Turngeräten oder umherfliegende Bälle besteht eine gewisse Verletzungsgefahr. Diese Faktoren allein können bei manchen hochsensiblen Kindern bereits zu einer starken Stimulation führen, die an sich schon unangenehm und von einer Verminderung der körperlichen Koordination begleitet ist. Hinzu kommt, dass der Leistungsdruck durch die Lehrperson oft noch verstärkt wird durch den der Mitschüler. Dies gilt nicht nur für Teamspiele, auch normale Turnübungen werden oft in Riegen durchgeführt, wobei diese schon in normalen Übungsstunden oft untereinander in einen informalen Wettkampf treten, da viele weniger sensible Kinder den Wettstreit lieben. Die Nervenanspannung, die öffentlich zu erbringende Leistungen und Prüfungssituationen im Allgemeinen begleitet, ist mit dafür verantwortlich, dass oft genug auch intellektuelle und künstlerische Leistungen geringer ausfallen, als es dem Talent, den Fähigkeiten oder dem Wissensstand der Person entspräche.

Da den wenigsten hochsensiblen Jugendlichen bewusst ist, dass nicht alle Menschen solche Situationen als gleich stressig erleben, ergibt sich für viele von ihnen auf Grund der beobachteten geringeren Belastbarkeit und der behinderten Leistungsfähigkeit ein Gefühl von Unterlegenheit. Dies umso mehr, als Leistung eines der goldenen Kälber unserer Kultur darstellt. Dass der Schritt von Gefühlen der Unterlegenheit in Leistung und Belastbarkeit zu Gefühlen von minderer Wertigkeit vor diesem Hintergrund nur ein kleiner ist, liegt nahe.

Für eine schwierige Kindheit prädestiniert

Hochsensible Menschen sind insbesondere in den ersten Lebensjahren höheren psychoemotionalen Belastungen ausgesetzt als die weniger sensible Mehrheit. In der frühen Kindheit sind sie auf Grund ihrer tatsächlichen Eigenheiten, aber auch, weil sie dem kulturellen Ideal weniger entsprechen, für die Betreuungspersonen oft sehr anstrengend – eine Herausforderung, der viele Eltern, Erzieher und Lehrer nicht gewachsen sind. Dadurch kommen sie leichter in verletzende Situationen und haben dann auch noch geringere Chancen, ausreichende Begleitung und Unterstützung zu finden. Aus dieser Verquickung unglücklicher Umstände ergibt sich eine klare Anfälligkeit für seelische Verletzungen, die zu Neurosen, Depressionen und Sozialphobien führen können. Dies hat teilweise direkt mit der Anlage zur Hochsensibilität zu tun, vergleichbar damit, dass sehr sportliche Menschen eine höhere Anfälligkeit für Sportunfälle zeigen oder Menschen mit blasser Haut leichter einen Sonnenbrand oder Hautkrebs bekommen. Doch gleichzeitig ist es in hohem Maße ein kulturelles Phänomen. Um es noch einmal anders zu sagen: Diese Störungen sind keine Eigenschaft der Hochsensibilität selbst, sondern eine Folge davon, dass hochsensible Menschen in unserer Gesellschaft nicht die Rahmenbedingungen vorfinden, um sich entsprechend ihrer Anlage ungestört entwickeln zu können. Nun sind die Eltern von Hochsensiblen sehr oft selbst welche und tun sich schwer damit, den Stress, den ein empfindsames, vielleicht leicht irritierbares, zu Koliken neigendes, leicht aus dem Schlaf gerissenes Kleinkind mit sich bringt, gut zu ertragen. Da viele weder ihre eigene Anlage zur Hochsensibilität noch die des Kindes anerkennen und schätzen, fällt es ihnen schwer, geduldig, gelassen und verlässlich zu sein. Was diesen Eltern und Erziehern vor allem fehlt, ist die Information über die Natürlichkeit, den besonderen Wert und die speziellen Herausforderungen der Hochsensibilität.

Die seelische Stärke von Hochsensiblen

Ehe wir im nächsten Punkt, „Heilung", darauf eingehen, wie hochsensible Menschen am besten damit umgehen, wenn in der eigenen Entwicklung etwas schiefgegangen sein sollte und psychoemotionale Verletzungen mit Langzeitfolgen passiert sind, wollen wir auch noch etwas zu den psychischen und emotionalen Stärken der Hochsensiblen sagen.

Ab und zu gibt es im Leben Extremsituationen, in denen ganz andere Qualitäten gefordert sind als im Alltag. Dazu zählen körperliche Krisen und Übergänge, wie beispielsweise die Geburt bzw.

das Sterben eines Menschen, plötzliche und massive gesundheitliche Einbrüche oder Unfälle, die uns die Vergänglichkeit des Lebens überdeutlich in Erinnerung bringen, oder durch Drogen herbeigeführte Rauschzustände. Auch die Auswirkungen von Umweltkrisen oder kollektive Schockzustände nach Ausbrüchen von Gewalt gehören dazu. Starke emotionale Krisen und verschiedenste psychische, seelische oder emotionale Grenzerfahrungen sind ebenfalls in diesem Zusammenhang zu nennen, egal ob sie als positiv oder negativ, als angenehm oder unangenehm erlebt werden.

Hochsensible Menschen, die sich in solchen Situationen befinden – und zwar unabhängig davon, ob sie die Extremerfahrung als betroffene Person oder als mehr oder weniger unbeteiligte Zeugen erleben – sind oft im Nachhinein von der eigenen Reaktion und dem eigenen Verhalten überrascht. Solche Schock- und Krisensituationen sind oft für weniger sensible Menschen eine klare Überforderung. Da Hochsensible bekanntlich alle Aufregungen und irgendwie intensiven Eindrücke viel stimulierender erleben als andere Menschen, läge der Schluss nahe, dass sie solche Extremsituationen hoffnungslos überstimulieren und völlig handlungsunfähig werden lassen. Dies umso mehr, als gerade in solchen Krisen rasche Entscheidungen gefordert sind, was für HSP ja, wie erwähnt, generell schwierig ist.

Erstaunlicherweise tritt oft genau das Gegenteil ein. Viele hochsensible Menschen beobachten, dass solche Krisensituationen, welche die meisten Menschen über die Grenze ihrer psychischen und emotionalen Belastbarkeit bringen, sie in einen Zustand von Ruhe und Klarheit versetzen. Sie werden zum Fels in der Brandung, ein Pol der Ruhe und Ermutigung für andere, und gar nicht so selten finden sich dann auch Menschen, die sich üblicherweise eher im Hintergrund halten und nicht gerne den Ton angeben, plötzlich und unwidersprochen in Führungsrollen. Mit fester Stimme und natürlicher Autorität übernehmen sie das Kommando, treffen Entscheidungen, geben Anweisungen nach dem gesunden Menschenverstand und vermitteln Sicherheit, Richtung und Trost, fast als hätten sie ihr Leben lang nichts anderes getan. Wenn in solchen Situationen mehrere HSP anwesend sind, bilden sich oft spontane Kommandoteams, die ohne Absprachen und ohne Autoritätskonflikte funktionieren.

Diese Festigkeit in Krisen dürfte den meisten hochsensiblen Menschen im Blut liegen. Auch in Krisen oder gefährlichen Situationen, die nur sie selbst betreffen, entwickeln sie nicht selten eine plötzliche Ruhe und fast emotionslose Klarheit. Diese Distanziertheit erlaubt es, sich einen Überblick zu verschaffen, und kann heikle und kritische Situationen zum Guten wenden. Der Zusammenbruch kommt dann meist hinterher, wenn die eigentliche Stresssituation vorbei ist. Das Gleiche gilt für die oben genannten Situationen, wo verwirrte, geschockte oder einfach überforderte Menschen stabilisiert und in kreative Problemlösungen eingebunden werden. Wenn beispielsweise am Schauplatz eines Unfalls dann nach einiger Zeit professionelle Krisenhelfer wie Polizei oder Feuerwehr eintreffen, geben die hochsensiblen Menschen das Kommando üblicherweise gern wieder ab und ziehen sich zurück, um sich endlich der eigenen Überstimulation widmen zu können.

Eine weitere Stärke hochsensibler Menschen ist es, auch schwierigen oder unangenehmen Situationen bzw. Entwicklungen einen Sinn abzugewinnen. Bei länger andauernden Belastungen, egal ob es sich dabei um psychische, emotionale, soziale oder gesundheitliche handelt, brechen viel robustere Naturen oft lange vor den hochsensiblen Menschen zusammen. Wer das Durchhalten schwieriger Lebenssituationen als sinnlos empfindet, gibt sich auf und ist damit in gewisser Weise einverstanden, von dem Problem überwältigt zu werden. HSP schaffen es jedoch, auch in solchen lange andauernden Belastungen einen Sinn zu sehen. Und aus dem Verständnis tieferer Sinnhaftigkeit lassen sich oft ungeahnte Kraftreserven mobilisieren. Vielen ist es dabei möglich, diese Sinngebung nicht nur für sich selbst zu vollziehen, sondern auch anderen Menschen den Sinn ihres Leidens aufzuzeigen, eine positive Vision zu nähren und damit deren Lebenswillen entscheidend zu stärken.

Viele Beispiele davon ließen sich in Konzentrationslagern und Kriegsgefangenschaft beobachten, die sicherlich das vorstellbare Maximum an körperlicher und psychischer Belastung darstellen. In dieser Extremerfahrung des Leidens hat sich immer wieder gezeigt, dass die offensichtlich hochsensiblen Menschen mehr ertragen konnten als robustere Naturen. Viktor Emil Frankl, der die sehr schwere Zeit in einem deutschen Konzentrationslager überlebt hat, entwickelte die Logotherapie – die Heilung durch den Sinn.

Hochsensibel – oder überempfindlich? Oder neurotisch?

Neben den Menschen mit angeborener Hochsensibilität – die dadurch, wie in vorangegangenen Abschnitten beschrieben, anfälliger dafür sind, verschiedene psychoemotionale Störungen zu entwickeln – gibt es jene, die erst durch extreme Belastungssituationen so verändert wurden, dass sie bei oberflächlicher Betrachtung Hochsensiblen in Empfinden und Verhalten zu gleichen scheinen. Aus einem sehr praktischen Grund ist es sinnvoll, zwischen diesen grundegend verschiedenen Arten hoher Sensibilität zu unterscheiden: Angeborene Hochsensibilität lässt sich nicht wegmachen, nichttherapieren, nicht heilen. Sie ist genauso wenig Krankheit oder Störung wie Rothaarigkeit. Man kann nur lernen, sich darauf einzustellen und gut damit umzugehen. Durch emotionale Extrembelastung oder schwere körperliche Verletzungen erworbene Überempfindlichkeit hingegen lässt sich sehr wohl erfolgreich therapeutisch behandeln.

Bevor wir uns in den folgenden Absätzen damit befassen, wie man Hochsensibilität einerseits und Überempfindlichkeit oder Vulnerabilität andererseits erkennt und unterscheidet, müssen wir Folgendes vorausschicken: Auch viele echte HSP hatten Kindheitssituationen, in denen sie über lange Zeiträume hinweg missbraucht oder schwer vernachlässigt wurden. Deshalb können wir bei vielen hochsensiblen Personen zusätzlich zur ererbten Hochsensibilität auch die Merkmale und Verhaltensmuster der erworbenen Überempfindlichkeit mehr oder weniger deutlich beobachten.

Hochsensibilität ist eine Wahrnehmungsbegabung. Diese Gabe zur intensiven Wahrnehmung vieler Einzelheiten und feiner Abstufungen sowie zur besonders komplexen Verarbeitung derselben zeigt sich, wie bereits ausführlich besprochen, in verschiedenen Begabungen, in verschiedenen Aspekten und in praktisch allen Lebensbereichen. Bei angeborener Hochsensibilität lässt sich durch therapeutische Sitzungen und Maßnahmen nichts an der intensiven Wahrnehmung ändern. Das Einzige, was sich ändern lässt, sind die Reaktionen, die jemand auf bestimmte Wahrnehmungen hat, oder die inneren Hindernisse, die viele Hochsensible davon abhalten, ihren Lebensstil zweckmäßig anzupassen. Bei der erworbenen Überempfindlichkeit hingegen können durch Psychotherapie oder Seelsorge sowohl die Intensität der Wahrnehmung als auch die heftigen Reaktionen auf sie verringert werden.

Während die angeborene Hochsensibilität genetisch bedingt ist und somit von Geburt an da ist, taucht die erworbene erst als Reaktion auf gewisse Lebensumstände auf. Zumeist sind das sogenannte Typ-A-Traumen, sich über lange Zeiträume erstreckende schwere und belastende Kindheitssituationen. Beispiele dafür wären kontinuierlicher Mangel an Liebe, Zuwendung und Geborgenheit, emotionaler Missbrauch durch aufgezwungene Umkehr der Eltern-Kind-Rollen oder weil das Kind als Ersatzpartner fungieren musste, und natürlich kontinuierliche Misshandlungen oder schwerer Missbrauch. Sehr selten scheint es vorzukommen, dass eine einmalige, schwere Verletzung – ein sogenanntes Typ-B-Trauma – zu erworbener Hochsensibilität führt.

Erkennbare Resultate angeborener Hochsensibilität sind eine ausgeprägte Gabe der Unterscheidung und ein sich daraus ergebendes Wahrnehmen von Unstimmigkeiten. Die hochsensible Person wird die Befindlichkeiten anderer wahrnehmen und ein Stück weit mittragen, oft unwillkürlich. Sie leidet mit bei Ungerechtigkeit, die anderen widerfährt. Bei empathischen HSP geschieht es fast aus Selbstschutz, dass sie spontan helfen, die Lasten und das Leid der anderen zu lindern und auszugleichen, weil sie deren Bürde so deutlich spüren. Die Person mit einer erworbenen Überempfindlichkeit hingegen hat in erster Linie sehr feine Sensoren für die Ungerechtigkeit, die Achtlosigkeit oder die Abwertung, die sich gegen sie selbst richtet. Sie reagiert sehr empfindlich, ist schnell beleidigt oder aggressiv. Diese Menschen haben ein nach außen gerichtetes Frühwarnsystem ausgebildet, mit dem sie ständig ihr Umfeld scannen, um sich selbst vor neuen Verletzungen zu bewahren. Diese verletzten Seelen haben meist einen superfeinen Radar für Stimmungen, Untertöne und Microexpressions der Mimik. Das ist verständlich, weil ihre Sicherheit und die Erfüllung anderer Bedürfnisse in der Kindheit doch vor allem davon abhingen, rechtzeitig zu erkennen, was die sie missbrauchende Bezugsperson von ihnen erwartete oder ihnen antun wollte.

Als sekundäre Reaktionen bei traumatisierten Menschen lassen sich Entwicklungsverzögerung, emotionale Unreife, innere Erstarrung, Unkenntnis der eigenen Bedürfnisse und tiefe, lebensbehindernde Blockaden feststellen. Auch schwere Ehe- und Beziehungsprobleme, die scheinbar in der Hochsensibilität wurzeln, sind fast immer Folgen von Trauma oder Missbrauch und nicht von angeborener Hochsensibilität. Bei Menschen mit angeborener Hochsensibilität beobachten wir möglicherweise andere ungesunde Sekundärreaktionen. Oft bürden sie sich freiwillig mehr Verantwortung auf, als ihnen guttut. Oder sie drehen von sich aus die Eltern-Kind-Rollen um, weil sie die Bedürftigkeit der Mutter oder des Vaters spüren. Das hat zwar nicht so schlimme Folgen, wie wenn ihnen so ein Rollentausch aufgezwungen würde, kann aber trotzdem bis weit ins Erwachsenenalter negative Früchte tragen. Oder sie drängen sich in andere Rollen, die ihnen nicht zustehen und sie dann überfordern, in dem Versuch, die Bürde der anderen zu erleichtern.

Wenn Hochsensible nicht verstanden oder wenn sie verkannt wurden – und das passiert häufig –, tendieren sie dazu, sich selbst abzulehnen oder doch zumindest zu dem Gefühl, dass mit ihnen etwas nicht in Ordnung wäre. Das ist allerdings kein Unterscheidungsmerkmal, weil das auch die meisten Überempfindlichen entwickelt haben.

Wege zur Heilung alter Wunden

Wie weiter oben deutlich wurde, haben hochsensible Menschen leider die größten Chancen, in ihrer Entwicklung durch eine Verkettung verschiedenster Umstände Situationen zu erleben, die sie nicht verkraften, was psychoemotionale Narben zurücklässt. Andererseits sind sie auch besser als andere Menschen dafür gerüstet, solche Fehlentwicklungen später zu korrigieren oder sogar davon zu profitieren. Diese Fähigkeit, destruktive Erfahrungen konstruktiv zu nutzen, wurzelt einerseits in der tiefen, wenn auch oft unbewussten Überzeugung, dass alle Ereignisse des Lebens ihren Sinn haben, und andererseits in ihrer lebenslangen Bereitschaft, zu lernen und sich weiterzuentwickeln. Wichtig ist hier zu betonen, dass beileibe nicht alle hochsensiblen Menschen der Heilung bedürfen.

Der erste und wichtigste Schritt auf dem Weg zur Heilung alter Wunden ist das Annehmen. Erst wenn wir die Vergangenheit akzeptieren, wird es möglich, die daraus resultierenden Folgen zu verändern. Wenn sich jemand einen Span einzieht und der Akt der Verletzung selbst sehr schmerzhaft war, dann liegt es vielleicht nahe, dass er das ganze Ereignis vergessen möchte, um nicht mehr an den Schmerz erinnert zu werden. Doch erst wenn er akzeptiert, dass er sich verletzt hat und einen Fremdkörper unter seiner Haut trägt, kann er etwas dagegen unternehmen. Erst dann kann er den Span entfernen und Salbe auftragen. Dies fällt natürlich schwerer, wenn der Betroffene in einem Umfeld lebt, in dem die Regel gilt: „Echte Menschen ziehen sich keine Späne ein" oder auch der Satz: „Man kann sich überhaupt keine Späne einziehen; wer also einen drucksensiblen Eiterherd unter der Haut hat, mit dem ist etwas nicht in Ordnung."

Mit der Hochsensibilität ist es ganz ähnlich. Wenn wir uns für die Tatsache öffnen, dass in unserer Entwicklung nicht alles optimal gelaufen ist und wir die eine oder andere Verletzung davongetragen haben, dann kann es schon passieren, dass wir uns wieder an den Schmerz und an anderes Unangenehme erinnern. Auch leben wir im extrovertierten Westen hier in einer ideologischen Umgebung, deren Werte zunehmend von nicht hochsensiblen Menschen geprägt worden sind, was uns den Prozess der Heilung nicht gerade erleichtert. Um sich von solchen beschränkenden Ansichten zu befreien, muss man sich klarmachen, dass sie von unverständigen Menschen aufgestellt wurden und werden. Diese Unverständigen wissen nicht einmal, dass es andere Menschen gibt, die kein so dickes Fell haben wie sie und trotzdem völlig in Ordnung sind. Die meisten Dickhäutigen wissen nicht, dass sie einen Großteil der Dinge, die ihnen das Leben schön, leicht und angenehm machen, den Dünnhäutigen verdanken, weil diese einen überproportional großen Teil der Erfinder, Forscher, Wissenschaftler, Künstler und Programmierer ausmachen. Sie wissen nicht, dass sie den Zarten auch viel von ihrer inneren Sicherheit verdanken, denn fast alle Denker und Philosophen sowie der allergrößte Teil derer, die deren Glaubenssysteme gepflegt, erhalten und für andere Menschen zugänglich, verständlich und bis zum heutigen Tag nutzbar gemacht haben, waren und sind Hochsensible. Wer sich minderwertig fühlt, weil er sich ein Leben lang an einer Latte maß, die nicht für ihn gemacht wurde, sollte sich einmal daran erinnern, zu einem Menschenschlag zu gehören, ohne den das Leben der gesamten Spezies ziemlich dürftig aussähe.

Reframing – belastende Ereignisse ins rechte Licht rücken

Ein guter und großer erster Schritt auf dem Weg zur Heilung ist das bereits erwähnte Reframing. Der Begriff kommt aus der kognitiven Psychotherapie und bedeutet, etwas in einen neuen Bezugsrahmen setzen, etwas aus einem neuen Blickwinkel heraus betrachten. Jeder Mensch, aber ganz besonders jeder hochsensible Mensch, findet in seiner Vergangenheit eine Reihe von größeren sowie viele kleine Ereignisse, in denen er – seiner eigenen Einschätzung nach – nicht optimal reagiert hat. Oft sind es Situationen aus der Kindheit, Schulzeit und den ersten Berufsjahren, in denen wir Chancen nicht ergreifen konnten, uns blamiert haben oder zur Zielscheibe von Ablehnung, Spott und schlimmeren Misshandlungen wurden. Natürlich wollten wir das nicht, wir verstanden nicht, wieso gerade wir so ungeschickt, langsam, verstockt oder verweigernd waren. Wenn wir jedoch – wie jedes unverdorbene Wesen unter der Sonne – der Ansicht sind, dass wir in Ordnung sind, so, wie wir sind, dann tut die Ungerechtigkeit, so behandelt zu werden, als wären wir nicht o.k., bitter weh. Die Chancen sind somit groß, dass wir uns eher früher als später dem Wirklichkeitsbild der Mehrheit angeschlossen haben.

Seit dem Zeitpunkt, an dem unsere Selbstachtung zusammenbrach, haben wir zumindest eine Erklärung dafür, warum wir so sind, wie wir sind. Seit damals können wir verstehen, warum wir so schlecht behandelt werden. Das macht zwar die Behandlung selbst nicht weniger schmerzhaft, aber zumindest können wir unsere Eltern, Geschwister, Freunde und Lehrer verstehen, dass sie uns das antaten. Wenn das Selbstwertgefühl so weit verletzt wurde, dass wir uns für nicht mehr liebenswert hielten, ist etwas entstanden, das Alice Miller das falsche Selbst nennt. Das falsche Selbst bezieht seine Selbstachtung aus Leistung bzw. Überlegenheit. Die Kehrseite ist die Depression, die alternierend mit der Selbstbewunderung auftritt, wenn Leistungsfähigkeit oder Überlegenheit einmal nicht gegeben sind. Es soll auch eine Mischform geben, in der beide Zustände parallel vorhanden sind, wobei sich die Depression als ständige Grantigkeit äußert. Besonders traurig finden wir in diesem Zusammenhang die Tendenz zum Teufelskreis: Das falsche Selbst leugnet in seinen Phasen der Selbstbewunderung unerwünschte Wesenszüge wie Schwäche, Ungeschicktheit, Weichheit etc. nicht nur in sich selbst, sondern bekämpft sie auch in anderen oder lehnt sie voll Verachtung ab.

„Jedes Kind hat das legitime narzisstische Bedürfnis, von seiner Mutter gesehen, verstanden, ernstgenommen und respektiert zu werden."[5] Nach Alice Miller entsteht das falsche Selbst, wenn eine emotional übermäßig bedürftige Mutter ihrem Kind dieses Bedürfnis nicht erfüllen kann, sondern es ihrerseits als Quelle von Zuwendung und Anerkennung missbraucht. Dies geschieht, indem sie ihrem Kind durch Belohnung bzw. Bestrafung beibringt, welche Wesenszüge es zeigen darf und welche nicht, damit sie erhält, was sie braucht. Nun ist dies eine sehr krasse Behandlung, unter der der Selbstwert nicht nur hochsensibler Kinder zusammenbricht. Unserer Ansicht nach kommen viele HSP im Laufe ihrer Kindheitsentwicklung an diesen Punkt auch ohne so eine gestörte Mutter-Kind-Beziehung, nämlich durch die Ablehnung und Abwertung, mit der sie in einer nicht sehr sensiblen Welt konfrontiert sind.

Die Ablehnung und Abwertung haben viele von uns HSP nicht deshalb erfahren, weil unsere wichtigste Bezugsperson uns anders wollte, sondern weil viele Menschen in unserem Umfeld dachten, dass wir anders wären, als wir sind. Viele demütigende Erlebnisse beruhen auf großen Missverständnissen. Es ist eben nicht so, dass wir in unserer Empfindsamkeit erkannt worden wären und trotzdem keine Rücksicht darauf genommen wurde, sondern unser Umfeld hat unser Anderssein gar nicht wahrgenommen. Unser Versagen war oft geradezu vorprogrammiert, weil die Aufgaben nicht für uns gemacht waren und unsere Eltern, Lehrer, Freunde oder Kollegen uns genauso wenig verstanden wie wir uns selbst.

In den häufigen Fällen, in denen der Druck zum Anderssein nicht so gezielt und nicht allzu früh im Leben einwirkte, dürfte es lediglich zu einer milderen Ausformung des falschen Selbst kommen. Damit sind auch die beiden Gegenspieler Selbstbewunderung und Depression schwächer ausgebildet. Viele hochsensible Menschen tun sich sehr schwer damit, in der heutigen, von Leistung, Gewinn und Genuss geprägten Gesellschaft mit Leistungen zu brillieren. Durch Leistungen Überlegenheit zu demonstrieren, ohne sich völlig selbst zu verleugnen, scheitert oft daran, dass Leistung daran gemessen wird, wie viel Geld sie einbringt. In diesem betont materiellen Bezugsrahmen sind so manche HSP tatsächlich Verlierer, die sich dann auch viel mehr in der Depression aufhalten, als in (Selbst-)Bewunderung zu baden.

Der Vollständigkeit halber sei erwähnt, dass es natürlich auch viele in den Augen der Welt erfolgreiche Hochsensible gibt, die den Erfolg nicht als Ersatz für ihre implodierte Selbstachtung angestrebt haben. Die, bei denen dies vielleicht schon so sein könnte, finden wir erwartungsgemäß in Berufszweigen, für die HSP besonders talentiert sind. Erfolgreiche hochsensible Selbstdarsteller gibt es besonders unter Schauspielern und anderen Künstlern sowie als selbsternannte Gurus und Medien. Zum Thema Schauspieler und Künstler sei vielleicht noch angemerkt, dass so manche Staralüre oder manches Divagehabe in anderem Licht erscheinen kann, wenn wir uns vorstellen, dass die Person eine HSP ist und durch ihren Erfolg ins Rampenlicht gerät – was vielleicht zunächst ja auch das Ziel war, aber trotzdem eine kontinuierliche Überstimulation darstellt.

Doch mehr noch als durch Leistung gleichen hochsensible Menschen die Depression durch Gefühle der Überlegenheit aus. Es ist naheliegend, dass sich die meisten HSP, die getrieben sind, sich besser als andere zu bewerten, einen Bereich suchen, in dem sie sowieso stark sind. Sich als moralisch oder im religiösen Streben überlegen zu fühlen ist für die meisten hochsensiblen Menschen keine Kunst, speziell wenn sie wirtschaftlich nicht sehr erfolgreich sind. Sogar so abstruse psychologische Konstrukte wie Superioritätsgefühle auf Grund von überlegener Demut können da entstehen. In traditionellen religiösen Systemen wird das Dünkel genannt und als Zeichen von mangelhafter Gesinnung oder Bemühung gesehen, dabei ist es doch nur Ausdruck einer verletzten Seele.

Die milderen Formen solcher Verletzungen lassen sich gut durch Reframing kurieren. Suchen Sie sich dazu immer ein Ereignis Ihrer Vergangenheit aus, in dem Sie in den Augen der Welt und vielleicht auch in Ihren eigenen nicht so gut abgeschnitten haben. Schauen Sie, ob Ihr damaliges Verhalten vor dem Hintergrund Ihres heutigen Wissens um Ihr hochsensibles Wesen anders aussieht. Wenn möglich, geben Sie Ihrem vergangenem Selbst heute die verständnisvolle Begleitung, die Sie damals vermisst haben. Nach Dr. Aron besteht das Reframing aus drei Schritten[6]:

1. Zuerst betrachten Sie Ihre damalige Reaktion, Ihr damaliges Verhalten und versuchen, sich etwaige Urteile über sich selbst ins Gedächtnis zu rufen. Waren Sie der Ansicht, Sie handelten falsch oder übertrieben? Dachten Sie, Sie müssten anders sein, sich verbergen? Fanden Sie sich selbst nicht in Ordnung?

2. Dann schauen Sie, wie Sie jetzt zu den Handlungen oder Versäumnissen Ihres damaligen Selbst stehen. Haben Sie jetzt, wo Sie besser Bescheid wissen um die Beschränkungen und unwillkürlichen Reaktionen Ihres Nervensystems, Verständnis und Mitgefühl für den kleinen Buben oder jungen Mann bzw. das Mädchen oder die junge Frau, die Sie damals waren? Wenn ja, dann sagen Sie es ihm oder ihr.

3. Als letzten Schritt schauen Sie, ob es im Zusammenhang mit dem neu betrachteten Ereignis irgendetwas gibt, von dem Sie der Meinung sind, dass Sie es in der Gegenwart tun sollten. Wenn ja, tun Sie es. Besonders hilfreich kann es sein, Ihre veränderte Sicht mit jemandem zu teilen, vielleicht sogar mit jemandem, die oder der damals anwesend war. Voraussetzung dafür ist natürlich, dass die- oder derjenige das auch wertschätzen kann.

Dr. Aron empfiehlt weiterhin, das Ereignis sowohl in seiner alten als auch in seiner neuen Interpretation aufzuschreiben und die Aufzeichnung einige Zeit aufzuheben.

Die Suche nach professioneller Unterstützung
Vielleicht haben Sie das Gefühl, dass Ihre psychoemotionalen Wunden nicht so leicht heilen können. Sie haben vielleicht eine besonders

schwierige Jugend gehabt oder aus anderen Gründen tiefere Verletzungen davongetragen. In diesem Fall raten wir Ihnen, sich professionelle Hilfe zu suchen. Der Autor und viele der ihm nahestehenden Menschen haben mit Psychotherapie positive Erfahrungen gemacht. Es war natürlich nicht immer leicht und hat auch im Laufe der Zeit einiges an Geld gekostet, doch sind wir sehr froh, dass wir es getan und uns darauf eingelassen haben.

Dr. Aron, die Autorin des ersten englischsprachigen Buches zum Thema HSP, ist selbst klinische Psychologin. Sie empfiehlt insbesondere eine Jungianische Analyse für hochsensible Menschen. Das mag in gewisser Weise durchaus passen, vor allem weil C. G. Jung und seine Nachfolger auch die spirituelle Dimension miteinbeziehen. Doch nach unseren über Jahrzehnte gesammelten Erfahrungen mit Vertretern verschiedenster psychotherapeutischer Richtungen sind wir zu der Ansicht gekommen, dass der Mensch, die Person des Therapeuten wichtiger ist als die praktizierte Methode.

Suchen Sie sich also einen Therapeuten oder eine Therapeutin, mit der Sie sich wohlfühlen und mit der Sie guten Rapport herstellen können. Achten Sie besonders darauf, dass die in Frage kommende Person für Sie nicht nur ein Vorbild sein könnte, sondern ganz besonders auch darauf, ob Sie sich in ihrer Gegenwart sicher und gestärkt fühlen. Sollte es jemand sein, die oder der zwar bewundernswert locker, souverän kontaktfähig und emotional reif wirkt, in dessen Gegenwart Sie sich jedoch besonders verklemmt, unwürdig oder sonst irgendwie nicht in Ordnung fühlen, gehen Sie besser woanders hin. Wenn Sie jemanden gefunden haben, mit dem oder der Sie sich gut fühlen, erzählen Sie von Ihrer Hochsensibilität und besprechen Sie Ihre diesbezüglichen Therapieziele. Fragen Sie nach, wie der Therapeut oder die Therapeutin mit der eigenen Empfindsamkeit zurechtkommen. Wenn möglich, arbeiten Sie mit der in Frage stehenden Person zuerst in einem Wochenendseminar oder vereinbaren Sie eine Probezeit von zum Beispiel drei Sitzungen, ehe Sie sich auf ein langfristiges Verhältnis einlassen. Suchen Sie nach HSP in Ihrem Umfeld und fragen Sie nach deren Erfahrungen mit Therapeuten.

Vorsichtiger Umgang mit Ärzten

Bei der Wahl Ihres Arztes sollten Sie ebenso sorgfältig vorgehen. Informieren Sie alle Ärzte, mit denen Sie zu tun haben, dass Sie besonders stark auf Reize reagieren, also vermutlich auch auf die in Medikamenten enthaltenen Chemikalien. Wenn Sie stark unter den Nebenwirkungen von Medikamenten leiden, so spechen Sie auch dies möglichst rasch an.

Die erwähnten Nebenerscheinungen können nämlich im Falle einer HSP besonders gravierend und unangenehm ausfallen. Tagelange Übelkeit und Kopfschmerz zählen dabei noch zu den harmloseren Dingen, weil sie zumindest keine bleibenden Schäden hervorrufen. Aber gerade die Übelkeit kann extrem kontraproduktiv sein. Es gibt im menschlichen Körper einen Mechanismus, der wohl ein urgeschichtliches Relikt aus der Zeit der Sammler ist und Vergiftungen verhindern soll. Wenn wir Menschen etwas essen, das giftig für uns ist – und starke Übelkeit ist ein eindeutiges Zeichen für Vergiftung –, so wird die Übelkeit mit diesem bestimmten Stoff bzw. Nahrungsmittel verknüpft. Wenn wir dann später die entsprechende Pflanze oder das Gericht auch nur sehen, wird uns wieder übel, und das unter Umständen auch noch nach Jahren. Dies ist wahrscheinlich ein sehr tiefer Mechanismus, weit außerhalb der Kontrolle des Bewusstseins, der sich evolutionär durchgesetzt hat und ursprünglich zu unserem Schutz gedacht war. Diese eigentlich nützliche Einrichtung der Natur kann sich gegen uns wenden, wenn hochsensible Menschen den für sie ungeeigneten Dosierungsstrategien ihres Arztes folgen. Denn vielleicht handelt es sich ja bei diesem einen um genau das für Sie passende Medikament. Auf Grund Ihrer hohen Sensitivität für chemische Stoffe können Sie jedoch mit so starken Nebenwirkungen reagieren, dass der Körper es für eine gefährlich giftige und deshalb zu meidende Substanz hält. Wenn Sie das Medikament dann später erneut einnehmen wollen, regt sich schon bei dessen Anblick Übelkeit und nach dem Schlucken ist es unabhängig von der Dosis so unangenehm, dass Sie es über kurz oder lang absetzen müssen. Und das, obwohl es vielleicht das ideale Mittel für Sie gewesen wäre! Hätten Sie von Anfang an niedrige Dosen bekommen und Ihr Körper in

Verbindung mit dem Medikament nie diese traumatische Übelkeit erlebt, dann hätte es keine Probleme damit gegeben, sondern nur Ihre Heilung unterstützt.

Erzählen Sie Ihrem Arzt davon. Wenn er Sie nicht ausreden lässt oder Sie in Ihrem Anliegen nicht ernst nimmt, ist er wohl nicht der Richtige für Sie. Während der Beruf des Heilers ursprünglich einer der naturgemäß für HSP besonders geeigneten war, so sind in modernen Zeiten leider immer weniger Ärzte hochsensibel. Der Grund dafür liegt wohl im heutzutage mit dem Studium verbundenen Stress, den 48-Stunden-Diensten der jungen Spitalsärzte und ähnlichen Rahmenbedingungen, denen wenige HSP gewachsen sind. Es gibt glücklicherweise Ausnahmen, doch der Alltag ist weniger durch die Kunst des einfühlsamen Heilens bestimmt, sondern durch Massenabfertigung, Schadensbegrenzung und mehr oder weniger blutige Unfallchirurgie. Dafür sind weniger zart besaitete Heiler sicherlich besser geeignet. Die Kehrseite der Medaille ist die geringe Trefferquote bei Diagnosen[7], denn dafür braucht es viel Feingefühl, den Blick fürs Detail und eine nahezu intuitive Kombinationsfähigkeit – Eigenschaften, die sehr vielen HSP in die Wiege gelegt wurden. Vielleicht kommt ja mit zunehmendem Wissen um die Vor- und Nachteile der Hochsensibilität eine Zeit der Praxisgemeinschaften, wo hochsensible Ärzte für die Diagnose und andere für die Behandlungen zuständig sind.

Selbstmanagement für hochsensible Menschen

*Die Weisheit des Lebens
besteht im Weglassen des Unwesentlichen.*

Lin Yutang[8]

Ein Präzisionswerkzeug

Nach all dem, was Sie bis jetzt über die Zusammenhänge, Hintergründe, Möglichkeiten und Ursachen der Anlage zur HSP gelesen haben, ist Ihnen wahrscheinlich klar, dass dieses hochsensible Nervenkostüm ein Präzisionswerkzeug ist. Es ist beeindruckend leistungsfähig in der Wahrnehmung, Verarbeitung und im kreativen Output. Doch leider wurde es ohne Gebrauchsanweisung geliefert. Wenn wir mit diesem sehr fein tarierten System unsachgemäß umgehen, so kann dies heftige und äußerst unangenehme Folgen haben, wie Sie vermutlich auch schon gelegentlich erfahren mussten. Über Zustände extremer Stimulation hinaus ist die Gefahr gegeben, dass es zu dauerhaften Schäden kommt, von denen wir im vorigen Kapitel gesprochen haben. Und: Wenn schon die Möglichkeiten eines vergleichsweise simplen Gerätes – z. B. eines Heimcomputers – erst mit entsprechender Einschulung und jahrelanger Übung annähernd voll ausgeschöpft werden können, um wie viel mehr muss dies auf das höchst sensible Nervensystem und Gehirn einer HSP zutreffen? Oder anders ausgedrückt: Wie viel Gutes können Sie sich und anderen bereiten, wenn Sie mit Ihrem hochsensiblen Nervensystem ein eingespieltes, harmonisches Team bilden? Hiermit sind wir also bei

der Frage angelangt: „Wie gehe ich optimal mit meiner Hochsensibilität um?"

Managementziele

Vorauszuschicken ist, dass Selbstmanagement bzw. die Art, mit sich
selbst umzugehen, um das eigene Leben zu gestalten, nicht trennbar
ist von dem damit verbundenen Ziel. Wenn auch viele HSP spontan
meinen, das sei doch ganz klar, weil es ohnehin nur ein sinnvolles
Ziel gebe (nämlich das ihre), so sind doch verschiedene Ziele denkbar.

Manche HSP haben das Ziel, möglichst so zu sein wie alle anderen, ihre Hochsensibilität möglichst wenig zu bemerken, um mit der
Masse der nicht hochsensiblen Mehrheit verschmelzen zu können.
Einem Teil von ihnen geht es dabei um Unauffälligkeit, sie wollen
vermeiden aufzufallen, während andere einfach den Wunsch haben,
die gleichen Dinge zu genießen, den gleichen Freizeitaktivitäten
nachzugehen oder die gleichen Belastungen ertragen zu können wie
alle anderen auch. Diese Wünsche sind verständlich und berechtigt.
Teilweise werden sie sich auch durch gutes Selbstmanagement ver-
wirklichen lassen, aber vermutlich nur teilweise. Darum sei Folgendes
gleich vorneweg gesagt: Wer das Ziel hat, seine Hochsensibilität zu
verdrängen und zu vergessen, wird hier leider nicht sehr viel Brauch-
bares finden. Ein anderes denkbares Ziel ist maximaler Selbstschutz
vor erlebter Stimulation bzw. Überstimulation, die als unangenehm
erlebt wird. Vermeidung von Überstimulation ist sicherlich Teil eines
guten Selbstmanagement-Planes, dennoch sind wir der Ansicht, dass
sich auch dieser Punkt übertreiben lässt. Rückzug und Selbstschutz
sind wichtig, sie jedoch zur höchsten Priorität zu ernennen, wäre
eine Verfehlung des Themas. Hochsensibilität ist auch eine soziale
Verantwortung und darf daher nicht zur Abkapselung führen. Also
werden wir hier das übermäßige Behüten der eigenen Empfindsamkeit nicht ermutigen und einer solchen Strategie nicht sehr viel Unterstützung bieten. Wenn wir hier nun im Weiteren von Selbstmanagement sprechen, dann immer mit der Zielsetzung, unnötigen und
ablenkenden Stress zu reduzieren und/oder besser zu ertragen, um

die Gesundheit langfristig zu erhalten oder zu verbessern und um die eigene Rolle und Aufgabe im Leben mit Freude erfüllen zu können. Wer sich in diese Richtung bewegt, wird auf den folgenden Seiten so manchen hilfreichen Tipp finden, unabhängig davon, wie jede und jeder Einzelne das persönliche Ziel nun genau formuliert. Wenn die Anlage zur Hochsensibilität keine Verirrung der Natur darstellt, dann ist sie nicht nur für das Individuum, sondern für die Sippe, die Gesellschaft, ja für die ganze Menschheit wichtig. Selbst wenn sie diesem Auftrag auch nur einigermaßen gerecht werden wollen, müssen die Hochsensiblen in Kontakt mit der normalen Welt treten, sich zumindest teilweise in die Gesellschaft integrieren. Gleichzeitig brauchen sie einen Umgang mit ihrer speziellen Anlage, der es ihnen ermöglicht, gut mit ihr zurecht zu kommenen. Doch was auf den ersten Blick vielleicht wie ein Spagat aussieht, ist durchaus machbar. Manche glückliche HSP haben das ganz selbstverständlich im Elternhaus mitbekommen – doch auch der mehrheitliche Rest der Hochsensiblen kann es lernen. Erfreulicherweise ist die Lernfähigkeit bis ins hohe Alter eine der Stärken hochsensibler Menschen, es ist also nie zu spät. Mit Geduld und Achtsamkeit wird es bald ganz wie von selbst gehen.

Managementstile

Im Großen und Ganzen können wir sagen, dass Menschen den Stil ihres Selbstmanagements, die Art, mit sich selbst umzugehen, von ihren ersten Betreuungspersonen lernen. Waren die Eltern selbst glückliche HSP, die die Anlage schon im Kleinkind sahen und schätzten, dann sind die Chancen groß, dass sie dem Kind beibrachten, mit dem eigenen empfindsamen Selbst achtsam und rücksichtsvoll umzugehen, ohne sich andererseits davon zu sehr beherrschen oder isolieren zu lassen. Die Managementstile der vielen hochsensiblen Menschen, die nicht das Glück hatten, eine solche Frühförderung und entsprechende Ausbildung zu genießen, lassen sich in zwei Gruppen zusammenfassen: zu sehr innen und zu sehr außen. Um eine Vorstellung von den Verhältnissen zu geben, sei hier erwähnt, dass es 61 Prozent der hochsensiblen Menschen ausgesprochen wichtig ist, ihr Leben so einzurichten, dass sie aufregende oder überfordernde Situationen vermeiden können. Weiteren 18,4 Prozent ist es immerhin noch einigermaßen wichtig.

Zu sehr innen

Wer zu sehr innen ist, hat aus der eigenen Sensibilität eine heilige Kuh gemacht. Selbst möglichst wenig Stress zu haben scheint das wichtigste Ziel zu sein und der Großteil der eigenen Bedürfnisse wird sehr ernst genommen. Dies kann in manchen Fällen zu Konflikten mit anderen Menschen führen, weil diese so sehr auf Selbstschutz bedachten HSP gelegentlich vehement versuchen, ihr Umfeld ihren Bedürfnissen gemäß zu gestalten. Weil Konflikt aber auch ein sehr unangenehmer Stress ist, leben sie meist sehr zurückgezogen, vor allem, wenn sie etwas älter sind. Dieser Lebensstil geht vor allem auf Kosten der Bedürfnisse nach sozialer Integration und Zugehörigkeit und manchmal kommt auch das wichtige Bedürfnis, einen gesellschaftlichen Beitrag zu leisten, zu kurz. Letzteres führt dann oft zu einer Destabilisierung des Seelenfriedens, was sich besonders krass auswirkt, wenn sich eine außenstehende Person erdreistet, den geleisteten Beitrag in Frage zu stellen. Entweder verwandelt sich die betroffene HSP daraufhin in ein Häufchen Elend oder aber in eine Furie, die den vermeintlichen Verleumder angreift. Im Allgemeinen gehören zu dieser Gruppe jedoch still und zurückgezogen lebende, etwas einsame Menschen.

Zu sehr außen

Wer jedoch zu sehr außen ist, behandelt sich selbst mit wenig Rücksicht. Am äußeren Lebensstil lässt sich auch für das geschulte Auge kaum erkennen, wann es sich um einen hochsensiblen Menschen handelt. Oft sind dies Menschen, die sehr viel für andere da sind, große Familien oder ganze Freundeskreise am Funktionieren halten und von anderen ob ihrer Tüchtigkeit mehr oder weniger offen bewundert werden. „Ich bin nicht so wichtig" oder „Ich schaffe das schon" ist der Wahlspruch dieser HSP. Dieser Selbstmanagementstil geht früher oder später auf Kosten der Nerven und der allgemeinen Gesundheit und interessanterweise oft auch auf Kosten des Seelenfriedens. Wenn nämlich ein außenstehender Mensch den Wert des selbstaufopfernd geleisteten Beitrages nicht ausreichend würdigt oder gar in Frage stellt, so kann dies eine größere Krise auslösen. Insbesondere wenn die allgemeine Überforderung gerade Spitzenwerte erreicht, kann Kritik der Tropfen sein, der das Fass der psychischen Belastung zum Überlaufen bringt. Im Großen und Ganzen sind die Vertreter dieser Gruppe jedoch fähige und bescheidene Menschen, ohne deren Beitrag vieles in der Welt nicht funktionieren würde.

> *Die Weise weiß,*
> *dass nichts Extremes von Dauer ist.*
> *Deshalb erlaubt sie ihrem Leben*
> *eine gewisse Amplitude.*
> I Ging (übersetzt von Hua-Ching Ni)

Vom richtigen Rhythmus

Gelegentlich treffen wir auch HSP, die zwischen diesen beiden Stilen alternieren. Längere Phasen der Selbstüberforderung wechseln ab mit völligem Rückzug. Wenn jedoch eine HSP daran arbeitet, von einer einseitigen Form des Selbstmanagements zu einem ausgewogenerem Lebensstil überzugehen, so lässt sich dieses Alternieren in schwächerer Form kaum vermeiden. Ein auffällig zurückgezogen und defensiv lebender hochsensibler Mensch, der beginnt, mehr nach außen zu gehen und mehr Kontakte zu haben, wird seine neuerworbene Belastbarkeit manchmal überschätzen und sich dann wieder vorübergehend in die andere Richtung bewegen. Oder eine HSP, die sich habituell überlastet und dann beginnt, stärker auf sich selbst zu achten, wird anfangs gelegentlich den Selbstschutz übertreiben, um dann wieder eine Zeitlang ins alte Muster zurückzufallen. Veränderungen der Gewohnheiten erfolgen am besten langsam und graduell, auch um die dafür nötige Achtsamkeit zu gewährleisten. Ist diese gegeben, so werden die Schwankungen nicht zu extrem ausfallen.

Ganz ohne Schwankungen kann und soll das Leben nie sein, denn gesundes Leben ist eine rhythmische Vielfalt, in der sich verschiedene, wiederkehrende Phasen abwechseln. Entsprechend den persönlichen Bedürfnissen und Möglichkeiten gibt es Zeiten, in denen sich der Mensch fordert, und solche der Regeneration. Es braucht

Zeiten der Geselligkeit und solche des Rückzugs, Zeiten für andere und Zeiten für sich selbst, Zeiten der Betriebsamkeit und Zeiten der Stille. Wie das optimale Spektrum aussieht, ist individuell sehr unterschiedlich – aber um langfristig zu funktionieren, muss es Lebensgenuss und Erfüllung bringen, andererseits Überstimulation und negativen Stress sehr gering halten.

Wichtig ist es, bei all den Pendelbewegungen eine gewisse Mäßigkeit nicht aus den Augen zu verlieren, damit wir unserer Mitte zumindest nahe sein können, wenn wir es vielleicht auch nicht immer schaffen, in ihr zu ruhen. Ein zweiter, wohl noch wichtigerer allgemeiner Grundsatz für das Selbstmanagement ist ein ganz praktischer Tipp, wie diese Mäßigkeit umzusetzen wäre: indem man nämlich die Pendelbewegungen kurz hält. Wenn die verschiedenen Abschnitte innerhalb eines Tages auch ein buntes Mosaik ergeben, so werden die anstrengenderen Phasen doch immer wieder durch kurze Erholungspausen aufgelockert oder erhalten am selben Tag noch ein Gegengewicht, das Ausgleich schafft.

Das Gegenbeispiel im Extrem wäre der Mensch, der ohne Rast und Ruh und ohne Rücksicht auf sich selbst mit einem Minimum an Regeneration sein Äußerstes gibt und sich verspricht, dafür in der Rente dann aber nie wieder einen Finger zu rühren. Das Beispiel für den anderen hochsensiblen Managementstil wäre der Mensch, der sich in Abgeschiedenheit und Selbstverwöhnung verkriecht und sich als Ausgleich Phantasien hingibt von edlen Taten und für die Menschheit wichtigen Beiträgen, die er irgendwann leisten möchte. So absurd das auch im ersten Moment klingen mag, so gibt es doch traurig viele HSP, die sich in dem einen oder anderen Extrem gefangen finden. Manche sind in ständiger Überstimulation, die so allumfassend sein kann, dass sie sie gar nicht wahrnehmen. Sie meinen, alles wäre schon im Lot, wenn die Stimulation so weit sinkt, dass sie nicht mehr völlig verwirrt und knapp vor dem Zusammenbruch sind.

Andere haben sich so gründlich von allen Kontakten und fordernden Situationen zurückgezogen, dass sie einsam, still und unbemerkt vor sich hin leben. Die Menschen erleben Herausforderungen nur mehr in der Literatur, im Fernsehen oder Internet, und auch dort bevorzugen sie leichte Kost. Dass es auch anders sein könnte, kommt ihnen gar nicht in den Sinn, und aufkommende Leere füllen sie resignativ mit Konditoreibesuchen und ähnlichen tröstenden Ritualen.

Zu glauben, dass es einem hochsensiblen Menschen möglich sei, auf Dauer ein erfülltes und sinnvolles Leben gänzlich ohne Überstimulation zu führen, wäre Illusion. Doch Häufigkeit, Intensität, Dauer und unterschiedliche Ursachen der Aufregung machen subjektiv einen sehr großen Unterschied. In einem optimal geführten HSP-Leben verlässt die Stimulation selten den Bereich des Angenehmen und so gut wie nie überschreitet sie die Schwelle zum Unerträglichen, wo sofortige impulsive Maßnahmen zur Erleichterung notwendig sind. Wenn die Stimulation den grünen Bereich verlässt, wird das gleich erkannt und sanft gegengesteuert, was sich günstig auf Intensität und Dauer des Zustandes im gelben Bereich auswirkt. Dieses Niveau von Überstimulation ist zwar auch schon unangenehm, aber noch ein Warnbereich. Durch vorbeugende Planung und rechtzeitig eingeleitete Gegenmaßnahmen sollte es sich völlig vermeiden lassen, einen eskalierenden, als akut bedrohlich erlebten Zustand, den roten Bereich, zu erreichen. Und in einem gut gemanagten und erfüllten Leben eines hochsensiblen Menschen bilden schöne und intensive emotionale Begegnungen mit dem Partner oder anderen Familienmitgliedern sowie berufliche Erfolgserlebnisse zu einem immer größeren Prozentsatz die Quelle der Überstimulation. Ja, Sie haben richtig gelesen – auch positive Aufregung ist Stimulation und muss verarbeitet werden. In diesem Licht bekommt das von Psychotherapeuten häufig strapazierte Sprüchlein, dass viele Menschen lieber das bekannte Unglück als das unbekannte Glück wählen, einen neuen Sinn. Die Tatsache, dass etwas neu ist, trägt an sich schon zur Stimulation bei – und unser Unglück kennen wir schon, wissen, wie wir damit zurechtkommen, wissen auch, dass wir es ertragen können. Glück und Erfolg im weltlichen Sinne sind für manche hochsensible Menschen unbekannte Größen und als solche bedrohlich. Doch seien Sie beruhigt, werte Leserin und werter Leser, auch die schönen Dinge im Leben kommen zuerst meist nur in kleinen Portionen zu uns und erst allmählich, wenn auch unsere Fähigkeit, mit ihnen umzugehen, wächst, nehmen sie mehr Raum ein.

Persönlichkeitsanteile aufeinander abstimmen

Selbstmanagement heißt so, weil es tatsächlich der Leitung eines Unternehmens oder dem Führen einer Gruppe sehr ähnlich ist. Jeder Mensch trägt unterschiedliche Persönlichkeitsanteile in sich, die unter Umständen widersprüchliche Wünsche und Bedürfnisse haben. Diese verschiedenen inneren Anteile müssen aufeinander abgestimmt und zur konstruktiven Zusammenarbeit angeleitet werden. Selbstmanagement ist also eine Aufgabe für alle Menschen, nicht nur für besonders sensible. Doch viele der Hochsensiblen haben besonders vielschichtige Persönlichkeiten, also mehr Teilnehmer an der inneren Versammlung. Darüber hinaus haben alle HSP einen zusätzlichen, sehr wichtigen, aber nicht besonders einfach zu behandelnden Persönlichkeitsanteil: den Körper mit seinem hochsensiblen Nervensystem.

Dieser hochsensible Körper ist nicht nur die Quelle vieler wichtiger und oft auch schöner Wahrnehmungen für HSP, sondern er hat auch die Macht, die Gesamtpersönlichkeit sehr unangenehm unter Druck zu setzen, wenn es ihm nicht gut geht. Somit ist es äußerst wichtig, seine Bedürfnisse und sein Wohlergehen bei allen Handlungen und Entscheidungen im Auge zu behalten und immer bereit zu sein, kurzfristig Änderungen vorzunehmen, um auf ihn einzugehen. Günstig ist es aber auch, die anderen Persönlichkeitsanteile nicht allzu sehr zu frustrieren. Es gibt da jedoch ein Problem: Dieser empfindsame Körper kommuniziert nicht so, wie Sie es von den anderen Persönlichkeitsanteilen gewohnt sind. Er ist da viel mehr mit einem kleinen Kind vergleichbar, von dem wir auch keine differenzierten Aussagen bekommen können. Wie ein Säugling, der schreit, wenn er leidet, und wohlig gluckst, wenn alles bestens ist, drückt der Körper sich nur durch seine Befindlichkeit aus, kann Ihnen dann aber nicht detailliert sagen, was er denn nun genau bräuchte, um sich wohlzufühlen. Wie die Mutter eines Kleinkindes müssen Sie sich also beim Wählen der besänftigenden Maßnahmen auf Intuition, Erfahrungswerte und Glück verlassen. Dr. Elaine Aron, die Pionierin der HSP-Forschung, hat aus diesem Grund den Begriff des Kleinkindkörpers für den HSP-Körper mit seinem hochsensiblen Nervensystem geprägt.

Das Konzept des Kleinkindkörpers

Unser hochsensibles Nervensystem gleicht in vielerlei Hinsicht einem Kleinkind. Eine besonders auffällige Parallele zeigt sich in der Tendenz zur Überforderung. Solange wir selbst Kinder waren, haben wir gemeint, Erwachsene müssten stark und belastbar sein. Wohl haben wir ab und zu bemerkt, dass unsere Betreuungspersonen diese Erwartung immer wieder nicht erfüllen konnten, und vielleicht haben wir uns in diesem Punkt manchmal von ihnen im Stich gelassen gefühlt. Vielleicht hat so mancher von uns gedacht, „Wenn ich einmal groß bin, werde ich das anders machen. Ich werde nicht so leicht die Nerven verlieren und wegen solcher Lappalien schimpfen", oder was auch immer es war, an dem wir die Schwäche und Überforderung unserer Eltern zu bemerken meinten. Doch inzwischen sind wir erwachsen geworden und mussten feststellen (möglicherweise zu unserem Schrecken und unserer Beschämung), dass wir viel weniger aushalten, als wir uns wünschten. Der Kleinkindkörper eines hochsensiblen Menschen ist manchmal so frustrierend leicht zu überladen und zu überlasten, und noch dazu oft mit lächerlich scheinenden Kleinigkeiten. Nicht nur zermürbende Lappalien wie Zigarettenrauch, ein im Hintergrund dudelndes Radio, Straßenlärm oder Lackgeruch können uns fertig machen, obwohl sie andere Menschen kaum zu bemerken scheinen. Auch drei vorwurfsvolle Blicke einer nahestehenden Person oder die wohldosierte Abschätzigkeit in der Stimme der feilschenden Geschäftspartnerin oder des konkurrierenden Kollegen können uns emotional an unsere Grenzen bringen – zumindest mag es sich vorübergehend so anfühlen. Da kann es sehr helfen, sich zu sagen: „Ich habe einen kleinkindhaften Teil in mir, dies ist ein Aspekt meiner auch körperlich manifesten Empfindsamkeit. Das heißt nicht, dass ich krank oder neurotisch bin, aber es heißt, dass ich lernen muss, mit diesem Teil umzugehen. Es ist machbar, mein Leben so zu führen, dass weder ich meinen Kleinkindkörper unterdrücke noch dass er mich tyrannisiert." Wir empfehlen, diesen oder einen ähnlichen Satz tatsächlich auswendig zu lernen, sich bei Bedarf still vorzusagen und sich dabei selbst innerlich zuzulächeln. Neben der ermutigenden inhaltlichen Aussage ist das Wiederholen und die rückbezügliche Freundlichkeit selbst ein beruhigendes Ritual.

Die undifferenzierten Signale unseres Kleinkindkörpers haben wir bereits erwähnt. So wie ein Baby nur durch Schreien und Weinen zeigt, dass es irgendwo Schmerzen hat oder hungrig ist oder Schlaf braucht oder friert oder sich einsam fühlt, so vermittelt der Kleinkindkörper ebenfalls einfach seine unmittelbare Befindlichkeit, wie etwa Irritation, Überlastung oder ein undefiniertes Unbehagen. Einzelheiten über Art und Lokalisierung des Schmerzes oder der Irritation sind in seinen Mitteilungen nicht enthalten. Nicht einmal, ob die Probleme aus der gegenwärtigen Situation stammen oder ob der Leidensdruck aus einer ganz anderen Ecke kommt, kann er uns verraten. Informationen über mögliche Handlungen zur Erleichterung seiner Pein liegen üblicherweise auch jenseits seiner Möglichkeiten. Aber so völlig ohne Nuancen ist die Sprache der Säuglinge nicht. Eine Mutter kann lernen, aus den feinen Abstufungen des Wimmerns, Schreiens oder Brüllens Botschaften zu hören, in den verschiedenen begleitenden Symptomen Einzelheiten zu lesen. So kann sie ihrem Liebling rascher und effektiver Erleichterung verschaffen, ohne jedes Mal eine neue Testreihe starten zu müssen. In gleicher Weise ist es einer HSP möglich, und wird meist im Laufe des Lebens immer einfacher, das Vokabular ihres Kleinkindkörpers zu erlernen, was für die verschiedenen Teile des Selbst große Erleichterung bringt.

Ein Säugling hat überschaubare Bedürfnisse. Er will natürlich weder hungrig sein noch frieren, genug Schlaf bekommen und keinen Schmerz, Druck oder Ähnliches erleiden. Doch darüber hinaus will er sich sicher und geborgen fühlen, und was er dazu braucht, das ist schon weniger leicht vorherzusehen. Ein Übermaß an Eindrücken ganz allgemein, plötzliche Veränderungen und Neuerungen, unbekannte oder unerklärliche optische oder akustische Eindrücke können von einem Baby als bedrohlich erlebt und mit Weinen quittiert werden. Seine gewohnte Kost oder Umgebung können für sein seelisches Gleichgewicht von Bedeutung sein und auch zu viele erfreuliche Dinge auf einmal können ein kleines Kind aus dem Gleichgewicht bringen, wie etwa ein Kindergeburtstag oder der Besuch von zu vielen geliebten Familienmitgliedern gleichzeitig. Die Parallelen zum Kleinkindkörper werden die meisten HSP wahrscheinlich auf den ersten Blick feststellen können.

Unseren Kleinkindkörper mit seinem hochsensiblen Nervensystem sehen und behandeln wir am besten wirklich so, wie liebevolle Eltern ihr kleines Kind behandeln. Erwachsen zu sein und gut für sich selbst zu sorgen heißt ja auch, dass die starken und selbstständigen Anteile den schwachen und weniger selbstständigen Schutz, Fürsorge und Unterstützung bieten. So sind wir uns selbst Betreuungsperson und brauchen dadurch niemand anderen mehr, die oder der diese Rolle übernimmt. Das soll nicht heißen, dass wir nicht weiterhin gute Beziehungen zu Vater und Mutter pflegen können als zu den Menschen, die uns geboren und aufgezogen haben. Aber es heißt, dass wir sie aus der Rolle derer, die für uns sorgen, entlassen können und diese Rolle auch nicht Partnern oder anderen nahestehenden Menschen zuweisen.

Innerhalb der lebenslangen Konföderation von Persönlichkeitsanteilen, denen jeder hochsensible Mensch als bewusster Teil vorzusitzen hat, befindet sich also auch der Kleinkindkörper. Wir als Manager dieses bunten Haufens, den wir üblicherweise als unser Selbst bezeichnen, sollen nun also diesen so wichtigen, so feinfühligen, aber auch so unfähigen Teil rücksichtsvoll miteinbeziehen. Wir sollen auf seine Bedürfnisse eingehen, ohne dabei die der anderen Teile zu kurz kommen zu lassen. Diese Aufgabe werden wir im Folgenden in einzelne Schritte und Teilaspekte zerlegen.

Liebe und Respekt für meine Veranlagung

Der erste und wichtigste Punkt beim Selbstmanagement ist, dass wir unserem Kleinkindkörper Liebe, Respekt und Verständnis entgegenbringen. Auch wenn Sie zu den Menschen gehören sollten, die sich schwertun damit, den eigenen Körper mit seinem sensiblen Nervensystem als etwas Eigenständiges, fast Außenstehendes zu betrachten, das uns anvertraut wurde, so möchten wir Ihnen diesen Blickpunkt doch zumindest als Arbeitshypothese nahelegen. Diese geringfügige Differenz in der Betrachtungsweise wird sich bemerkbar machen, wenn Ihr vorbeugendes Management einmal nicht so optimal gelaufen ist und der Kleinkindkörper in unangenehmen Stress kommt.

Dann werden Sie merken, dass es einen Unterschied macht, ob Sie sagen: „Ich bin verwirrt, überfordert und mir geht es nicht gut, ich muss etwas unternehmen!" oder ob Sie feststellen: „Mein empfindsamer Kleinkindkörper ist verwirrt, überfordert und es geht ihm nicht gut. Er braucht mich, ich muss etwas zu seinem Schutz tun!"

Die Anlage zur Hochsensibilität, die sich im Körper manifestiert, ist zweifelsohne von Bedeutung für das Gedeihen und vielleicht sogar für das Überleben der Spezies Mensch. In den Jahrmillionen unserer Menschwerdung hat uns dieser Wesenszug begleitet, wurde schon von Generation zu Generation weitergegeben, noch bevor wir aufrecht gingen oder Sprache gebrauchten. Allein dadurch hat er sich tiefen und aufrichtigen Respekt verdient. Von diesem Respekt werden auch wir HSP profitieren, denn wir sind sehr eng mit unserem Körper verbunden. Anders ausgedrückt ließe sich vielleicht sagen, dass der Körper ein wichtiger Teil, eine maßgebliche Facette von uns ist. Und der respektvolle Umgang mit uns selbst und mit denen, die uns nahe sind, hat sich noch immer bezahlt gemacht.

Unsere Anlage zur HSP ist ein Geschenk, welches uns das Leben in einer Tiefe, Intensität und Bedeutungsfülle erleben lässt, die uns andernfalls verschlossen bliebe. Manche HSP können das vielleicht nicht als Geschenk sehen, weil sie einerseits die positiven Leistungen des Kleinkindkörpers nicht erkennen oder sie als für alle Menschen normal und selbstverständlich voraussetzen und andererseits unter ihm leiden, weil es durch falsche Behandlung oft zur Überstimulation kommt. Auch hier sei ein geringfügiger Blickpunktwechsel empfohlen: Es ist nicht konstruktiv, eine Täter-Opfer-Polarität herzustellen zwischen dem möglicherweise als schwierig oder, tyrannisch erlebten Kleinkindkörper und uns, die wir seinen Kapriolen mehr oder weniger stark ausgeliefert sind. Förderlich für Harmonie und gutes Auskommen ist es, ihn mit den liebevollen Augen einer Mutter oder eines Vaters zu betrachten. Und wenn er überstimuliert ist, leiden wir nicht unter sondern mit ihm, weil wir mit ihm verbunden sind, so wie man auch mitleidet, wenn es einem nahen, geliebten Menschen schlecht geht.

Der Autor ist der festen Überzeugung, dass die Liebe für diesen Persönlichkeitsanteil, für diesen Wesenszug zur Hochsensibilität zentral ist für die innere Harmonie und den Seelenfrieden einer jeden HSP.

Sollte es Ihnen anfangs schwerfallen, ihre Übersensibilität oder Schwäche, wie Sie Ihre Anlage vielleicht bei sich nennen, mit Zärtlichkeit und Fürsorge zu lieben, so tun Sie einfach Ihr Bestes. Jeder kleine Schritt in diese Richtung hilft, denn mit mehr Liebe geht das Selbstmanagement leichter und mit besserem Selbstmanagement wird auch die Liebe zum Kleinkindkörper wachsen. Jedes Kind braucht Liebe, und je sensibler es ist, umso mehr. Denken Sie auch daran, dass es keine Problemkinder gibt, nur Kinder mit Problemen. Der Kleinkindkörper ist da keine Ausnahme. Sobald Sie fest auf seiner Seite stehen, sind die Probleme gleich gar nicht mehr so groß.

Erinnern Sie sich an die Versuche von Megan Gunnar und die Bedeutung der sicheren Verbindung mit einer aufmerksamen Betreuungsperson? Sie sind immer bei Ihrem Kleinkindkörper und so hat dieses empfindsame Wesen die besten Voraussetzungen, dank Ihrer liebevollen Begleitung immer seltener auf Dauerstress zu schalten – und davon profitieren Sie ja!

Sobald Sie die Zusammenhänge kennen und dem Kleinkindkörper eine gewisse Zuneigung entgegenbringen können, wird es Ihnen nicht mehr so schwerfallen, Verständnis für seine besonderen Bedürfnisse aufzubringen. Gewöhnen Sie sich an, ihn wie ein zartes kleines Kind anzusehen. Wenn Sie ein solches stundenlang durch ein Einkaufszentrum schleppen, wird es quengelig und anstrengend. Wenn es vielleicht dazu noch hungrig und durstig ist, beginnt es ernsthaft zu leiden. Das ist natürlich und von jedem auch nur einigermaßen einfühlsamen Menschen zu verstehen. Auch der Kleinkindkörper braucht in belastenden Situationen besondere Aufmerksamkeit. Wer dafür Verständnis hat und merkt, wann er an seine Grenzen kommt, wird viel besser mit ihm auskommen.

Wenn ihm etwas zu laut ist, zu lange dauert, zu viel auf einmal los ist, fremde Menschen anwesend sind, etwas verlangt wird, das er nicht gut kann, oder wenn zu viel auf einmal verlangt wird, etwas neu ist, etwas zu plötzlich kommt, andere zu aggressiv sind oder er aus anderen Gründen in unangenehmen Stress kommt, dann vergleichen Sie ihn bitte nicht mit anderen, fähigen Erwachsenen. Diese werden wahrscheinlich keinen hochsensiblen Teil haben oder schon früh gelernt haben, damit gut umzugehen. Vergleichen Sie ihn vielmehr mit den Kindern, die Sie kannten und kennen, mit Säuglingen und Zwei- oder Dreijährigen. Tun Sie dies mit Nachsicht und Liebe. Dann wird sich Ihnen sein Zustand und seine Reaktion erschließen. Sie werden Verständnis aufbringen und vielleicht gleich eine Möglichkeit sehen, Ihrem Kleinkindkörper in dieser für ihn schwierigen Situation beizustehen. Er hat es immer wieder schwer in dieser Welt, doch mit Ihrem Beistand kann er gut zurechtkommen und sogar glücklich und zufrieden sein.

Selbsteinschätzung und Achtsamkeit

Wer mit seinem kleinen Kind in einem unvertrauten Gebiet unterwegs ist, sollte sich rechtzeitig Folgends überlegen: Welchen Eindrücken wird mein Kind voraussichtlich ausgesetzt sein? Wird es mir möglich sein, es bei der Verarbeitung zu begleiten? Wie lange wird das Ganze dauern? Wie intensiv, laut, hektisch etc. wird es voraussichtlich werden? Kann ich ihm das überhaupt zumuten? Was könnte ich tun, um seinen Stress zu reduzieren? Wo wird es etwas zu essen bzw. zu trinken geben oder nehme ich besser etwas mit? Wann und wo hätte ich bei Bedarf die Möglichkeit, Pausen einzulegen? Ist mein Zeitplan so angelegt, dass wichtige Dinge zeitlich früher erledigt werden, damit es nicht so schlimm ist, falls ich notfalls abbrechen und nach Hause fahren muss, wenn mein Kind nicht durchhält?

Wenn ein hochsensibler Mensch unterwegs ist, hat er seinen Kleinkindkörper immer dabei. Diese Aufsichtspflicht lässt sich nicht an Babysitter delegieren. Die hohe Schule des Selbstmanagements ist es, sich wie routinierte Eltern zu verhalten, die die obigen Überlegungen ständig und automatisch anstellen, ohne sich dadurch belastet zu fühlen. Doch solange diese Vorbereitung nicht im Hintergrund und von selbst passiert, ist es jeder HSP zu empfehlen, sich auf einen größeren Ausflug in unvertrautes Terrain mit solchen Fragen vorzubereiten und gegebenenfalls sinnvolle Vorkehrungen zu treffen. Für den Anfang ist es keine Schande, sich in Ruhe eine Checkliste zu erstellen und diese vor jedem Aufbruch durchzugehen. Gute, vorausschauende Einschätzung fußt auf Erfahrungswerten und jede Fehleinschätzung, die an der daraus resultierenden Überstimulation erkennbar sein wird, ist ein solcher Wert, der zukünftige Einschätzungen verbessert. Denken Sie daran: Sie verbessern durch vorausschauende Planung nicht nur kurzfristig Ihr Wohlbefinden, sondern senken den Stress Ihres Körpers und dadurch die Konzentration von Stresshormonen wie Cortisol, was sich auf Gesundheit und Wohlbefinden langfristig auswirkt.

Sind wir dann tatsächlich mit unserem kleinen Kind unterwegs, werden wir ihm als verantwortungsbewusstes Elternteil fast unablässig zumindest einen kleinen Teil unserer Aufmerksamkeit schenken. Eine durchdachte Vorausplanung des Ausfluges ist gut, doch nicht immer liegen wir mit unserer Einschätzung richtig, nicht immer sind die Bedürfnisse und die Belastbarkeit des Kindes gleich und also vorhersagbar. Nur mit einer gewissen Achtsamkeit werden wir in der Situation rechtzeitig erkennen, wann es nicht mehr passt und wir dem Kind helfen müssen, wieder ins Gleichgewicht zu kommen, ehe wir fortfahren oder auf einen Ersatzplan umschalten.

Genauso halten Sie es am besten mit Ihrem Kleinkindkörper. Achtsam mit uns selber zu sein heißt in der Praxis, regelmäßig zu überprüfen, wie es uns geht, ob noch alles im grünen Bereich ist oder ob schon irgendwo die Warnlämpchen zu flackern beginnen. Die Lebensweisheit, Probleme zu beheben, solange sie noch so klein sind, dass niemand sie Probleme nennt, ist in allen Lebensbereichen sehr zu empfehlen und funktioniert auch mit dem Kleinkindkörper ganz wunderbar. Wer ihm – vor allem in erfahrungsmäßig stimulierenden Situationen – beständig eine gewisse Aufmerksamkeit zukommen lässt, wird es rechtzeitig bemerken, wenn die Stimulation ein kritisches Maß erreicht und der Kleinkindkörper mehr Zuwendung oder eine Veränderung der Situation braucht. Sobald die gelben Warnlichter aufleuchten, können Sie geeignete Gegenmaßnahmen ergreifen. Weiter unten im Punkt „Behandlung von Überstimulation" werden wir ein Repertoire an möglichen Maßnahmen vorstellen.

Sich selbst nicht im Stich lassen

Diese dauernde Überwachung des Kleinkindkörpers hat noch einen weiteren Nutzen in einem ganz anderen Bereich. Der Kleinkindkörper befindet sich – wie überhaupt alles auf der körperlich-materiellen Ebene – ständig in der Gegenwart. Nun ist in der heutigen Zeit eine unleugbare Schwachstelle vieler HSP ein gewisser Mangel an Bodenhaftung. Den Kopf in den Wolken zu haben ist durchaus auch eine gute und wichtige Eigenschaft – die Schattenseite ist der daraus resultierende Hang zu etwas, das früher Weltfremdheit genannt wurde, heute salopp oft als Abgehobenheit bezeichnet wird.

Der geringe Realitätsbezug vieler hochsensibler Menschen entspringt verschiedenen Quellen – nur eine davon ist die mangelnde physische Verwurzelung. So sehen beispielsweise fast 40 Prozent aller HSP ziemlich deutlich, dass sie in Beziehungen naiv sind, und weitere 23 Prozent können der Aussage „Ich scheine eher naiv zu sein, nehme Scherze von Freunden für bare Münze etc." mit immerhin noch „eher ja" bestätigen. Zu den insgesamt knapp über 62 Prozent, die sich einer gewissen Naivität bewusst sind, kommen sicher weitere, die sich dieser noch nicht bewusst geworden sind.

Somit können wir Naivität durchaus als eine Eigenschaft betrachten, die häufig im Zusammenhang mit Hochsensibilität auftritt und auch zum Gesamtbild der Realitätsferne beiträgt. Ohne uns in tiefere Analysen zu begeben, ist ersichtlich, dass hier nicht mangelnde körperliche Verwurzelung ursächlich sein kann, sondern eher ein tiefer Glaube an die Aufrichtigkeit des Menschen im Allgemeinen und derer, die uns nahe sind, im Besonderen. Wir könnten es einen geradezu kindlich tiefen Glauben an die Ehrlichkeit nennen, denn bekanntlich kommt beispielsweise Sarkasmus bei Kindern einfach nicht an, weil sie die Eigenschaft haben, Dinge wörtlich zu nehmen.

Wenn Sie zumindest in herausfordernden Situationen möglichst ständig mit einem Teil Ihrer Aufmerksamkeit bei Ihrem Körper mit seinem Nervensystem bleiben, um eventuell auftretende Symptome der Überstimulation rechtzeitig zu erkennen, wird die Verbindung zwischen Ihrem Geist und Ihrer körperlichen Präsenz gestärkt. Als direkte Auswirkungen davon werden Sie optimistischer und gewinnen an Lebensmut, Ihr Sinn für praktische Belange wird gestärkt und Ihr Risiko für Verletzungen verringert sich etc. Darüber hinaus ist diese Verbindung ein wichtiger Schritt, um ganz praktisch mehr Integrität zu erreichen. Jene Ganzheit hilft dem Einzelnen und fördert das Gemeinwohl, weshalb auch christliche Mystiker des Abendlandes – zum Beispiel Hildegard von Bingen oder Meister Eckhart – die Wichtigkeit des Verweilens im Hier und Jetzt betonten.

Realistische Selbsteinschätzung ist nicht nur dann von Bedeutung, wenn Sie mit dem Kleinkindkörper in unbekannten und aufregenden Gefilden unterwegs sind, sondern in jeder Hinsicht. Besonders zu nennen ist hier vielleicht die Arbeitsplanung. Viele HSP, besonders solche, die bei ihrem Selbstmanagement zu wenig Rücksicht auf sich selbst nehmen, haben die Tendenz, sich viel mehr vorzunehmen, als sie schaffen können. Auch scheinen sie immer und immer wieder zu vergessen, dass sie erstens gelegentlich Pausen brauchen und zweitens ihre Aufgaben sehr gründlich erledigen. Gründlichkeit benötigt nun einmal Zeit und diese Zeit sollten wir HSP uns auch nehmen. Ein weiterer Faktor in diesem Zusammenhang ist, dass nur ein Viertel der hochsensiblen Menschen bei der Arbeit ausgesprochen methodisch vorgeht, viele jedoch einen assoziativen oder chaotischen Arbeitsstil haben. Dadurch kommen sie vom sprichwörtlichen Hundertsten ins Tausendste, und wenn sie am Ende des Tages oder der Woche zurückschauen, bemerken sie zuerst, dass nicht alles von dem, was sie sich vorgenommen hatten, tatsächlich getan ist. Ständig das Gefühl zu verspüren, dass immer noch viel zu tun ist, und stärker noch das Gefühl, dem Pensum nicht gewachsen zu sein, schadet dem Selbstwert und fördert die Überstimulation.

Wer sich in diesem Arbeitsstil wiederfindet, dem seien Seminare oder Bücher zum Thema Zeitmanagement ans Herz gelegt, von denen es einiges am Markt gibt. Wir persönlich haben gute Erfahrungen gemacht mit den entsprechenden Publikationen von David Allen oder Stephen Covey.

Achtsame Selbstbeobachtung ist wichtig, um die Belastungsgrenzen überhaupt erst einmal kennen zu lernen. Wenn Sie diese dann kennen und wissen, wo die kritischen Punkte zu erwarten sind, lassen sich unbeabsichtigte Grenzüberschreitungen mit immer weniger Mühe immer besser vermeiden. Sie lernen mit Ihren Eigenheiten immer besser zurechtzukommen und werden sich mit Ihrer Hochsensibilität immer wohler fühlen. Sobald Sie wohl vertraut sind mit den Grenzen Ihres Nervensystems, diese auch wahren können und einen guten Rapport mit dem Kleinkindkörper hergestellt haben, können Sie mit dem nächsten Schritt beginnen: der graduellen Erweiterung Ihrer Belastbarkeit.

Die eigenen Grenzen erweitern

Die Aufgaben der Eltern erschöpfen sich nicht darin, das Kind zu versorgen und ihm Sicherheit und Geborgenheit zu vermitteln. Sie müssen ihm auch beibringen, gut auf sich selbst aufzupassen und mit zunehmendem Alter in der Welt immer besser zurechtzukommen. Die Parallele zum Kleinkindkörper ist in diesem Punkt natürlich beschränkt, weil er ja nicht wirklich ein eigenständiges Wesen darstellt, sondern nur einen eigenen, einigermaßen klar umrissenen Aspekt der Gesamtpersönlichkeit. Und doch lässt sich seine Belastbarkeit bei richtiger Behandlung erweitern.

Die Voraussetzung dafür ist der angemessene Umgang mit ihm. Ohne Liebe, Respekt und Einfühlungsvermögen geht gar nichts, doch glücklicherweise haben die meisten HSP davon eine Menge. Des weiteren braucht es Geduld und Aufmerksamkeit.

Die Technik selbst ist denkbar einfach. Sie nennt sich „an die Grenzen lehnen" und ist vergleichbar mit dem allmählichen Erweitern körperlicher Grenzen etwa im Stretching. Dort nähert man sich vorsichtig der Dehnungsgrenze des Körpers und verweilt dort mit viel Achtsamkeit – anfangs ein paar Augenblicke, mit der Zeit immer länger. Diese intensive Aufmerksamkeit ist unbedingt notwendig, um genau die Grenze zu finden, an der es nicht mehr angenehm, aber noch nicht schmerzhaft ist. Gehen wir nicht nahe genug heran an die Barriere, so ist kein Nutzeffekt im Sinne einer Erhöhung der Kapazität gegeben. Gehen wir aber zu weit, tut es weh und es besteht akute Verletzungsgefahr, die der Erweiterung der Grenze ebenfalls abträglich wäre. Solche gefährlichen Überschreitungen passieren entweder aus Unachtsamkeit oder sie wurzeln in einem falsch verstandenen Abhärtungsdenken.

Wenn Sie Ihren Kleinkindkörper anleiten, sich an seine Grenzen zu lehnen, so müssen Sie diese Grenzen natürlich zuerst kennen. Es gibt natürlich viele Arten von Grenzen in den unterschiedlichsten Bereichen, doch es empfiehlt sich, nicht an zu vielen Fronten auf einmal zu beginnen. Von den verschiedenen Limitationen, die ihr Kleinkindkörper in das zu managende Team einbringt, wählen Sie einen oder zwei Punkte aus, und zwar die, durch die sich eine merkliche Erleichterung Ihres Alltags ergäbe, wenn Sie dort belastbarer wären. Und erst, wenn sich in diesen Bereichen merkbare Erfolge eingestellt haben, denken Sie daran, sich weitere Grenzen vorzunehmen. Nichts macht so erfolgreich wie Erfolg – dieser Spruch, den Vertreter und Außendienstmitarbeiter auf Verkaufsschulungen hören, gilt auch im Bereich der Selbstentwicklung. Beginnen Sie deshalb mit kleinen Schritten und sammeln Sie mit diesen kleinen Erfolgen die Kraft für größere Veränderungen. Aus demselben Grund möchten wir Ihnen auch ans Herz legen, mit Ihren Stärken zu arbeiten. Es gibt eine Strategie zur Problembehandlung, bei der das größte Augenmerk auf der schwächsten Stelle liegt, um dort Verbesserungen zu erzielen. In manchen Fällen ist das eine sehr intelligente Vorgehensweise, zum Beispiel zur Vermeidung eines Dammbruches in der Hochwasserbekämpfung. Aber bei der inneren Arbeit und der Stärkung der Toleranz des Kleinkindkörpers gegenüber Reizen ist es besser, dort zu beginnen, wo sich die größten Chancen auf Erfolg ausrechnen lassen.

Ein praktisches Beispiel aus dem Leben des Autors: Ein Wechsel von Wohnort und Lebensumständen brachte es mit sich, dass sich meine Lärmsensibilität unangenehm bemerkbar machte. Das fiel nicht nur deswegen sehr ins Gewicht, weil ich viel zu Hause arbeite, sondern auch weil ich in bestimmten Schlafphasen bereits bei sehr geringen Lautstärken aufwache. Eine naheliegende Lösung – Ohrstöpsel – schien wegen meiner Sensibilität dagegen ausgeschlossen. Doch genau da entschloss ich mich anzusetzen.

Wenn Sie Ihre Auswahl getroffen haben, führen Sie Ihren Kleinkindkörper an die Grenze heran, indem Sie ihm regelmäßig kleine Belastungen zumuten. Überwachen Sie dabei den Grad der Stimulation sehr genau. Ideal für das Erweitern der Grenzen ist es, wenn Sie die Reizmenge am äußersten Ende des grünen Bereiches halten, aber nicht zu weit in den gelben Warnbereich hinein. Wählen Sie bitte auch nur solche Situationen, in denen sie den Grad der Unannehmlichkeit selbst dosieren können. Wenn also die Belastung den grünen Bereich deutlich verlassen hat, treffen Sie sanfte Gegenmaßnahmen, um die Stimulation zu senken. Brechen Sie die Belastungsprobe rechtzeitig ab – und rechtzeitig heißt in diesem Falle: nicht erst wenn Sie aufhören müssen, weil Sie sonst außer sich geraten. Gehen Sie so weit, bis Sie Ihre Grenzen spüren, und lehnen Sie sich dort dagegen. Nicht zu viel oder zu weit oder zu lange auf einmal, aber dafür beharrlich immer wieder, mäßig, aber regelmäßig, bis Sie bemerken, dass die Grenzen nicht mehr dort beginnen, wo sie früher begonnen haben.

Bei dem Beispiel mit den Ohrstöpseln hieß das, sie mir anfangs nur einmal am Tag für höchstens eine halbe Stunde zuzumuten. Denn hatte ich die Fremdkörper länger in den Gehörgängen, so wuchs das Unbehagen in den Ohren zu einem heftigen Juckreiz und schließlich zu Schmerzen an. Doch schon bevor der Schmerzzustand erreicht war, lösten die Ohrstöpsel einen heftigen Überreizungszustand aus, der manchmal eine stundenlange Zurückhaltung von mir forderte, weil sonst der familiäre Frieden gefährdet gewesen wäre. Aber in relativ kurzer Zeit gewöhnte ich mich daran. In langsamer Steigerung konnte ich dazu übergehen, die Ohropax in Teilen der Nacht und später auch beim Arbeiten am Computer zu verwenden – wobei ich das Warnsignal des Juckreizes nie länger als zehn Minuten ignoriert habe. Dann ging ich dazu über, mich in dieser simplen Weise auch im öffentlichen Verkehr vor durchdringend quietschenden S-Bahnen, lautstarken Angebereien oder zermürbend flachen Unterhaltungen nebensitzender Teenagergruppen oder ähnlichen Belastungen und Ablenkungen zu schützen, vor allem wenn ich anspruchsvollere Texte las oder etwas schrieb.

Sinnvollerweise nehmen Sie bei dieser persönlichen Entwicklungsarbeit eine längerfristige Betrachtungsweise ein. Vielleicht bemerken Sie, dass Sie die Vorstellung, sich bzw. Ihren Kleinkindkörper über Jahre hinweg in manchen Teilbereichen in dieser Weise zu fordern, erschreckt oder mutlos werden lässt. In diesem Fall ist der Druck, mit dem Sie sich an die Grenzen lehnen, zu stark. Wenn Sie den

Kleinkindkörper an die Grenze führen, dann nicht an die Grenze der Belastbarkeit, sondern an die Grenze des Angenehmen. Zwischen dem Angenehmen, das sich gut und leicht ertragen lässt, und dem Unerträglichen, das man nur für kurze Zeit tolerieren kann, liegt eine weite Zone. In diesem Zwischenbereich ist es zwar mehr oder weniger unangenehm, aber erträglich. Das ist der Bereich, in dem Sie sich immer wieder bewusst für kurze Zeit aufhalten sollen, wenn Sie Ihre Grenzen erweitern wollen. Und damit es keine zu starke Gegenbewegung gibt, sollten die Bestrebungen zwar spürbar, aber so sanft sein, dass sie sich über längere Zeiträume hinweg aufrechterhalten lassen. Auch schon deshalb ist es wichtig, langsam und in kleinen Schritten zu gehen, weil Sie sonst nicht den nötigen langen Atem hätten. Wunder sind nicht zu erwarten. Aber der Kleinkindkörper ist lern- und entwicklungsfähig.

Wenn Sie Ihre Grenzen erweitern wollen, empfiehlt es sich, nicht zu viel auf einmal anzupacken. Wenn Sie es wirklich ernst meinen mit der Veränderung, sollten Sie parallel dazu die Belastung der Grenzen in anderen Bereichen etwas senken. Werfen Sie einen kritischen Blick auf Ihr Leben und schauen Sie, wo Sie sich unnötigen Stimulationen aussetzen. Vielleicht aus Gewohnheit oder ihrem Harmoniebedürfnis folgend oder weil sie sich davon Erholung versprechen oder aus noch anderen Gründen begeben sich viele hochsensible Menschen immer wieder in Situationen, die sie aufregen bzw. überfordern. Für manche mag es der Alkoholkonsum sein, für andere der gewalttätige Fernsehfilm, die Disko mit der zuckenden Lichtorgel oder vielleicht nur der Supermarkt am Samstag. Wenn Sie solche Quellen unnötiger Stimulation identifiziert haben, überlegen Sie, was Sie anders machen können.

Manchmal wird es einfach eine Entscheidung und etwas Disziplin brauchen, um aus einer Gewohnheit auszubrechen. In anderen Fällen erfordert es vielleicht ein wenig Kreativität, um Alternativen zu entwickeln. In Fällen, die in mehr oder meist weniger reflektiertem Harmoniebestreben wurzeln, empfiehlt es sich, dort einmal etwas genauer hinzuschauen. Vielleicht entpuppt sich der Wunsch nach Harmonie als der Wunsch, gefällig zu sein. Vielleicht stellen Sie bei näherer Betrachtung fest, dass Ihr „Ja gut, ich komme mit" zwar zuerst den Konflikt der unterschiedlichen Bedürfnisse verschleiert, aber fast regelmäßig Konflikte folgen. Diese mögen unterschiedliche Auslöser haben, wurzeln jedoch möglicherweise in Ihrer aus der Situation resultierenden Überstimulation. Vielleicht haben Sie Angst, als Spielverderber oder Partyschreck gehänselt zu werden, wenn Sie z.B. Alkohol ablehnen. Doch der Spott hält meist nicht lange an und bald werden Ihre Eigenheiten akzeptiert und Sie haben Ihre Ruhe. Vielleicht haben Sie Angst, Ihr Partner oder Freund könnte sich zurückgewiesen fühlen und sich dann von Ihnen abwenden. In solchen Fällen funktioniert ein offenes Gespräch meist sehr gut – der andere kann vielleicht Ihre Empfindsamkeit nicht nachvollziehen, wird Ihr Verhalten jedoch nicht mehr als Ablehnung seiner Person interpretieren. Ganz allgemein gesagt: Finden Sie Quellen sinnloser Stimulation und gestalten Sie Ihr Leben anders, um sie zu vermeiden.

Wer Widerstände von anderen vermeiden oder minimieren möchte, sollte Veränderungen immer ankündigen. Ihr Sozialleben, die Aktivitäten in Ihrer Familie und im Freundeskreis werden von Ihrem privaten Projekt der Grenzerweiterung und Vermeidung von unnötigen Belastungen unweigerlich berührt werden. Sobald Sie Ihre Entscheidung zur Veränderung getroffen haben: Sprechen Sie darüber. Beziehen Sie die Menschen, die Ihnen nahestehen, am besten schon in die Überlegungen mit ein. Wer sich auf eine bevorstehende Veränderung einstellen kann, wird fast ausnahmslos besser damit zurechtkommen, als wenn er von ihr überrascht wird. Wer in den Entscheidungsprozess miteinbezogen war, wird Sie wahrscheinlich bei der Umsetzung unterstützen. Dies gilt für Kinder, Partner, Arbeitskollegen oder Nachbarn ebenso wie für den eigenen Kleinkindkörper. Um ihm die bevorstehenden Belastungen anzukündigen, ist es gut, wenn Sie mit ihm kommunizieren können. Darum geht es im nächsten Punkt.

Kommunikation mit dem eigenen Körper
Sprechen Sie mit Ihrem Kleinkindkörper. Wer selbst Kinder hat, wird sicher zustimmen, dass sich ihr Stress verringern lässt, wenn sie mit Erwachsenen in Kommunikation stehen. Stellen Sie sich beispielsweise vor, mit einem kleinen Kind im Kinderwagen in einem

Einkaufszentrum unterwegs zu sein. Nach einiger Zeit hat es genug von Trubel, Musikberieselung und all den bunten Dingen und wird quengelig. Der Teil seines Unmutes, der aus der Langeweile kommt, wird ganz offensichtlich durch Reden verringert. Aber auch wenn es nicht gelangweilt ist, sondern von der Reizüberflutung gestresst, wird es ihm besser gehen, wenn Sie mit ihm reden. Sie können es aufmuntern und ihm vermitteln, dass es in seiner Qual nicht alleine ist, sondern wahrgenommen und begleitet wird. Sie können ihm erklären, wieso es wichtig ist, dass sie nicht gleich gehen, sondern noch dies oder das erledigen. Sie können ihm sagen, dass es nur mehr so und so lange dauert und dass Sie ihm die Stärke zutrauen, dies gut auszuhalten. Zur Ermunterung können Sie dem Kind eine erfreuliche Zukunft vor Augen führen, etwa indem Sie ihm anschaulich erzählen, wie gut es ihm dann zu Hause gehen wird, und Sie können ihm eine Belohnung für seine Tapferkeit versprechen. Und überhaupt wäre es vielleicht nicht so rasch zur Krise gekommen, hätten Sie es auf den Besuch im Einkaufszentrum ausreichend vorbereitet, durch eine Ankündigung und die Beschreibung der zu erwartenden Mühen und Aufregungen.

Damit haben wir die wichtigsten Funktionen der Kommunikation im Umgang mit dem Kleinkindkörper bereits aufgezählt: ankündigen, anerkennen und begleiten, erklären, gut zureden, ermutigen und motivieren sowie Belohnungen ankündigen. Beim gezielten Erweitern der Belastbarkeit des Kleinkindkörpers können Sie ruhig den gesamten Zyklus anwenden. Das Gleiche ist auch bei anderen Situationen der Fall, für die Sie klar vorhersehen können, dass sie zu intensiver Stimulation führen werden.

Sprechen Sie mit ihm wie mit einem kleinen Kind – mit Liebe und Verständnis für seine Situation und in der Gewissheit, dass es für Sie und ihn langfristig am besten sein wird, wenn er da jetzt durchgeht. Wenn Sie eine bevorstehende Belastung ankündigen, bemühen Sie sich um Details und anschauliche Beschreibungen. Damit setzen auch Sie sich schon im Vorfeld ausführlich damit auseinander. Packen Sie in die Ankündigung unbedingt eine gute Prise Ermutigung.

Erleben Kinder Leid und echte Not, so ist die Begleitung der Schlüsselfaktor, der darüber entscheidet, ob es um eine Erfahrung reifer wird oder ob es zum Trauma kommt. Es ist von kaum zu überschätzender Wichtigkeit, wahrgenommen zu werden von einem Menschen, der auch wirklich versteht, wie es einem geht. Anerkennen und begleiten meint die verbale Rückkoppelung, dass Sie jemand anderen – bzw. in diesem Falle den Kleinkindkörper – und seinen subjektiven Zustand erkennen und sich dem nicht verschließen oder sich gar abwenden. Auch wenn das Leid nicht so massiv ist, dass Traumatisierungsgefahr bestünde, schenken Anerkennung und Mitgefühl Kraft, die das Ertragen leichter macht.

Erklären Sie Ihrem Kleinkindkörper die Zusammenhänge wie einem dreijährigen Kind. Seien Sie ehrlich und stellen Sie die Vorteile motivierend in den Vordergrund. Sie brauchen sich dabei nicht auf den Nutzen für ihn oder für das System, das Selbst, zu beschränken. Geben Sie ihm ruhig die Gelegenheit, großzügig zu sein oder für andere etwas zu tun. Kinder können erstaunlich edelmütig sein. Besonders herausfordernd kann es sein, wenn Sie gleichzeitig mit Ihrem Kleinkindkörper und mit Ihren Kindern zu tun haben. Manchmal werden sich deren Bedürfnisse decken, aber manchmal werden sie diametral entgegengesetzt sein. Mehr zu diesem spannenden Thema lesen Sie im Kapitel „Beziehungen".

Nach dem Erklären können Sie dem Kleinkindkörper zu seiner Beruhigung und Stärkung ermutigend zureden. Stellen Sie ihm das bevorstehende Ende der unangenehmen Situation in Aussicht. Kinder und Kleinkindkörper leben sehr stark im Jetzt und ohne das Vorher und das Nachher kann das Jetzt zur Ewigkeit werden. Hungrig zu sein ist zermürbend, aber zu wissen, wann es wieder etwas zu essen gibt, macht es viel erträglicher. Erinnern Sie ihren Kleinkindkörper immer wieder an das bevorstehende Ende und betonen Sie den sich verringernden zeitlichen Abstand bis zu diesem Ende. Sie können den Kleinkindkörper auch an ein vergangenes Ereignis erinnern, in dem er eine ähnliche Belastung überstanden hat. Drücken Sie Ihre Gewissheit darüber aus, dass er es auch diesmal wieder gut schaffen und dann hinterher sehen wird, dass es gar nicht so schlimm war, wie er im Moment vielleicht noch glaubt. Damit sind Sie schon voll beim Motivieren. Erzählen Sie ihm von der Freude, die er und auch Sie haben werden, wenn er es denn geschafft hat, durchzuhalten. Stellen Sie den Erfolg als etwas Unabwendbares hin. Reden Sie auch von seiner Freude und Genugtuung, die er haben wird, wenn er in naher Zukunft ohne eine bestimmte Belastung in Ruhe und Entspannung dieses oder jenes genießen kann. Schließlich können Sie dem Kleinkindkörper eine Belohnung versprechen. Und selbstverständlich müssen Sie solche Zusicherungen immer einhalten, deshalb überlegen Sie gut, was Sie versprechen. Das Kommunizieren mit dem Kleinkindkörper kann sehr viel Spaß machen! Das Feld der Fürsorge und die sich bildende Vertrautheit können eine berührend familiäre Atmosphäre entstehen lassen. Diese Verbindung und Solidarität sind ein guter Nährboden dafür, eine gute Zeit miteinander zu verbringen und sich geborgen und geliebt zu fühlen.

Ernährung und Hochsensibilität

Die Ernährung spielt eine untergeordnete Rolle im Umgang mit dem Kleinkindkörper. Körper sind sehr verschieden in so vielen Aspekten, Menschen sind sehr verschieden in ihren Gewohnheiten, Sensibilitäten und Prägungen. Ernährungsratschläge, die alle oder auch nur die 15 hochsensiblen Prozent der Menschen betreffen sollen, können entweder nur als Richtlinien und zu beachtende Zusammenhänge formuliert sein oder sie sind Humbug. Annähernd 100 Prozent aller Kleinkinder halten Hunger nicht gut aus. Falls Sie zu den über 75 Prozent der HSP gehören, deren Laune oder Konzentrationsfähigkeit spürbar unter Hungergefühlen leidet, so sollten Sie Vorkehrungen dagegen treffen. Planen Sie entsprechend, speziell wenn Sie gleichzeitig zu der ebenfalls großen Gruppe von hochsensiblen Menschen zählen, die so ausgeprägte Eigenheiten rund um die Ernährung haben, dass Sie im Bedarfsfall nicht einfach den nächsten Fastfood-Stand anlaufen wollen. Wenn die Planung einmal schiefläuft und der Hunger Sie an einem ungünstigem Ort und zu unpassender Zeit erwischt, empfehlen wir Ihnen, hinderliche Ideologien kurzfristig zu vergessen und Ihren Kleinkindkörper mit Nahrung zu versorgen. Sollte sich das ungewohnte Essen als noch stimulierender herausstellen als ein nagend niedriger Blutzuckerspiegel, wissen Sie wenigstens in Zukunft, dass die Ideologie für Sie sinnvoll zu sein scheint. Die Toleranzen Ihres Kleinkindkörpers für Hunger oder ungewohntes Essen lassen sich verändern, wie alle anderen Beschränkungen auch.

Falsches Essen kann sehr stimulierend sein. Das Tückische daran ist, dass viele HSP diesen Zusammenhang nicht völlig durchschauen. Sollten Sie also öfter wiederkehrende Erregungszustände oder Unbehagen an sich wahrnehmen und keine Verbindung mit den Ihnen bekannten Quellen der Stimulation feststellen können, empfiehlt es sich, Ihre Ernährung näher unter die Lupe zu nehmen. Ein guter Start könnte sein, sich von einem Arzt der traditionellen chinesischen Medizin (TCM) eine für Ihren Typus zugeschnittene Ernährungsempfehlung zu besorgen. Sollte Ihnen das nicht liegen oder nicht möglich sein, so können Sie auch gleich auf eigene Faust experimentieren. (Denn auch mit einer in der TCM wurzelnden Anleitung müssen Sie noch experimentieren.) Dazu lassen Sie am besten abwechselnd jeweils eines der Nahrungsmittel aus der folgenden Liste besonders stimulierender Nahrungsmittel für ein bis zwei Wochen weg. Wenn Sie eine Verbesserung bemerken, wissen Sie, dass Sie auf dem richtigen Weg sind.

Zu den körperlich besonders stimulierenden Nahrungs- und Genussmitteln gehören: scharfe Gewürze; massive Lebensmittelchemie (Aromastoffe, Konservierungsmittel & Co); Knoblauch und in geringerem Maße Zwiebeln; Fleisch und Fleischprodukte, wobei Shrimps ganz oben auf der Liste stehen, ebenfalls konventionell hergestellte Wurstwaren auf Grund der verwendeten Chemie; Tee, Kaffee (und, wenn auch in viel geringerem Maße, Kakao), wobei wiederum die konventionellen Produkte merklich stärkere Auswirkungen haben als biologische; extrem Süßes, vor allem wiederum die Produkte mit dem höchsten Anteil an Farb-, Aroma- und Konservierungsstoffen. Mild süße Nahrungsmittel hingegen können Ihnen helfen, sich zu zentrieren.

Das plötzliche Weglassen von gewohnten Lebens- oder Genussmitteln sollte jedoch nur für die kurze Testzeit praktiziert werden. Ein nachhaltiger Ausschluss aus dem Ernährungsplan wird am besten graduell und schrittweise durchgeführt.

Unterschiedliche Ernährung bewirkt Unterschiedliches. Fast 50 Prozent der hochsensiblen Menschen haben einen Hang zum Vegetarismus, darunter die über 30 Prozent derer, bei denen dieser Hang stark ausgeprägt oder manifest ist. Leichte, hauptsächlich vegetarische Kost empfiehlt sich vor allem dann, wenn Sie Ihre Empfindsamkeit genießen oder brauchen, beispielsweise weil Sie künstlerisch oder therapeutisch tätig sind. Sollten Sie regelmäßig meditativen Rückzug oder Zeiten der Stille und des Gebets pflegen, wird Ihnen eine solche Ernährung zu den schöneren Erlebnissen verhelfen. Vielleicht gehören Sie jedoch zu den Menschen, die sich oft wie nackt fühlen oder so, als wären sie mit einer Haut zu wenig unterwegs, oder Sie sind eines der flüchtigen, ätherischen Wesen, die immer wieder meinen, keinen Platz auf dieser groben Welt zu haben. In jedem dieser Fälle empfiehlt sich substanziellere Nahrung. Eine Umstellung dorthin sollte langsam durchgeführt werden, aber eine fettreichere Kost mit etwas Fleisch von guter Qualität könnte Ihnen zu mehr Erdschwere und einer dickeren Haut verhelfen.

Zeiten und Orte des Rückzugs

Rückzug ist für jeden hochsensiblen Menschen ein wichtiges Thema. Ihr Kleinkindkörper braucht Zeiten der Ruhe, in denen er Eindrücke verarbeiten und sich stabilisieren kann. Ideal ist ein eigener Raum mit einer Tür, die Sie auch tatsächlich regelmäßig schließen. Vielleicht gehören Sie jedoch zu den gar nicht so wenigen Menschen, die auch in unserer modernen Überflussgesellschaft den Luxus eines eigenen Zimmers nicht genießen. Dann müssen Sie sich Nischen des Rückzugs schaffen. Das können zum Beispiel Zeitnischen sein. Viele HSP stehen sehr früh auf, um die Stille des Morgens zu genießen. Andere bleiben sehr lange wach, um einige Stunden völlig für sich sein zu können. Mit etwas Kooperation von Mitbewohnern lassen sich solche Nischen auch tagsüber einrichten, wobei Sie vielleicht zusätzlich Ohropax oder einen anderen Gehörschutz benötigen, wie beispielsweise ein paar Kopfhörer und Ihre bevorzugte Entspannungsmusik.

Rückzug zur Verarbeitung muss nicht notwendigerweise müßig

sein. Jede einfache, vertraute Tätigkeit kann sich dafür eignen, insbesondere wenn der Ablauf einigermaßen vorhersehbar ist. Diese Vorhersehbarkeit ist meist nur gegeben, wenn Sie nicht gestört werden. Kinder können leicht daran gewöhnt werden, sich für die eine Stunde, in denen Sie das Geschirr spülen und die Küche aufräumen, ins Kinderzimmer zurückzuziehen. Autofahrten auf wohlvertrauten Strecken können willkommene Zeiten zum Abschalten sein. Vertraute Wege mit öffentlichen Verkehrsmitteln können sich eignen, besonders wenn Sie sich in eine Ecke zurückziehen und die Augen schließen oder aus dem Fenster schauen. Vielleicht tun Sie sich auch leichter mit einem Buch vor der Nase – Sie müssen ja nicht wirklich darin lesen.

Ein Spaziergang in der Natur kann ebenfalls gut zur Verarbeitung von Eindrücken und Erlebnissen genutzt werden. Viele hochsensible Menschen, die den ganzen Tag im Büro unter anderen Menschen verbringen, ziehen aus diesem Grund zur Mittagspause den Sandwich im Park dem Essen mit Kollegen in der Kantine vor. Eine andere Möglichkeit kann es sein, sich ein- oder zweimal in der Woche einen Naturspaziergang zur Gewohnheit zu machen. Mit ihrem Säugling gehen die meisten Mütter ja auch regelmäßig spazieren.

Für manche besonders visuell orientierte HSP ist auch der Rückzug vor optischen Reizen ein Thema. Sie werden in öffentlichen Verkehrsmitteln eher die Augen schließen und sollten im Rückzugsraum ihrer eigenen vier Wände auf reizarme Innengestaltung achten.

Ein besonderer Segen ist in diesem Zusammenhang ein eigener Garten, speziell wenn er von außen bzw. vom Haus aus uneinsehbare Winkel birgt. Einfach nur sitzen, den Blättern zuschauen, den Vögeln zuhören und Sonne oder Wind auf der Haut spüren oder auch entspannt jäten, rechen, zupfen und schnippeln – in einem Garten gibt es immer etwas zu tun. Mit dem Sein in der Natur verbindet sich der Rückzug zum Ausleeren des Zwischenspeicher mit der Regeneration, dem Aufladen der Batterien.

Ausreichend Schlaf finden

Bei kleinen Kindern wissen wir, wie wichtig ausreichende Mengen an Schlaf und Erholung für sie sind. Wenn sie nicht ausreichend Gelegenheit bekommen, sich zu regenerieren, wird es schnell anstrengend für alle Beteiligten. Sind sie nur eine halbe Stunde aus ihrem Rhythmus, werden sie meist quengelig und missgelaunt, grantig und fordernd. Weil sie jedoch in der Regel nicht wissen, was ihnen abgeht, fordern sie alles Mögliche, nur nicht ihren dringend benötigten Schlaf. Leiden sie häufig unter Schlafentzug, so reagieren sie oft mit Krankheit und verschaffen sich auf diese Weise Ruhe und Erholung.

Auch der hochsensible Kleinkindkörper braucht sein Pensum an Schlaf. Als seine verantwortungsvolle und von jeder Verfehlung ganz zuvorderst betroffene Betreuungsperson sollten Sie dafür sorgen, dass er es auch bekommt. Realistische Vorausplanung und Disziplin bei der Einhaltung des Zeitplanes sind dazu erforderlich. Unseligerweise findet das innere Kind, das nicht ins Bett mag, einen Verbündeten in dem Teil, der die soziale Ausgrenzung fürchtet. Und diese Angst ist nicht ganz unbegründet, denn jemand, die oder der sich drei Stunden Schlaf vor Mitternacht gönnen mag, kann sich in den Augen vieler Mitmenschen ins Abseits stellen. Dies kann umso schmerzhafter sein, als ein Benehmen, welches wir uns selbst wünschen, aber nicht erlauben, oft an anderen besonders heftig abgelehnt wird. Somit findet die Art, fürsorglich mit sich selbst umzugehen, auch bei so manchen anderen hochsensiblen Menschen wenig Beifall, speziell bei solchen, die in der Kindheit viel ertragen mussten und darauf eingeschworen wurden, hart zu sich selbst zu sein. Frauen wird da noch eher als Männern der Rückzug zugestanden, vor allem wenn sie von ihrem „Schönheitsschlaf" sprechen.

Dem Kleinkindkörper ausreichend Schlaf zu ermöglichen ist jedenfalls eine Aufgabe, die Priorität verdient und bei richtigem Selbstmanagement zu schaffen ist. Ideal dafür ist ein unterstützendes Umfeld, ein funktionierender Zeitplan und die Bereitschaft, Ausnahmen zu machen. Wie ein guter Zeitplan auszusehen hat, ist natürlich sehr individuell. Faktoren, die berücksichtigt gehören, jedoch immer wieder bei der Planung vergessen werden, sind die Zeit, die

Sie zum Einschlafen brauchen, und die Zeit, die Sie eventuell nachts wachliegen. Deshalb hier ein paar Tipps:

Ungünstig ist es, bis kurz vorm Einschlafen Informationen intellektueller Art aufzunehmen, weil dann der Verarbeitungsprozess noch in Gang ist, wenn Sie eigentlich schlafen wollen. Anders ausgedrückt ließe sich auch sagen, dass die Energien im Kopf gesammelt werden, die zum Einschlafen jedoch tief in den Körper sinken müssen. Statt am Abend geistig zu arbeiten, zu lesen oder durchs Fernsehen mit Gefühlen verwobene Bilder aufzunehmen, empfiehlt sich ein Spaziergang oder eine andere geistig entspannende Tätigkeit. Direkt vor dem Schlafengehen wirkt ein warmes Bad oder Fußbad oft Wunder. Falls Sie sich einen Rückblick auf den Tag zur Gewohnheit gemacht haben, so ist während des Bades oder schon beim etwaigen Abendspaziergang die beste Zeit dazu. Wenn Sie sich dann niederlegen, gähnen und strecken Sie sich ausgiebig. Mindestens zwei, besser drei oder vier Stunden vor dem Schlafengehen nicht zu essen ist für die meisten Menschen zwar keine Hilfe beim Einschlafen, hebt jedoch den Erholungswert des Schlafes.

Wir wollen auch noch erwähnen, wie Sie sich mit ein wenig Übung und gedanklicher Disziplin ein Werkzeug entwickeln können, mit dessen Hilfe Sie in jeder einigermaßen leisen Situation gute Chancen haben, in wenigen Minuten einzuschlafen: Wählen Sie dazu einen kurzen, erhebenden und friedlichen Text wie beispielsweise ein schönes Gedicht oder ein Gebet. Lernen Sie diesen Text auswendig. Sobald Sie sich zum Schlafen legen, beginnen Sie den Text langsam und mit Bedeutung in Gedanken aufzusagen. Wenn Sie sich dabei ertappen, den Text innerlich nur zu leiern und an etwas anderes zu denken, oder wenn Sie überhaupt an etwas anderes denken und den Text völlig vergessen haben, lassen Sie das, was Sie beschäftigt, einfach fallen und gehen Sie zum Rezitieren zurück. Sollten Sie manchmal zwischen jedem einzelnen Wort abschweifen, so lassen Sie sich davon nicht entmutigen, das ist normal. Sollten Sie überhaupt nicht mehr wissen, wo Sie gerade waren, so beginnen Sie einfach von vorne.

Wichtig ist, dass Sie möglichst gleich damit beginnen, wenn Sie sich schlafen legen, und nicht vorher noch den nächsten Tag durchgehen oder den vergangenen rekapitulieren. Wenn Sie das doch noch machen wollen, bleiben Sie sitzen und machen Sie am besten Notizen. Und dann erst legen Sie sich schlafen. Eine hilfreiche Idee ist es auch, am Bett ein Schreibzeug liegen zu haben. Sollte Ihnen während des Einschlafens oder mitten in der Nacht noch etwas einfallen, von dem Sie meinen, es wäre so wichtig, dass Sie darüber nachdenken oder es jedenfalls nicht vergessen wollen, dann notieren Sie es einfach und schon können Sie beruhigt weiterschlafen.

Möglichkeiten der Regeneration

Schlaf ist eine Form der Regeneration, die jeder Mensch braucht, wenn auch nicht jeder im gleichen Ausmaß. Kontakt mit der Natur dürfte ebenfalls etwas sein, das fast allen hochsensiblen Menschen merklich wohltut. Darüber hinaus gibt es andere Möglichkeiten, um die eigenen Batterien wieder aufzuladen. Dabei lassen sich allerdings ganz beträchtliche individuelle Unterschiede feststellen. Vereinfachend kann man vier Kategorien von Regeneration zusammenfassen:

Da sind zum einen manuelle Tätigkeiten und andere Formen der Bewegung. Manche Menschen regenerieren – sobald ihr Schlafbedürfnis gedeckt ist – am besten, wenn sie sich bewegen oder etwas Sinnvolles tun. Für manche ist das ein Spaziergang oder eher Sport, andere müssen dabei durch ihre Hände mit Materie in Kontakt sein. Das kann dann, je nach Person, etwas Mechanisches sein wie etwa Bügeln oder Reinigungsarbeiten, aber auch handwerkliches oder künstlerisches Arbeiten. Wichtig ist, dass es entspannt und ohne Zeitdruck passiert.

Eine andere Gruppe von Menschen erholt sich am besten im Kontakt. Ein tiefes Gespräch, in dem sie sich wahrgenommen fühlen, wird wohl die meisten hochsensiblen Menschen zuerst einmal beleben, doch wenn es eine oder zwei Stunden dauert oder ein konzentriertes Gespräch mit mehreren Teilnehmern ist, bei dem immer nur einer spricht und dann die Aufmerksamkeit aller hat, dann wird das für viele zwar noch immer eine schöne, aber auch ermüdende Erfahrung sein. Nicht so für die Menschen, welche bevorzugt auf diese Weise ihre Energiereserven auffüllen.

Als weitere Möglichkeit gibt es die Erholung im sinnlichen Genuss. Das Hören guter Musik, das Betrachten feiner Bilder oder Landschaften, ein erlesenes Mahl oder ein Gedicht können für einen bestimmten Teil der hochsensiblen Menschen eine entspannende Wohltat sein, die sie gestärkt und erfrischt hinterlässt.

Bleiben noch die HSP, die sich am besten bei Schlaf, Nichtstun und Faulenzen erholen. Dies sind die Menschen, die problemlos 10, 12 oder noch mehr Stunden am Tag schlafen können. Für Jugendliche dürfte das generell gelten, sind doch die Jahre zwischen 14 und 20 besonders anstrengend. Für viele andere kann es ermüdend sein, länger als sechs oder acht Stunden im Bett zu liegen, und völliges Nichtstun ertragen sie nur für sehr kurze Zeit. Die hochsensiblen Menschen, die hier ihren Schwerpunkt haben, können jedoch tagelang nur liegen, schlafen und schauen, und wenn sie aufstehen, sind sie frisch und agil.

Alle HSP, egal welchem Regenerationstyp sie angehören, tun gut daran, auf das regelmäßige Senken des Cortisolspiegels zu achten. Dazu sind die Tiefschlafphasen besonders geeignet. Rund eineinhalb Stunden ungestörten Schlafes am Stück werden benötigt, um einen vollen Schlafzyklus zu durchlaufen. So lange dauert es, um durch die unterschiedlichen Traumphasen hinabzutauchen in den Tiefschlaf und im eigenen Rhythmus wieder daraus aufzusteigen, wobei diesmal die Traumebenen in umgekehrter Reihenfolge durchlaufen werden. In den Stunden vor Mitternacht ist die während eines Zyklus im Tiefschlaf verbrachte Zeit am längsten und ab ca. 3 Uhr morgens werden die Tiefschlafphasen so kurz, dass die biochemischen Regenerationsprozesse, zu denen auch der Abbau von Cortisol gehört, nicht mehr nennenswert effektiver sind als im Wachzustand. Der Körper als Teil der Natur spürt die aufsteigende Sonne, auch wenn sie noch unter dem Horizont ist, und stellt sich bereits auf Aktivität ein.

Gebet, religiöse Rituale und Zeiten kontemplativer Stille beeinflussen die Körperreaktionen maßgeblich. Blutdruck und Herzfrequenz sinken, die Atmung verlangsamt sich und auch der Cortisolspiegel sinkt. So kann auch jede Art der rhythmischen Bewegung, die Ihnen Freude macht, die Regeneration sehr fördern. Besonders bewährt sich das Tanzen in Gemeinschaft, wie etwa bei Kreistänzen oder beim Line Dance. Aber auch aus ganz banalen Momenten lassen sich beruhigende Rituale machen – so habe ich kürzlich einen hochsensiblen Geschäftsmann getroffen, der vor und nach wichtigen Terminen Treppensteigen praktiziert. Da geht er ein paar Stockwerke langsam, in rhythmischem Schritt, ist meist ganz für sich, da fast alle anderen die Aufzüge benützen, und kann dabei sehr gut abschalten.

Ein unterstützendes Umfeld schaffen

Mütter und Väter von Säuglingen oder kleinen Kindern wissen, dass das Umfeld einen erheblichen Anteil daran hat, ob die Elternschaft als mühsam oder als leicht erlebt wird. Spielgefährten, eine kindgerechte Wohnung, Wickelplätze in öffentlichen Gebäuden, Kinderwagenrampen an Gehsteigkanten, geeignetes Geschirr usw. spielen eine nicht zu unterschätzende Rolle dabei.

Bei der Betreuung des Kleinkindkörpers ist es ebenso. Wenn Sie seine Bedürfnisse und Eigenheiten besser kennen lernen, können Sie darangehen, sich ein unterstützendes Umfeld zu schaffen. Sie werden vielleicht erstaunt sein, wie viele innere Konflikte und Reibungsstellen mit Ihren Mitmenschen sich durch so eine bewusste Gestaltung entweder ganz vermeiden oder zumindest stark entspannen lassen. Mit dem kreativ zu gestaltenden Umfeld meinen wir sowohl das raumzeitliche als auch das soziale.

Auf die Gestaltung der physischen Aspekte des Lebens wollen wir hier gar nicht eingehen, der Großteil davon liegt wohl auch auf der Hand. Eine ruhige Wohnung, ästhetische Innengestaltung und leicht erreichbare Naherholungsgebiete sind für die meisten hochsensiblen Menschen mehr eine Herausforderung für ihre Finanzen als für ihre Kreativität. Letztere ist schon eher gefragt, um in der Realität eines knappen Budgets funktionierende Lösungen zu finden. Da solche höchst individuell sind, lässt sich im Rahmen dieses Buches nicht viel darüber sagen.

Anders beim sozialen Umfeld. Unter hochsensiblen Menschen gibt es wenige, die ihre sozialen Beziehungen bewusst planen und gezielt entwickeln. Für viele gilt das nämlich als berechnendes Verhalten und wird als eine Form der Unaufrichtigkeit verstanden. Wir meinen aber, dass es einen Unterschied macht, welche Motive einer geplanten Gestaltung des sozialen Gefüges zugrunde liegen. So sind es nicht finanzieller Zugewinn oder gesellschaftlicher Aufstieg, sondern das Wohlbefinden, welches eine HSP braucht, um langfristig ihren Aufgaben im Leben gerecht zu werden.

Wir wollen Ihnen nahelegen, Ihr Leben kritisch zu betrachten und zu schauen, ob Sie den Freundes- und Bekanntenkreis haben, den Ihr sensibler Kleinkindkörper zur Entfaltung und zum Wohlfühlen braucht. Wir wollen Ihnen hier nicht empfehlen, sich in ein hochsensibles Ghetto zu begeben, Sie haben schließlich nicht nur die Bedürfnisse des Kleinkindkörpers. Aber ein kleiner Kreis von hochsensiblen Menschen kann ein wahrer Jungbrunnen sein. Einfach ein paar liebe Menschen, die volles Verständnis für Ihre zarten und heiklen Seiten zeigen, die einander ausreden lassen und um Harmonie bemüht sind. Freunde, die ganz auf Ihrer Wellenlänge sind, sich vielleicht sogar für die gleichen Themen interessieren und tiefe, konzentrierte Gespräche genießen. Wenn Sie ein paar Kandidaten für eine solche Runde in Ihrem Bekanntenkreis haben, so starten Sie einen Jour fixe. Oft erweist es sich als günstig, wenn solche regelmäßigen Zusammenkünfte unter einem bestimmten Motto stehen.

Falls Sie in Ihrem Blickfeld keine oder nicht genug Teilnehmer und Teilnehmerinnen für solche Runden haben, empfehlen wir Ihnen sich aufzumachen, um sie zu finden. Besonders eignen sich dafür naturgemäß Veranstaltungen, die vorwiegend von hochsensiblen Personen besucht werden. Dazu gehören wohl die meisten Kurse und Seminare über Randthemen, Schöngeistiges, Philosophie, alte Kulturen etc. Auch andere Zusammenkünfte abseits vom Zeitgeist, wie Schach- und vor allem Go-Clubs, literarische Zirkel, Orchideenzüchtervereine oder Vereinigungen zur Unterstützung ausgefallener Wissenschaften sowie alle Arten von Gruppen zur Naturbeobachtung. Auch die (ehrenamtliche) Mitarbeit an sozialen Projekten kann eine gute Gelegenheit sein, um andere Hochsensible kennen zu lernen. Dass Sie nicht versuchen, irgendjemandem etwas vorzumachen, sondern nur an Veranstaltungen teilnehmen, die Ihren eigenen Interessen entsprechen, ist wohl klar. Und Sie werden sehen, dort, wo alle oder fast alle HSP sind, werden Sie sich nicht in Szene setzen müssen, um beachtet zu werden. Sobald Sie dann ein paar Menschen etwas nähergekommen sind, können Sie diese dann auch sukzessive zu privaten Treffen einladen.

Ein erfreulicher Nebeneffekt eines solchen Kreises von Freunden kann es sein, dass Sie dadurch einige Stützpunkte haben, wo Sie sich im Bedarfsfall ausruhen können. Wenn Sie zu den HSP gehören, die sich nicht leichttun mit randvoll gefüllten Tagen, an denen Sie die unterschiedlichsten Termine und Erledigungen kreuz und quer durch die Stadt führen, so können Sie unter Umständen Erholungspausen bei Ihren Freunden einplanen. Speziell falls Sie zu der gar nicht so kleinen Gruppe hochsensibler Menschen gehören, die darauf achten, Mittagspause zu halten, können sich solche erholsamen Aufenthalte auf befreundetem Terrain sehr bezahlt machen, besonders in der kalten Jahreszeit, in welcher das Dösen auf der Parkbank nicht den wahren Reiz hat.

Für den Aufbau eines konstruktiven Freundes- und Bekanntenkreises sei Ihnen noch ein Ratschlag von Lao Tse mitgegeben: Umgeben Sie sich nicht mit Menschen, die leicht in Rage zu bringen sind oder denen leicht zu schmeicheln ist.

Unmittelbare Erleichterung finden

Wir konnten oft beobachten, dass bereits der Schritt der Personifizierung des sensiblen Kleinkindkörpers Erleichterung ins Leben hochsensibler Menschen bringt. Es ist im Grunde eine simple Maßnahme, die Ihnen im ersten Moment vielleicht wie ein psychologischer Taschenspielertrick vorkommt. Doch je vertrauter Ihnen diese Sichtweise wird, umso mehr werden Sie verstehen, dass es sich eben nicht um einen billigen Trick handelt. Es liegt viel Wahrheit und Weisheit darin und die Erleichterung, die es bringt, kommt nicht von ungefähr.

Bei einem kleinen Kind käme niemand auf die Idee zu meinen, es sei nicht ganz in Ordnung, weil es gefüttert und gewickelt werden muss. Auch hat es uns der Schöpfer in seiner Weisheit in die Gene gelegt, dass es uns leichtfällt, die hilflosen, schwachen und so unglaublich sensiblen kleinen Wesen mit Liebe und Fürsorge zu behandeln. Und wenn wir hochsensiblen Menschen unseren Kleinkindkörper als Personifizierung unseres speziellen Wesenszuges, der Anlage zur HSP, akzeptieren, so nehmen wir uns selbst in unserer Eigenheit an. Wir anerkennen unsere besonderen Bedürfnisse, die in den Augen vieler Menschen – vielleicht auch in unseren eigenen – als infantil gelten mögen. Wir nehmen die Verantwortung an, auf diesen schwachen und in mehrfachem Sinne schutzlosen Anteil unseres Selbst zu achten und für ihn zu sorgen. Wir verstehen, dass wir im Moment so sind, wie wir sind, und dass Veränderungen nur langsam gehen. Und vielleicht kommt ein großer Teil der oft beobachteten Erleichterung daher, dass die meisten hochsensiblen Menschen unterschwellig immer schon darum wussten, und nun darf das Wissen endlich heraus.

Mit Überstimulation umgehen lernen

Im Abschnitt über den Kleinkindkörper haben wir uns ausführlich damit befasst, wie Sie Überstimulation vorbeugen können. Weitere Anregungen, wie Sie Überstimulation daran hindern können, überhaupt erst aufzukommen, finden sich in den anschließenden Kapiteln über HSP in zwischenmenschlichen Beziehungen und in der Arbeitswelt. Es liegt jedoch in der Natur der Sache, dass sich das Auftreten dieser unangenehmen Zustände nicht gänzlich vermeiden lässt. Manchmal müssen wir uns aus Sachzwängen offenen Auges in Situationen begeben, von denen wir erwarten können, dass sie uns überfordern. Manchmal entgleiten uns selbstauferlegte Lernsituationen, und was wir meinten, problemlos in der Kippe zwischen grünem und gelbem Bereich halten zu können, eskaliert bis zu einem Punkt, an dem wir nur mehr davonlaufen wollen. Und wohl am häufigsten geschehen schlichtweg unvorhergesehene Ereignisse, die uns als zusätzliche Belastung überfordern. Deshalb widmen wir den Rest dieses Kapitels der Frage, wie Sie sich am besten in Situationen verhalten, die bereits weit aus dem Ruder gelaufen sind. Was tun, wenn Sie überstimuliert sind, vielleicht sogar bis an den Punkt der aufkommenden Panik oder Verzweiflung?

Grundlegendes

Als ersten Schritt raten wir Ihnen, den Zustand anzuerkennen und die Dinge beim Namen zu nennen. Wir empfehlen dabei, sich vorübergehend in Kleinkindkörper und beobachtenden Manager zu trennen, etwa indem Sie sich sagen: „Hoppla, mein Kleinkindkörper ist überstimuliert, mal schauen, wie ich ihm helfen kann." Sie können das natürlich auch in der Ich-Form abhandeln, wenn Sie sich damit wohler fühlen. In der ersten Variante schieben Sie den Stress jedoch gleich ein wenig aus dem Zentrum, um Raum für Überlegungen und Handlungsfähigkeit zu schaffen.

Der zweite wichtige Punkt ist kein Schritt, den Sie machen können, sondern etwas, das Sie unterlassen sollen. Geben Sie niemandem die Schuld für ihren Zustand, am allerwenigsten sich selbst oder dem Kleinkindkörper. Wenn Sie unbedingt müssen, schieben Sie es aufs Wetter, die abendländische Kultur oder die Sonnenfleckentätigkeit, aber am besten lassen Sie eine Schuldzuweisung ganz weg. Es geht hier nicht in erster Linie um die Metaphysik der Verantwortung, sondern ganz pragmatisch darum, sich im Stress nicht noch eins obendrauf zu geben. Mühen Sie sich auch nicht damit ab zu analysieren, wie es in einer möglichen Ursachenkette dazu gekommen ist. Manchmal wird Ihnen das sofort ins Auge springen und das ist auch gut, aber vergeuden Sie keinen Funken Ihrer Aufmerksamkeit und Energie an Analyse, Schuldzuweisung oder Rechtfertigung.

Nachdem Sie also erkannt und vor sich selbst zugegeben haben, dass die Stimulation Ihres Kleinkindkörpers bereits einen kritischen Wert erreicht hat, gehen Sie über zu Schritt zwei: Tun Sie etwas dagegen. Wir können Ihnen dafür einige Anregungen geben. Manches lässt sich nicht in jeder Situation anwenden, anderes können Sie vielleicht hintereinander oder zugleich tun. Experimentieren Sie damit und entwickeln Sie sich Ihre eigenen Strategien. Jeder Erfolg macht die Technik, mit der Sie ihn errungen haben, stärker.

Verschiedene Strategien
Sich selbst gut zureden

Reden Sie sich oder dem Kleinkindkörper gut zu. Finden Sie Worte des Trostes und des Verständnisses, wie zum Beispiel: „Oje, dir geht es jetzt aber gar nicht gut. Das kann ich gut verstehen, im Moment ist es gerade ziemlich viel auf einmal. Aber wir stehen das durch, du wirst sehen, gleich ist es gar nicht mehr so schlimm. Krieg jetzt bitte keinen Schreikrampf, sondern beruhige dich erst einmal." Sie können sich auch ins Bewusstsein rufen, wann diese Situation zu Ende sein wird und dass Sie sich in absehbarer Zeit in einer entspannteren Situation befinden werden. Siehe dazu auch unter „Kommunikation" weiter oben. Diese Selbsthilfetechnik lässt sich in fast allen Situationen anwenden.

Sich selbst ablenken

Lenken Sie sich ab. Je nach Situation können Sie dies in verschiedener Weise tun, doch in jedem Fall geht es darum, den äußeren, aufregenden Umständen die Aufmerksamkeit zu entziehen. Sie können dazu entweder geistig nach innen gehen, etwa indem Sie sich an einen imaginären inneren Platz zurückziehen, Phantasiereisen unternehmen oder beten. Sie können auch ein Spiel mit sich selbst beginnen, indem Sie beispielsweise versuchen, die Situation mit den Augen eines Maori oder eines Besuchers aus einer anderen Welt zu sehen.

Viele HSP können sich gut ablenken, indem sie sich innig mit ihrem Körper beschäftigen. Je nach den Umständen können Sie beginnen, sich kräftig zu strecken und zu dehnen – das regt den Fluss der Körperenergie an und vermittelt Ihnen Sicherheit. Oder Sie konzentrieren sich auf Ihren Atem, entweder indem Sie Atemzüge zählen oder indem Sie bestimmte Atemübungen durchführen. Da empfehlen wir solche, die tiefes, langsames Atmen in den Bauch beinhalten, das erdet und entspannt. Bewusstes und konzentriertes, tiefes Atmen lässt sich ebenfalls in den allermeisten Situationen der Überstimulation einsetzen, zumindest immer wieder zwischendurch. Sehr hilfreich kann es auch sein, sich einen oder zwei Punkte im Körper zu Ankerpunkten zu machen – am besten den Punkt an der Innenseite der Wirbelsäule in Höhe des Nabels. An diesem Punkt können Sie in ruhigen Zeiten ebenso wie in stressigen zumindest einen Teil Ihrer Aufmerksamkeit sammeln. Wenn Sie es einmal probiert haben, werden Sie wissen, was wir meinen.

Körperliche Veränderungen vornehmen

Manchmal wirkt es Wunder, die Lage physisch zu verändern. Vielleicht können Sie die Situation überhaupt verlassen, einfach aufstehen und gehen, zuerst einen Spaziergang machen und sich etwas Gutes tun und dann weiterschauen. Oft ist das leider nicht möglich, aber vielleicht geht es zumindest für ganz kurze Zeit. Ein kleiner Spaziergang oder auch nur fünf Minuten am Klo, in denen Sie sich strecken und entspannen, können das Ärgste entschärfen und neue Perspektiven öffnen. Ideal ist es natürlich, wenn Sie sich in einem Park oder Wald bewegen können, ehe Sie zur nächsten Runde antreten. Aber auch dann, wenn es keine Möglichkeit gibt, die Situation zu verlassen, kann es sehr hilfreich für Ihren persönlichen Zustand, aber auch für die Entwicklung der Gesamtsituation sein, physische Veränderungen vorzunehmen. Wechseln Sie den Platz im Raum, öffnen Sie ein Fenster oder schlagen Sie vor, das Ganze ins Freie zu verlagern, falls das möglich ist. Außer der Änderung selbst, die oft schon einiges bewirken kann, verschaffen Sie sich ein paar Minuten Pause.

Wenn Sie auf diese Art einen kurzen Aufschub erhalten (zum Beispiel bei einer Auseinandersetzung), versuchen Sie einmal, sich in dieser gewonnenen Zeit nicht den Kopf zu zermartern, wie Sie jetzt was am besten tun oder sagen. Lenken Sie sich stattdessen ab, atmen Sie tief und bewusst, schauen Sie den Vögeln am Baum vor dem Fenster zu. Versuchen Sie ganz in dem jeweiligen Moment und möglichst entspannt zu sein. Für so manche HSP ist dies die beste Strategie in einem solchen Fall, besser als jede hektische Blitzanalyse.

Gefährten finden

Finden Sie sich Unterstützung. Mehr oder weniger große gesellschaftliche Veranstaltungen, aber auch berufliche Weiterbildungsseminare und andere Ereignisse sind für viele hochsensible Menschen Pflichttermine, aber eben auch sehr anstrengend bis geradezu überfordernd. Schauen Sie sich dort nach anderen HSP um, denen es ebenso zu gehen scheint wie Ihnen. Achten Sie dabei auf Menschen, die vielleicht nervös wirken, groß schauen und aufmerksam beobachten, sich dabei aber nicht sonderlich wohlzufühlen scheinen oder die einen etwas verlorenen, vielleicht sogar geistesabwesenden Eindruck machen. Versuchen Sie, mit der Person ins Gespräch zu kommen, um sich dann bald gemeinsam an eine etwas abseits gelegene Stelle zu begeben. Eine gute Eröffnung wäre beispielsweise: „Darf ich mich zu Ihnen setzen, das ist alles etwas viel für mich" oder so ähnlich. Damit nehmen Sie der anderen Person etwas von dem Gefühl, deplatziert zu sein, und vermitteln, dass Sie deren Anwesenheit schätzen. Wenn Sie dazu noch freundlich und ohne aufgesetzte Coolheit lächeln und eine Antwort abwarten, ehe Sie sich setzen oder auf Gesprächsdistanz gehen, haben Sie die besten Voraussetzungen für einen Austausch unter Leidensgefährten geschaffen, der beiden guttut. Die Konzentration auf den Gesprächspartner lässt das stimulierende Drumherum etwas in den Hintergrund rücken; sich mitteilen können und gesehen werden lässt den Stress leichter ertragen.

Wenn Sie eine andere HSP ausfindig gemacht haben, es aber nicht über sich bringen, sie anzusprechen, so hilft es schon, sich fürs Erste schweigend in ihre Nähe zu begeben. Tun Sie dabei jedoch Ihr Bestes, durch Mimik und Körpersprache keine Abweisung zu vermitteln. Im Klartext bedeutet das zumindest: freundlicher Blick und keine verschränkten Arme sowie eine eher zu- als abgeneigte Körperhaltung, das heißt, sich eher in Richtung der Zielperson zu lehnen als von ihr weg.

Sollten Sie niemand Geeigneten finden , so lässt sich Unterstützung in abgeschwächter Form auch bei einem Tier oder einer Pflanze finden. Klagen Sie dem Philodendron oder der Dieffenbachia Ihr Leid, zeigen Sie der Pflanze Verständnis für deren Stress in all dem Rauch und Lärm. Und Sie müssen dazu nicht laut reden, es hilft schon, wenn Sie sich in die Nähe stellen und in Gedanken kommunizieren. Wenn das Ereignis im Freien stattfindet, lehnen Sie sich an einen Baum. Erzählen Sie ihm ihre Drangsal und fragen Sie ihn, wie es ihm geht. Versuchen Sie seine Perspektive einzunehmen, die eines vielleicht zweihundert Jahre alten Wesens, das zwar nicht mobil ist, dafür aber die Dinge kommen und gehen sieht.

Trinken

Trinken Sie in Situationen, die Sie hoch stimulieren, besonders viel. Am besten eignet sich Wasser ohne Kohlensäure, aber jedes andere Getränk ohne Alkohol und mit möglichst wenig Lebensmittelchemie oder zugesetztem Zucker tut es auch. Schütten Sie es nur so in sich hinein. Vermeiden Sie es jedoch, in Situationen, in denen Sie sehr angespannt sind, zu essen. Nur allzu leicht könnte das in Bauchkrämpfe oder Übelkeit münden, welche die Stimulation noch steigern. Die Verlockung kann groß sein, zur Bekämpfung der Stimulation wie in Trance irgendetwas Essbares in sich hineinzustopfen. Trinken Sie stattdessen Wasser, das manche HSP immer in Flaschen mit sich führen, die sie bei jeder sich bietenden Gelegenheit nachfüllen. Es ist eine empirische Tatsache, dass es uns Hochsensiblen hilft, Überstimulation zu verarbeiten, wenn wir unserem Körper große Mengen von Wasser zuführen. Vermutlich helfen wir damit der Leber, das Cortisol abzubauen.

Zart besaitet

Zwischenmenschlichkeit

Viel Kälte ist unter den Menschen, weil wir es nicht wagen,
uns so herzlich zu geben, wie wir sind.

Albert Schweitzer

Schon im Kapitel über die gesundheitlichen Auswirkungen der Hochsensibilität haben wir erwähnt, dass diese manchmal mit Sozialphobie in Zusammenhang gebracht wird. Sozialphobie ist ein psychoemotionales Krankheitsbild, in das sich gelegentlich Menschen nach verletzenden Erlebnissen in der Jugend oder manchmal auch später zurückziehen. Die Ursache für den Rückzug liegt darin, dass zwischenmenschliche Kontakte an sich als schmerzhaft und unangenehm erlebt werden – obwohl gleichzeitig ein Bedürfnis danach besteht. Wie ebenfalls im Kapitel „Gesundheit" besprochen, können die Empfindsamkeit und Tiefe der Verarbeitung sowie die feinen Antennen der HSP Verletzungen wahrscheinlicher machen und die Reaktionen darauf verstärken. Darum kommt es natürlich auch unter Hochsensiblen zu Sozialphobie. Der Großteil der HSP, die ein sozial zurückgezogenes Leben führen, sind jedoch weit entfernt von der Schwelle zur Krankheit. Ganz im Gegenteil, normale hochsensible Menschen können zwischenmenschlichen Kontakt, Austausch und wechselseitige Aufmerksamkeit durchaus genießen – wenn vielleicht auch in geringerer Dosierung als nicht Hochsensible.

70 Prozent der HSP sind eher introvertiert. Viele von ihnen pflegen auch ein Sozialleben – jedoch kann es sich so sehr von dem, was üblicherweise darunter verstanden wird, unterscheiden, dass es von nicht hochsensiblen oder sehr extrovertierten Personen auf den ersten Blick nicht als solches erkannt wird. Oder wenn sie kein nennenswertes Beziehungsleben haben, so liegt es vielleicht auch daran, dass sie sehr schwer einen Rahmen finden, der ihren Bedürfnissen

entspricht. Nicht nur, dass HSP meist ein ausgeprägtes Rückzugsbedürfnis haben, das bei der Erfüllung ihres Kontaktbedürfnisses nicht auf der Strecke bleiben darf, sondern dieses Kontaktbedürfnis selbst hat auch Eigenarten.

Aus den Unterschieden in Temperament und Wesen ergibt sich ein großer Teil der alltäglichen zwischenmenschlichen Schwierigkeiten. In diesem Kapitel werden wir die Eigenheiten der HSP im Zusammenhang mit ihrem Sozialverhalten, in Nahbeziehungen und in der Sexualität besprechen. Im Anschluss daran werden wir die Charakteristika der möglichen Beziehungskombinationen zwischen hochsensiblen und weniger sensiblen Partnern erörtern und kurz darauf eingehen, was besonders zu beachten wäre. Abschließend dann noch ein paar Worte über eine Sonderform der Nahbeziehungen – die hochsensible Mutter-Kind-Beziehung. Einerseits weil Mutterschaft speziell für HSP eine besondere Herausforderung darstellt, aber auch, weil uns die Prägungen aus dieser Beziehung ein Leben lang begleiten.

Das soziale Umfeld

Qualität vor Quantität, so ließe sich das Bedürfnis nach Sozialleben der meisten HSP fassen. Der geringe Anteil sehr extrovertierter HSP pflegt wahrscheinlich neben einem großen Kreis von unterschiedlichsten Bekannten auch einige tiefgehende Beziehungen. Untersuchungen über das Sozialleben der eher introvertierten Hochsensiblen zeigen, dass sie zwar größere gesellschaftliche Ereignisse meiden, Eins-zu-eins-Begegnungen jedoch durchaus schätzen und genießen. Falls doch mehrere von ihnen zusammenkommen, wird selten durcheinandergeredet. Das übliche Heischen um Aufmerksamkeit in Gruppen ist fast allen HSP ein Gräuel, egal ob extrovertiert oder nicht. Wenn die Runde nicht in einige Zweiergespräche zerfällt, wird die Unterhaltung üblicherweise sehr diszipliniert geführt, indem immer alle dem Sprechenden zuhören und ihn in der Regel ausreden lassen. Manchmal werden solche Gespräche im allgemeinen Konsens auch strukturiert geführt, ähnlich den Redekreisen indigener Völker.

So ein Gesprächsverhalten ist in den üblichen Kreisen schwer vorstellbar, wo es weniger darauf ankommt, was jemand sagt, sondern mehr darauf, dass etwas gesagt wird und wie es zum Besten gegeben wird. Wir hochsensiblen Menschen hingegen halten es eher mit Albert Schweitzer, der da meinte: „Nicht auf das, was geistreich, sondern auf das, was wahr ist, kommt es an." Wir bevorzugen tiefe Gespräche mit unseren Freunden und Bekannten. In Runden, wo von einem Thema zum anderen gesprungen wird, sagen wir meistens wenig und sind oft frustriert. Wird beispielsweise das Thema Gesundheit angeschnitten, so hören wir zuerst zu, um dann zu reflektieren, was wir noch beitragen könnten zum Gespräch. Doch ehe wir diesen Vorgang abgeschlossen haben, wechselt das Thema zur Kindererziehung. Wieder hören wir zu und verarbeiten, doch ehe wir fertig sind, wechselt das Gespräch zum Thema Urlaub und so weiter und so fort. Wir HSP bevorzugen es, uns auf ein Thema wirklich einzulassen, dabei persönliche Erfahrungen und eigene Erkenntnisse zu teilen, einander ein Stück besser kennen zu lernen sowie den eigenen Prozess des Lernens und Bearbeitens von Lebensthemen weiterzuführen.

Beziehungen zwischen HSP, auch wenn sie relativ neu und daher noch oberflächlich sein mögen, sind geprägt von Unterstützung. Wir tendieren dazu, nicht nur gut, sondern auch aktiv zuzuhören, nachzufragen und uns in den Gesprächspartner einzufühlen. Wenn es uns möglich ist, geben wir dabei Ratschläge oder erzählen von eigenen Erfahrungen, von denen wir meinen, sie könnten für den anderen hilfreich sein.

Doch nicht jede Begegnung zwischen HSP ist unbedingt tiefsinnig, bedeutungsvoll und unterstützend. Entgegen der allgemeinen Ansicht können hochsensible Menschen auch ausgesprochen gute Unterhalter sein. Wenn die Situation passt, sie sich gemocht und entspannt fühlen, sodass sie es wagen, aus sich herauszugehen, verblüffen manchmal auch sonst eher ruhige und ernst wirkende Hochsensible durch Wortwitz und bühnenreife Stegreifkomik. In vertrauten Runden, die von Hochsensiblen dominiert sind, werden oft Tränen gelacht.

Das Veranstalten von HSP-Partys ist eine empfehlenswerte und lohnende Sache. Nicht hochsensible Menschen trifft man überall, doch vielen HSP fällt es schwer, sich überall wohlzufühlen und andere Menschen in der erwarteten Weise anzusprechen. Mit anderen HSP geht das leichter. Wenn Sie Hochsensible suchen, müssen Sie dorthin gehen, wo sie sich sammeln. Beim Punkt „Ein unterstützendes Umfeld schaffen" im Kapitel „Selbstmanagement" wurde dazu schon einiges gesagt.

In vielen größeren Städten gibt es inzwischen eigene Diskos für HSP. Sie finden meist nur einmal im Monat statt, in Wien, München, Berlin und ähnlichen Großstädten vielleicht jedes Wochenende, und sind daran zu erkennen, dass sie rauchfrei sind und nur ohne Schuhe betreten werden dürfen. Diese Ereignisse sind sicherlich nicht jedes hochsensiblen Menschen Sache, aber der Geräuschpegel ist niedrig, die Atmosphäre meist sehr familiär und nach einigen Besuchen kennt man einen Teil der Stammgäste, die den Großteil der Besucher ausmachen. Die Menschen dort sind nicht so cool und distanziert wie in herkömmlichen Tanztempeln, sondern lächeln viel und gerne. Auch vorsichtige Kontaktversuche mit den Alteingesessenen werden meist belohnt mit einem freundlichen Gespräch und auch für sehr unbeholfene oder völlig ausgeflippt unkonventionelle Tanzbewegungen erntet dort niemand Ablehnung oder Spott.

Speziell wenn Sie einen Hang zur Sozialphobie bei sich feststellen, sollten Sie unbedingt regelmäßig unter Leute gehen. Machen Sie ein Programm daraus, beispielsweise einmal pro Woche eine soziale Veranstaltung mit einem einschlägigen Thema zu besuchen und mindestens bei jedem zweiten Mal dort jemanden anzusprechen. Egal ob Sie nur Ihren Bekanntenkreis erweitern wollen oder einen Lebenspartner suchen, Sie müssen ab und zu Ihr Gesicht zu Markte tragen und freundlich schauen.

Wie Frau Dr. Aron sinngemäß sagt, tun wir Hochsensiblen uns manchmal leichter mit dem Spontansein, wenn wir vorher ein wenig üben. Überlegen Sie sich Fragen, die zum Thema der Veranstaltung passen. Achten Sie darauf, dass es Fragen sind, die sich nicht einfach mit Ja oder Nein beantworten lassen. Geben Sie Ihrem Glück eine Chance.

Eine glückliche Ehe ist wie eine lange Unterhaltung,
die einem trotzdem zu kurz vorkommt.
Unbekannt

HSP und die Liebe

Liebesbeziehungen können gerade für uns HSP eine signifikante Bereicherung des Lebens darstellen. Aus dem harmonischen Teilen des Lebens, der gegenseitigen Begleitung und Unterstützung kann ein so tief beglückendes Miteinander erwachsen, wie es sich nur hochsensible Menschen vorstellen können. Im Erlebnis des Geliebtwerdens liegt überdies Trost und Befreiung von dem tief verinnerlichten Gefühl, mit unserem sensiblen Nervensystem nicht in Ordnung zu sein. Auch lieben zu dürfen ist etwas Beglückendes, was speziell verständlich wird vor dem Hintergrund, dass 77 Prozent der HSP die Tendenz zeigen, sich anderen stärker verbunden zu fühlen als andere mit ihnen. Einen Menschen im Leben zu haben, der uns und unsere Art und Weise des Liebens nicht nur erträgt, sondern dem sie auch noch guttut und der unsere Liebe und Aufrichtigkeit wertschätzt, kann bereits einen großen Schritt in Richtung Himmel auf Erden darstellen.

Empfindsamkeit, Temperament und Bindungsstil

Liebesbeziehungen stellen für uns hochsensible Menschen allerdings auch eine große Herausforderung dar. Alles, was zwischenmenschliche Beziehungen stimulierend macht, ist bei uns besonders intensiv, und alles, was sie gefährlich macht, ebenso. In Beziehungen im Allgemeinen und Liebesbeziehungen im Speziellen scheinen die Gefahren der Verletzung und Vereinnahmung am größten. Was neu und unbekannt ist, stellt für viele HSP prinzipiell einen Stressfaktor dar. Sogar durchwegs positive Gefühle und Erlebnisse können in Liebesbeziehungen fast unerträglichen Stress erzeugen. Darüber hinaus finden wir eine Reihe von sehr grundlegenden Spannungsbögen, die für einen Großteil der Probleme in Partnerschaften verantwortlich sind, vor allem Empfindsamkeit, Temperament und Bindungsstil.

Empfindsamkeit

Die persönliche Empfindsamkeit wird schon bei oberflächlichen Kontakten zu einem Thema, und umso mehr beim Zusammenleben. Am stärksten akzentuiert werden etwaige Unterschiede sicherlich, wenn eine HSP mit einem nicht hochsensiblen Menschen das Leben teilt. Aber auch bei HSP-HSP-Paaren wird es immer einen mehr und einen weniger sensiblen Teil geben bzw. wird die Sensitivität so weit unterschiedlich gelagert sein, dass in manchen Lebensbereichen der eine Partner und in anderen Bereichen der andere sensibler ist.

Diese Unterschiede können sowohl in einer Ehe wie auch in jeder anderen engen Beziehung zu vielen Missverständnissen und Reibungspunkten führen. Darüber und wie daraus resultierende Konflikte vermieden oder verringert werden können, werden wir im Abschnitt „HSP und Nicht-HSP" noch ausführlich hören.

Temperament

Der für Partnerschaft und Zusammenleben ausschlaggebendste Aspekt von Temperament ist das Aktivierungssystem. Wie schon im zweiten Kapitel kurz besprochen, ist dieses ähnlich der Empfindsamkeit weitgehend angeboren und wird vom Neurotransmitter Dopamin kontrolliert. Ist das Aktivierungssystem stark ausgebildet, so befindet sich der Mensch oft auf der Suche nach abwechslungsreichen, neuartigen, vielschichtigen und intensiven Eindrücken und Erlebnissen[9]. Viele dieser Menschen wechseln häufig Arbeitsstelle, Wohnort und manchmal auch Partner. Von der Warte einer introvertierten HSP mit schwachem Aktivierungssystem aus scheint die ständige Aktivität eines extrovertierten nicht hochsensiblen Menschen mit starkem Aktivierungssystem hektisch und krampfhaft, schon alleine das Zusehen kann erschöpfen. Ist das starke Aktivierungssystem gepaart mit der Anlage zur Hochsensibilität, eine Kombination, die durchaus vorkommt, so sind die Ausformungen milder. Dafür ist die Person mit den zwei in Konflikt stehenden Wesenszügen selbst oft damit überfordert, was das Zusammenleben mit ihr nicht leichter macht.

Bindungsstil

Die dritte maßgeblich für Probleme in Partnerschaften sorgende Eigenheit der Menschen ist der persönliche Bindungsstil. Im Unterschied zu Empfindsamkeit und Temperament ist er das Ergebnis frühkindlicher Prägungen und daher auch veränderbar, z. B. durch Psychotherapie. Korrespondierend mit den vier Grundhaltungen der Transaktionsanalyse[10] gibt es vier Bindungsstile:

1. der sichere Stil: Die Person fühlt sich sicher, dass sie von denen, die ihr nahe sind, geliebt und nicht im Stich gelassen wird; sie kann aber auch mit Zurückweisung umgehen. Entspricht dem „Ich bin o.k., du bist o.k." der Transaktionsanalyse nach Berne.

2. der voreingenommene Stil: Ein Mensch mit diesem Bindungsstil möchte sehr gerne mit anderen in intimen Beziehungen sein, fürchtet jedoch, dass seine Gefühle nicht erwidert werden, und zweifelt an seinem eigenen Wert. Entspricht dem „Ich bin nicht o.k., du bist o.k." der Transaktionsanalyse.

3. der ablehnend vermeidende Stil: Die Person hat beschlossen, dass es für sie besser ist, Nähe zu meiden. Sie meint, das nicht nötig zu haben, und lehnt Bedürftigkeit ab – sowohl die eigene wie die von anderen, weil es ihr Gefühl von Unabhängigkeit gefährdet. Entspricht dem „Ich bin o.k., du bist nicht o.k." der Transaktionsanalyse.

4. der ängstlich vermeidende Stil: Ein solcher Mensch wäre sehr gerne in intimen Beziehungen, hat jedoch große Angst vor Zurückweisung und Verletzung, ist daher ständig im Konflikt, depressiv, scheu und innerlich einsam. Man reagiert auf die Gelegenheit zur Nähe mit Angst und Verwirrung. Entspricht dem „Ich bin nicht o.k., du bist nicht o.k." der Transaktionsanalyse.

Erfreulicherweise ist ungefähr die Hälfte der Bevölkerung sicher und optimistisch in ihrem Bindungsstil. Angesichts der Tendenz von uns hochsensiblen Menschen, ein schwaches Selbstwertgefühl zu haben, sind die anderen drei Stile bei uns sicher stärker vertreten als im Durchschnitt der Bevölkerung. Diese Grundeinstellungen und die entsprechenden Bindungsstile sind frühkindliche Reaktionen darauf, wie wir unsere ersten Betreuungspersonen erlebt haben. Einen sicheren Stil können Menschen nur dann entwickeln, wenn sie sich sicher und verlässlich geliebt und beschützt gefühlt haben. Ist die Betreuung zwar grundlegend gegeben, wird aber sehr häufig als unzuverlässig erlebt – sei es, weil die Betreuungsperson überfordert ist oder auf bestimmte Eigenheiten des Kleinkindes mit Liebesentzug reagiert –, so kommt das Kind irgendwann zu dem Schluss, nicht liebenswert zu sein: Diese Menschen würde man dem voreingenommenen Stil zuordnen. Wird die Abwertung weiter intensiviert durch noch stärkere Vernachlässigung oder Gefühlskälte, so kommt der Punkt, an dem das Kind in die Abwehr geht: „Nein, ich bin doch o.k., DU bist nicht in Ordnung, weil du mich nicht liebst und beschützt!", lautet dann die Grundhaltung, die dem ablehnenden Stil zugrunde liegt. Wird zuerst die Betreuungsperson innerlich gerechtfertigt in der Hoffnung, auf diese Weise das trotzdem verfügbare Maximum an Zuwendung zu erhalten, so wird dieses Zugeständnis hinfällig, wenn der gerade noch ausreichende Rest auch noch zu wenig ist. Das Kind meint zu erkennen, dass es sinnlos ist, von außen etwas zu erwarten. Der Glaube an den eigenen Wert wird mühsam aufrechterhalten, Zweifel schwingen unterschwellig mit. Ist die Vernachlässigung noch stärker oder die Betreuungsperson bedrohlich, so bricht der Selbstwert und der Glaube an das Gute im anderen ganz und gar zusammen. Verwirrung, Depression und Unfähigkeit zur Intimität sind die Folgen, egal ob die Person später alleine lebt oder verheiratet ist.

Wenn Sie an sich einen der drei problematischen Bindungsstile erkennen und Sie vielleicht Schwierigkeiten haben, eine positive, stabile und lebendige Beziehung einzugehen oder aufrechtzuerhalten, empfehlen wir Ihnen sehr, die Hilfe eines Therapeuten oder einer Therapeutin in Anspruch zu nehmen.

Große Chance

Jede Liebesbeziehung birgt die Chance zu persönlichem Wachstum und innerer Erweiterung. Auf dem Weg zu einem sicheren Bindungsstil kann es sein, dass es ohne Psychotherapie nicht geht, je nachdem, wo wir stehen. Aber professionelle Hilfe allein reicht auch nicht – die erworbene neue Grundhaltung muss in der gelebten Beziehung erprobt und gefestigt werden. Auf der sicheren Bindung aufbauend ist der Alltag mit dem geliebten Menschen Schule und Übungsplatz für Konsens, Fürsorge, Respekt, Verbindlichkeit, Toleranz und Achtsamkeit. Dabei ist es besonders interessant zu beobachten, dass viele HSP nicht mit Halbwahrheiten oder ungelösten Konflikten leben wollen oder können. Für sie ist das Arbeiten an einer lebendigen Beziehung, das Erreichen von immer größerer Wahrhaftigkeit und Tiefe grundlegend wichtig. Viele nicht Hochsensible sind zufrieden, wenn die Beziehung relativ gut ist, verglichen mit den Beziehungen anderer Menschen oder dem bisher Gewohnten. Viele Hochsensible haben in Beziehungen große Ansprüche an Wahrheit und Tiefe, diese können bei ungenügendem Management und mangelnder Geduld Beziehungen zerbrechen lassen, aber auch ständiger Ansporn zum Wachstum sein. Wichtig ist, dass beide vorsichtig und respektvoll mit sich und dem anderen umgehen.

Vom Verlieben

Wir HSP verlieben uns stärker und öfter als nicht hochensible Menschen. Natürlich gibt es auch Hochsensible, die sich sehr selten verlieben, doch wenn es ihnen dann doch einmal passiert, mag es ihnen vorkommen, als würden sie von einer inneren Flut hinweggespült. Manche andere HSP hingegen sind seit dem Kindergartenalter praktisch andauernd in irgendwen verliebt.

Verständlicher werden diese Zusammenhänge vor dem Hintergrund der Tatsache, dass Stimulation das Verlieben fördert. Wenn dann in einer stimulierenden Situation auch noch ein geeigneter Mensch vom passenden Geschlecht anwesend ist, sind die Chancen fürs Verlieben umso höher, je stärker die Stimulation ist. Das haben Forschungen gezeigt. Arthur Aron, der Ehemann der HSP-Forscherin Elaine Aron, und sein Kollege Donald Dutton führten schon in den 1970er Jahren einen interessanten Versuch durch, der inzwischen zu einem Klassiker geworden ist. Eine Reihe von Versuchspersonen musste einzeln in dem einen Fall über eine ca. ein Meter hohe massive Holzbrücke gehen und im anderen Fall über eine schwankende Hängebrücke hoch über einem schäumenden Fluss. In beiden Fällen kam ihnen eine durchschnittlich attraktive Person des anderen

Geschlechts entgegen. Während sich auf der niedrigen Brücke nur ungefähr 10 Prozent der Probanden verliebten, waren es im anderen Fall fast 100 Prozent.[11]

Inzwischen haben weiterführende Forschungen[12] gezeigt, dass es nicht des romantischen Settings der Wildbachschlucht bedarf, um sich besonders leicht zu verlieben, sondern dass es die Stimulation bzw. Überstimulation an sich ist, der die größte Bedeutung in diesem Zusammenhang zukommt. Da wir HSP bekanntlich weit öfter und stärker stimuliert sind als nicht hochsensible Menschen, braucht es uns nicht zu wundern, wenn wir uns viel schneller und stärker verlieben. Ein weiterer wichtiger Auslöser für das Verlieben ist es, zu erkennen, dass uns der andere auch mag.

Nun, wie können wir diese Zusammenhänge nutzen? Die erste, augenfällige Anwendungsmöglichkeit ist die Partnersuche. Der erste Schritt ist natürlich, einen geeigneten Menschen kennen zu lernen, doch darüber wurde bereits im Abschnitt „Unterstützendes Umfeld" im Kapitel „Selbstmanagement" einiges gesagt. Und entgegen der aus Hollywood kommenden Propaganda haben nur ca. 10 Prozent der Menschen ihren Partner durch Liebe auf den ersten Blick kennen gelernt. Speziell HSP wollen sich den Partner wohlüberlegt auswählen. Wenn Sie also einen geeigneten Kandidaten oder eine Kandidatin gefunden haben, begeben Sie sich mit ihm oder ihr in ein ungewöhnliches und anregendes Umfeld, gehen Sie vielleicht in ein Funkturm-Restaurant mit 360 Grad Panorama, in ein Bootsrestaurant oder in eines mit Wintergarten, in dem Sie unter Palmen und zwischen exotischen Vögeln sitzen. Wenn Sie miteinander schon in drei Museen waren, probieren Sie es einmal mit einem Ausflug ins Schmetterlings- oder Affenhaus. Die Idee ist jedenfalls, sich mit der Person Ihrer Wahl in eine außergewöhnliche, jedoch trotzdem angenehme Situation zu begeben. Und vergessen Sie nicht, dass sich viele Menschen dann verlieben, wenn sie bemerken, dass der andere sie liebt – wenn Sie also den anderen wirklich mögen, zeigen Sie es unmissverständlich. Das steigert Ihre Chancen enorm.

Sie können das Wissen über die Mechanismen des Verliebens natürlich auch anwenden, wenn Sie sich auf gar keinen Fall verlieben bzw. verhindern wollen, dass sich jemand in Sie verliebt, z. B., wenn

Sie bereits in einer Partnerschaft glücklich sind. Dazu müssen Sie die Tricks zum Verlieben nur umkehren. Vermeiden Sie es also, sich mit potenziellen Kandidaten oder Kandidatinnen in sehr anregende Situationen zu begeben, speziell wenn sonst niemand dabei ist. Kommunizieren Sie anderen, die Gefahr laufen könnten, sich in Sie zu verlieben, Ihre eigene Zuneigung nicht. Und falls es trotzdem passiert sein sollte, dass Sie sich im falschen Moment in die falsche Person verliebt haben – erkennen Sie den Zustand als das, was er ist: ein durch die Umstände begünstigtes Nebenprodukt Ihrer Hochsensibilität. Atmen Sie tief und handeln Sie nicht unvernünftig – es wird wieder vergehen. Selten dauert eine Verliebtheit länger als drei, kaum jemals länger als sechs Wochen, vorausgesetzt, sie wird nicht genährt.

Verliebtheit idealisiert und hatte biologisch vermutlich die Aufgabe, das Paar bis zum Eisprung aneinander zu binden, um die Chancen für eine Befruchtung zu erhöhen. Heute stellt sich das allerdings anders dar. Verliebtheit weckt intensives Interesse am anderen und das Bedürfnis, viel Zeit miteinander zu verbringen. Dadurch hat das Paar die Chance, sich näherzukommen und zu erkennen, sodass Liebe entstehen kann. Während Verliebtheit meistens die Optik involviert und zum Aufrechterhalten der Idealisierung sogar eine gewisse Distanz benötigt (Teenager können sich tatsächlich in Popstars verlieben, die sie nur von Postern kennen), hat Liebe mehr mit dem Berühren und Erkennen auf der Seelenebene zu tun. Während also Verliebtheit eine relativ oberflächliche Sache ist, so motiviert sie die Menschen doch, die Tiefe herzustellen, welche erforderlich ist, damit sich wahre Liebe entwickeln kann. Mit Liebe als Basis hat das Paar dann eine realistische Chance, die Beziehung aufrechtzuerhalten, trotz aller Schwierigkeiten, die sich aus den Anforderungen des täglichen Lebens ergeben mögen, verstärkt durch die Unterschiede in Wesen und Temperament sowie die möglicherweise weniger als optimalen Bindungsstile.

Partnerschaften: HSP und Nicht-HSP

Auch wenn Sie überzeugt sind, als HSP mit einem ebenfalls hochsensiblen Menschen in Partnerschaft verbunden zu sein, empfehlen wir Ihnen, die nächsten Absätze trotzdem zu lesen. Denn auch bei zwei HSP gibt es immer Unterschiede in der Empfindsamkeit. Somit kann einiges, was wir über Partnerschaften mit nicht hochsensiblen Menschen sagen, auch auf Sie zutreffen. Interessanterweise haben Untersuchungen[13] von Elaine Aron gezeigt, dass hochsensible Frauen gelegentlich der Meinung sind, mit einem Mann zusammenzuleben, der nicht hochsensibel wäre, obwohl er tatsächlich eine HSP ist. Lesen Sie deshalb am besten beide Konstellationen, egal welcher Gruppe Ihr Partner oder Ihre Partnerin Ihrer Meinung nach angehören.

Viel Toleranz und Kreativität sind sicherlich für Partnerschaften zwischen zwei Menschen mit sehr unterschiedlicher Sensibilität erforderlich. Der Psychiater und Autor Burton Appleford vertritt sogar die Meinung[14], dass Menschen in solchen Partnerschaften mit vergleichbaren Problemen konfrontiert sind wie Paare, in denen die Partner sehr unterschiedliche Intelligenzquotienten haben. Im Falle eines Paares mit unterschiedlicher Sensitivität ist das Gefälle nicht so eindeutig, weil der eine Partner zwar viel sensibler ist, der andere hingegen viel belastbarer. Somit hat nicht einer insgesamt mehr, sondern in unterschiedlichen Bereichen hat jeweils der eine mehr und der andere weniger. Jedenfalls läuft es darauf hinaus, dass jeder der beiden bestimmte Erfahrungen machen und schätzen kann, die für den anderen nicht nachvollziehbar sein können. Für den einen gehört es vielleicht zum Höchsten, einer Darbietung barocker Kammermusik zu lauschen, in den vielschichtigen Emotionen zu schwelgen, die durch dieses Erlebnis ausgelöst werden, und anschließend diese fast psychedelische Erfahrung zu besprechen und zu deuten. Für den anderen kann das so langweilig sein, dass er lieber im Café nebenan auf wartet und Zeitung liest. Oder bei einem Paar, wo die Frau die Nicht-Hochsensible ist, die ihrem Mann nach einem Wochenende mit Wildwasser-Rafting begeistert von ihren Abenteuern erzählt, mag der Mann allein schon bei der Vorstellung erschaudern, sich derart in Gefahr zu begeben. Wenn der eine in seiner optimalen Stimulation ist, kann es für den auffällig weniger sensiblen Partner noch ziemlich langweilig sein. Andererseits kann das, was der Partner unter erholsamer Freizeitgestaltung versteht, für den anderen unter Umständen Stress pur bedeuten. Das Gleiche gilt für alle anderen Bereiche des Lebens. Der Wohnsitz und seine Innenausstattung, die häusliche Routine, der Bekanntenkreis, das sind neben den Freizeitaktivitäten die Bereiche, die Partner in der Regel teilen. Viel Toleranz und Respekt sind notwendig, um in den unvermeidlich auftretenden Konflikten weder sich selbst noch den Partner in irgendeiner Weise für Vorlieben abzuwerten. Da es sich dabei nicht um ein vorübergehendes Phänomen handelt, sondern um den für den Rest des Lebens zu erwartenden Dauerzustand, ist es absolut wichtig, Kompromisse zu finden. Solche Kompromisslösungen dürfen weder genau in der Mitte liegen, sodass sie keinem von beiden das geben, was er oder sie wirklich möchte, noch ständig auf Kosten eines Partners gehen. Wenn der eine zum Nervenbündel wird, ist das ebenso wenig eine Lösung, wie wenn der andere zum resignierten Phlegmatiker mutiert.

Eine gewisse Distanz kann da sehr hilfreich sein. Beide Partner müssen die Möglichkeit haben, ihren Neigungen auch alleine, ohne den anderen oder die andere nachzugehen. Doch wenn dies zu weit getrieben wird, kann die Beziehung auch auseinanderdriften. Es ist wichtig, dass das Paar auch außerhalb des Alltagstrotts Dinge gemeinsam unternimmt, selbst dann, wenn die jeweilige Unternehmung nicht von beiden gleichermaßen genossen werden kann. Gefragt sind kreative Lösungen. Suchen Sie vor allem nach Dingen, die Sie wirklich beide gerne tun, die weder für den einen langweilig noch für den anderen überstimulierend sind. Zusätzlich zu den Dingen, die Sie voll Freude gemeinsam tun können, suchen Sie nach schöpferischen Wegen, die Gemeinsamkeit auszuweiten. Statt des großen Wildwasserabenteuers können Sie vielleicht gemeinsam in der Wildnis an einem solchen Gewässer campieren und Ihre Partnerin unternimmt kurze Fahrten mit dem Kajak oder klettert auf steile Felsen. Andererseits kann sich Ihr Partner vielleicht für das Kammerorchester erwärmen, wenn er spürt, wie sich dieses Erlebnis auf Ihr gesamtes System auswirkt . Sie können ihn dafür einmal bewaffnet mit Ohropax in das Fußballstadion begleiten und mit ihm den Verlust der Identität in der wogenden Masse erfahren, wenn Sie es auch nicht so genießen werden wie er. Es ist für die Harmonie einer Beziehung von Bedeutung, dass Sie gemeinsam Dinge erleben, die sowohl angenehm als auch aufregend sind. Anthony Robbins, der vermutlich erfolgreichste Motivations- und Erfolgstrainer der Welt, hat dies in seiner Arbeit über erfolgreiche Beziehungen ausführlich dargelegt. Diesem Erfolg liegt ein psychologischer Zusammenhang zugrunde, der von Robbins „neuroassoziative Konditionierung" oder schlicht „Verankerung" genannt wird und den wir uns einmal etwas genauer ansehen werden.

Verankerung

Bei der neuroassoziativen Konditionierung handelt es sich im Grunde um eine Anwendung des schon um die vorige Jahrhundertwende beobachteten Pawlow'schen Reflexes auf emotionale Zustände des Menschen. Pawlow führte seine diesbezüglich bekanntesten Versuche mit Hunden durch. Sie bestanden darin, dass er immer dann, wenn er seine Versuchstiere fütterte, eine Trillerpfeife ertönen ließ. Der Genuss des Futters und das Pfeifen wurden dadurch in den Gehirnen der Hunde assoziiert. Danach genügte es, die Trillerpfeife erklingen zu lassen, und die Tiere begannen zu speicheln, als hätten sie einen Napf Futter vor sich stehen. Beim Menschen lassen sich solche spontanen Assoziationen ebenfalls beobachten. Vorn im Raum eine Lehrkraft und die Tafel, links die Fenster, alle Schüler in Bankreihen hintereinander, mit Blick nach vorne – das ist die Situation, in der fast alle Menschen in Europa einige Jahre ihres Lebens verbracht haben. Ein Gutteil davon hat diese Zeit des Unterrichts subjektiv als unangenehm erlebt. Finden sie sich als Erwachsene in einer ähnlichen Situation wieder, fühlen sie sich unwohl und spüren oft Widerstände, meist ohne selbst zu ahnen, warum. Nach Robbins ist dieses Gefühl von Unwohlsein und Machtlosigkeit verankert im räumlichen Arrangement einer herkömmlichen Schulklasse. Deshalb ist es ein wohlbekannter didaktischer Trick für Seminare und Präsentationen, ein solches Setting zu vermeiden. Sind die Fenster rechts oder hinter dem Auditorium oder stehen die Sessel im Kreis, können sich die Teilnehmer unvoreingenommen in die Lernsituation hineinbegeben.

Doch es gibt nicht nur negative Anker. Eine rote Clownsnase ruft beispielsweise bei vielen Menschen ein spontanes Lächeln hervor, weil sie dieses Utensil in der Kindheit so gut wie ausschließlich in einem lustigen und entspannten Zusammenhang kennen gelernt haben. Dem Brauch der Flitterwochen liegt ebenfalls ein mehr oder weniger bewusstes Verständnis dieser Zusammenhänge zugrunde. Das Paar erlebt außergewöhnliche und schöne Dinge zusammen, sie sind verliebt und glücklich und so wird der Kontakt mit dem Partner bzw. der Partnerin zum Anker für ein glückliches, angeregtes Lebensgefühl. Und genau dieses Gefühl brauchen wir in unseren Beziehungen. Mit dieser Basis lassen sich die unweigerlich auftretenden Probleme und Durststrecken viel leichter bewältigen.

Eine Empfehlung von Tony Robbins, der wir uns nur anschließen können, ist das regelmäßige Auffrischen der Flitterzeit. Einmal die Woche, vierzehntäglich oder zumindest einmal im Monat planen Sie ein ungewöhnliches Erlebnis gemeinsam mit Ihrem Partner oder Ihrer Partnerin. Es sollte nichts gar zu Aufregendes, aber auch nichts Alltägliches sein. Ein Wochenendausflug, ein Kabarettbesuch, eine Schifffahrt, ein langer Herbstspaziergang in einer landschaftlich besonders reizvollen Gegend, ein elegantes Abendessen, ein Besuch im Zoo, eine Gesangsdarbietung in einer Kathedrale, ein Besuch im Aquarienhaus oder eine Kutschenfahrt könnten alle für das eine oder andere Paar geeignete Möglichkeiten sein, die Beziehung als Anker für eine anregende und angenehme Zeit aufzufrischen.

Rollenteilung zwischen HSP und Nicht-HSP

Bei Partnern, die deutlich unterschiedliche Sensibilitäten haben, kommt es besonders leicht zu einer gewissen Rollenteilung, die einerseits als Ressource gesehen werden kann, andererseits die Gefahr der Abhängigkeit birgt. Der nicht hochsensible Teil eines Paares würde es vielleicht genießen, beim Reisen auf Bahnhöfen hin und her zu laufen, überall Erkundungen einzuholen über Fahrzeiten und Abfahrtsort, die Tickets zu organisieren und insgesamt sehr beschäftigt zu sein, während der empfindsamere Teil vom Reisen an sich schon gestresst ist und ganz froh wäre, still in einer Ecke zu sitzen und auf die Koffer aufzupassen. In gewissem Maße ist eine solche Arbeitsteilung durchaus sinnvoll und angemessen. Ein Hindernis dafür ist unter Umständen die Neigung vieler HSP, Dinge, die sie selbst ungern tun, auch niemand anderem zumuten zu wollen. Das liegt vermutlich zu einem großen Teil daran, dass sie unreflektiert von sich auf andere schließen, hat daneben aber noch folgendes Bedenkenswerte an sich: Eine solche Rollentrennung kann in Maßen sinnvoll sein, als Gewohnheit jedoch beide Partner in einem Teil ihrer Persönlichkeit fixieren und Entwicklung verhindern. Dies ist so lange unproblematisch, wie keiner der beiden das Bedürfnis zeigt, sich zu erweitern. Sobald jedoch einer von beiden meint, dass er oder sie Teile von den bisher vom anderen Partner übernommenen Aufgaben selbst tragen möchte, kann das die Beziehung in verblüffendem Ausmaß destabilisieren. Für den Partner, der sich schön langsam in Bereiche hineinarbeiten möchte, die er bisher gemieden hat, weil er nicht gut in ihnen war, mag es nur der Wunsch nach Wachstum und Meisterung des Lebens sein und vielleicht das Beenden eines ständig im Hintergrund nagenden Schuldgefühls. Für den anderen kann das bedrohlich wirken, als Zurückweisung seiner bisher in diesem Bereich erbrachten Liebesdienste erscheinen und sogar eine Identitätskrise auslösen. Aus diesen Gründen sollten alle Veränderungen ausreichend lange vorher angekündigt und mit allen Hintergründen kommuniziert werden. Im Falle von Partnerschaften wäre es gut, wenn Sie Ihrem Partner zusätzlich immer das Gefühl vermitteln können, dass Sie keine einseitigen Entscheidungen treffen, sondern den Wunsch haben, sich in eine bestimmte Richtung zu entwickeln, der Partner mit seinen Wünschen und Bedürfnissen jedoch einbezogen ist und Gestaltungsmöglichkeiten hat.

Partnerschaften: HSP und HSP

Für viele HSP ist die erste funktionierende Beziehung zu einem Menschen „der eigenen Art" geradezu eine Offenbarung. Die Betonung liegt hier auf „funktionierend", weil unter uns HSP der Prozentsatz derer mit voreingenommenem oder ablehnendem Bindungsstil aus den im Kapitel „Gesundheit" besprochenen Gründen überproportional hoch ist. Paare, in denen keiner der beiden einen sicheren Bindungsstil hat, brauchen ungleich mehr psychologisches Einfühlungsvermögen und Bereitschaft zur Arbeit am Selbst. Glücklicherweise sind dies Eigenschaften, die unter hochsensiblen Menschen häufig stark ausgebildet sind.

Die Erleichterung beim Feststellen der Gemeinsamkeiten kann so groß sein, dass sie sich nur schwer vermitteln lässt. Einen Menschen zu finden, der ungefähr im gleichen Bereich optimal stimuliert ist, der einfühlsam ist und bereit, sich zu verändern, wenn es das Gedeihen der Beziehung erfordert, davon haben viele HSP schon zu träumen aufgegeben. Wie zwischen zwei Spiegeln kann jede Bemühung, jede Zartheit und liebevolle Geste hin und her geworfen und multipliziert erscheinen. Beide Partner können sich so tief verstanden fühlen wie noch nie zuvor in ihrem Erwachsenenleben. Die Erfahrung, dass der andere wirklich die gleiche Sprache spricht, die gleichen Dinge im Leben wichtig findet, auf zarte Andeutungen reagiert, so berührend aufrichtig ist in seinem Bemühen, alles richtig zu machen, kann einer hochsensiblen Person sehr leicht das Gefühl vermitteln, endlich zu Hause zu sein. Und tatsächlich schreibt Elaine Aron in ihrem Buch über die Paarbeziehungen der HSP[15], dass HSP-HSP-Paare statistisch gesehen etwas bessere Chancen auf eine dauerhafte Beziehung haben. Wenn wir im Weiteren von den Gefahren für hochsensible Paare sprechen, so nicht, um Ihnen von einer HSP-HSP-Beziehung abzuraten. Vielmehr wollen wir Sie auf potenzielle Schwachstellen hinweisen, damit Sie gewarnt sind und nötigenfalls rechtzeitig gegensteuern können.

Denn wenn sich die anfängliche Begeisterung ein wenig gelegt hat, wird unter Umständen sichtbar, dass genau in der Seelenverwandtschaft auch ein guter Teil der Problematik einer Beziehung zweier so ähnlicher Menschen liegt. Es ist zwar sehr erleichternd, endlich mit jemandem zusammen zu sein, der auch der Ansicht ist, dass die Musik der Nachbarn erstens schlecht und zweitens zu laut ist für die Tageszeit – aber wer geht hinüber, um es ihnen zu sagen? Es ist schön, Verständnis zu finden für die eigenen Abneigungen gegen Bohrmaschinen und ähnliche Produzenten von Lärm, Staub und unangenehmen Vibrationen, von Lack und Lösungsmitteln ganz zu schweigen – aber wer hängt den Küchenschrank auf? Wer schleift das Garagentor ab und streicht es?

Eine weitere mögliche Gefahr liegt im großen Erholungsbedürfnis hochsensibler Menschen. Einander kennen zu lernen war beglückend und anregend, eine Reise nach innen ebenso sehr wie eine Reise in die Welt des geliebten Partners, mit stundenlangen Gesprächen, langen Spaziergängen und allem, was dazugehört. In der Welt des gemeinsamen Alltags kann es bei zwei hochsensiblen Menschen aber dazu kommen, dass die Zeit, die zu Hause und mit dem Partner verbracht wird, ganz der Erholung und Regeneration gewidmet ist. Die Herausforderung und der spannende Teil des Lebens liegen irgendwo außerhalb. Dadurch kann die Partnerschaft verflachen und an Kraft verlieren. Für HSP ist es von Bedeutung, in der Welt integriert zu sein. Das ist gewissermaßen ein Teil ihrer Bestimmung. Für eine langfristige und erfüllende Paarbeziehung ist es wichtig, dass sie nicht nur ein Hafen der Erholung ist, sondern die Partner auch in die Welt hinausführt und dadurch anregend bleibt.

Deshalb ist es für HSP-HSP-Paare fast noch bedeutsamer als für Paare mit sehr unterschiedlicher Empfindsamkeit, dass sie regelmäßig Flitterstunden oder -tage einlegen. Sie werden es auch meist leichter haben, Aktivitäten zu finden, die für Sie beide gleichermaßen anregend sind, ohne dabei stressig zu sein. Falls Sie es übersprungen haben sollten, lesen Sie bitte, was weiter oben im Abschnitt „HSP und Nicht-HSP" zum Thema Verankerung geschrieben wurde. Die den Hochsensiblen innewohnende Tendenz zur Konfliktvermeidung kann eventuell notwendige Entwicklungen innerhalb der Beziehung behindern. Werden Kritik am Partner oder andere möglicherweise problematische Punkte des gemeinsamen Lebens zu lange nicht angesprochen, sammeln sie sich im Untergrund und tauchen dann irgendwann einmal geballt auf, oft im falschen Moment und so gut wie immer mit einer auf den ersten Blick unverständlich scheinenden Intensität. Erst beim näheren Hinsehen wird klar, dass die Intensität nicht aus dem letztendlich anlassgebenden Ereignis stammt, sondern aus der Anhäufung des Unausgesprochenen resultiert. Noch dramatischer können sich solche Konflikte gestalten, wenn das Thema nicht im Hintergrund schwelt, sondern scheinbar losgelassen wurde. Die Kritik wird dann zwar nicht geäußert, jedoch nur vermeintlich fallengelassen, de facto aber ins Unterbewusstsein verfrachtet. Wenn sich im Wiederholungsfall dann die zunehmende innere Not als spürbarer Druck äußert, erscheint dies so gar nicht nachvollziehbar, weil auf der bewussten Ebene ja alles in Ordnung war. Sind durch die Verdrängung die Wurzeln des angesammelten Drucks nicht verständlich, erscheint er bedrohlich oder irrational. Somit hat das Problem noch weniger Chancen, an die Oberfläche zu kommen. Denn wer will schon den geliebten Partner mit unverständlicher und unangemessen scheinender Heftigkeit vor den Kopf stoßen oder gar verletzen?

Hochsensible Menschen neigen zwar weniger zu Abspaltung als andere, trotzdem besteht auch eine gewisse Gefahr in diesem psychologischen Phänomen, bei dem Teile der eigenen Persönlichkeit, die aus irgendwelchen Gründen als minderwertig und unerwünscht klassifiziert wurden, im eigenen Bewusstsein verleugnet werden. Meist handelt es sich dabei um Gefühlsregungen oder Eigenschaften, die von frühen Betreuungspersonen als negativ angesehen wurden, oder solche, die allgemein kulturell als nicht akzeptabel gelten. Klassische Beispiele dafür wären intensive Aggressionen oder inzestuöse Begierden, es können aber auch schlichtweg Bedürftigkeit, Schwäche oder Empfindsamkeit sein. Letztere wird in diesem Kontext meist als interne Übersensibilität oder Weichlichkeit bezeichnet. Dieses Abdrängen von möglicherweise zentralen Persönlichkeitsanteilen ins Unterbewusste kann die unangenehme Nebenerscheinung haben, dass der abspaltende Mensch die nämliche Eigenschaft auch in anderen nicht oder nur schwer tolerieren kann. Im Falle eines hochsensiblen Paares, bei dem ein Partner Teile der eigenen Schwäche oder Empfindsamkeit abgespalten hat, sind die Chancen durchaus gegeben, dass der andere entsprechende Wesenszüge hat. Wenn sie im zweiten Partner nicht verdrängt und daher deutlich sichtbar sind, werden sie dem verdrängenden Partner ein steter Anreiz sein, den eigenen vermeintlichen Makel im anderen zu kritisieren oder gar zu bekämpfen. Dies stellt keine gute Konstellation für ein friedliches und harmonisches Miteinander dar. Jedoch im Falle zweier HSP könnte es die Basis für intensive gemeinsame innere Entwicklungsarbeit sein, die zu einer nie gekannten Ebene der partnerschaftlichen Harmonie führen kann. Sollten Sie sich in so einer Situation finden und befürchten, dass die Partnerschaft daran zerbrechen könnte, so holen Sie sich den Beistand einer unabhängigen Fachperson. Eine solche Fachkraft kann Ihnen dabei helfen, eine konstruktive Gesprächskultur zu entwickeln sowie Abspaltungen und Übertragungen zurückzunehmen und ihnen ins Auge zu sehen. Wenn einer oder beide Partner einen ängstlich-ablehnenden Bindungsstil haben sollten, kann darüber hinaus eine Einzeltherapie angeraten sein. Mehr Intervention jedoch werden die wenigsten HSP-Paare benötigen, um eine glückliche Langzeitbeziehung zu leben.

Rückzug ist ein spezielles Thema für jeden hochsensiblen Menschen und doppelt wichtig für ein hochsensibles Paar. So angenehm die gemeinsame Zeit auch sein mag, so wichtig ist für die allermeisten HSP auch die Zeit alleine. Während für so manches andere Paar der Wunsch nach getrennten Schlafzimmern ein Alarmsignal sein kann, so wird es für viele hochsensible Paare die Voraussetzung für langfristige Harmonie sein. Statt möglichst viel zusammen zu sein und dafür nur die Entspannung zu pflegen, ist es für das Gedeihen der Beziehung meist viel konstruktiver, Phasen des Alleinseins, mit solchen gemeinsamer Entspannung und angeregter Zweisamkeit abzuwechseln. Wenn Sie Kinder haben, empfehlen wir Ihnen dringend, sich den Alltag so einzuteilen, dass jeder von Ihnen regelmäßig einen Block Zeit ohne jegliche Betreuungspflichten hat. Auf jeden Fall sollte das Thema Rückzug und Alleinsein in jeder HSP-HSP-Beziehung thematisiert werden und je nach Bedürfnissen und räumlichen und zeitlichen Gegebenheiten gilt es, kreative Lösungen zu entwerfen und diese gelegentlich neu zu besprechen und zu aktualisieren.

Zum Abschluss des Themas noch kurz eine ganz spezielle Form der Nahbeziehung für hochsensible Frauen – die Mutterschaft. Danach geht es um die Anforderungen der Arbeitswelt, wobei natürlich auch die Beziehungen zu Kollegen, Vorgesetzten und Untergebenen eine Rolle spielen.

Hochsensibilität und Mutterschaft

Manche HSP haben nicht nur Schwierigkeiten, mit Liebespartnern oder Freunden stabile Beziehungen einzugehen, aufrechtzuerhalten und angenehm zu gestalten, sondern auch mit ihren Kindern. Die

Geburt des ersten Kindes ist die gravierendste Veränderung im Leben der meisten Frauen. Und plötzliche Veränderungen sind etwas, mit dem sich viele hochsensible Menschen schwertun. Die meisten Frauen haben den Wunsch, eine sehr gute Mutter zu sein. Aber oft sehen sie sich nach der Geburt des ersten Kindes ganz unerwartet heftigen widerstreitenden Gefühlen und Stimmungen gegenüber. Die Bedürfnisse nach Rückzug und frei verfügbarer Zeit können oft über ungewohnt lange Zeit nicht erfüllt werden.

Viele Frauen, die ihr Kind sehnlichst erwartet haben, sind verwirrt darüber, wie sehr sie sich jetzt in die Enge getrieben und überfordert fühlen. Es können Wut, Verzweiflung und Fluchttendenzen auftreten, auch dann, wenn das Kind zu den ruhigen Vielschläfern gehören sollte; vielmehr noch, wenn es sehr unruhig ist oder sein Gesundheitszustand Anlass zur Sorge gibt. Eventuelle Probleme und Disharmonien im Umfeld, sei es mit anderen Familienmitgliedern oder mit dem Partner, sowie Zukunftsängste und unerlöste Aspekte der eigenen Identität werden oft mit besonderer Schärfe und Dringlichkeit wahrgenommen. Allgemein können wir vielleicht sagen, dass in den ersten Lebensmonaten des Kindes vor allem von HSP-Müttern eine Hingabe an das Leben verlangt wird, die nur dann möglich ist, ohne bedrohlich zu sein, wenn sich die Mutter einigermaßen in der Welt geborgen fühlt.

Die Wahrscheinlichkeit, als hochsensible Mutter ein hochsensibles Kind zu bekommen, ist mindestens 50:50. Wie bereits im Kapitel 4, „Gesundheit", erwähnt, sind hochsensible Kinder anfälliger für Koliken, unruhigen Schlaf und verschiedenste andere Probleme. So manche hochsensible Mutter zweifelt da an ihrer Liebesfähigkeit oder an ihrer Fähigkeit, ihr eigenes Kind angemessen zu behandeln, und begreift nicht, warum andere Frauen durch die Geburt eines Kindes viel weniger aus der Bahn geworfen werden. Viele hochsensible Mütter finden in den ersten Lebenswochen und manchmal -monaten des Sprösslings kaum Zeit zum Haarwaschen, laufen fast nur in ausgebeulten Jogginghosen herum und nutzen jede kostbare freie Minute zur wichtigen eigenen Erholung, weil ihr Baby den Großteil seiner Wachzeit brüllt. Wenn eine von ihnen dann die junge Mutti aus der Nachbarschaft erlebt, die mit ihrem zwei Wochen alten Baby, das wie aus dem Ei gepellt scheint, zufrieden und entspannt spazieren geht und plaudert, versteht sie vielleicht sich und die Welt nicht mehr.

Das Problem liegt auch hier wieder in der Überstimulation. Die ständige Bereitschaft, der völlig veränderte Tagesablauf, der intensive und lang andauernde Kontakt zum Kind, all das sind massive Veränderungen. Auch das langsame Begreifen, dass sich das eigene Leben nun unwiederbringlich und stark verändern wird, die Beziehung zum Vater des Kindes, die da oft auf dem Prüfstand steht, all das ist in der Summe für jede Frau mit Stress verbunden, für viele HSP aber eine kaum erträgliche Überstimulation. Selten klaffen bei nahezu allen Hochsensiblen Anspruch und Wirklichkeit so weit auseinander wie nach der Geburt des ersten Kindes, zumindest im Innenleben.

Hilfreiche Maßnahmen

Unserer Meinung nach ist es wichtig, von Anfang an Zeiten völliger Ungestörtheit einzuplanen, wenigstens eine halbe Stunde am Tag, in der Sie die Verantwortung an jemand anderen abgeben, in der Sie keinerlei Betreuungspflichten haben. Es genügt meist nicht, Schlafenszeiten des Kindes dafür zu verwenden. Es braucht auch jemanden, der im Falle des vorzeitigen Erwachens des Kindes zur Stelle ist, damit wenigstens eine kurze Zeit des Tages das Gefühl der Verantwortlichkeit wegfällt. Überhaupt ist das Teilen der Verantwortung ein Schlüssel zur Reduzierung der Stimulation, auch wenn das Kind größer wird, damit Sie ab und zu abschalten können. Oft übernimmt der Vater des Kindes diese Aufgabe, aber wenn Sie Alleinerziehende sind, ist es wichtig, einen Erwachsenen zu finden, der sich mitverantwortlich fühlt, dem die Entwicklung des Kindes am Herzen liegt und der mitdenkt und mitfühlt. Ein afrikanisches Sprichwort sagt: „Es braucht ein ganzes Dorf, um ein Kind aufzuziehen." Durch die zunehmende Vereinzelung und das Kleinerwerden der Familien sind viele Mütter in der westlichen Welt heute auf sich alleine gestellt. Wenn Sie keinen vertrauten Verwandten haben, der die Funktion des Mitverantwortlichen übernimmt, dann suchen Sie sich jemanden! Das kann vielleicht eine Freundin sein, eine freundliche Nachbarin oder eine Frau in einer ähnlicher Situation wie Sie. Wenn

Sie können, leisten Sie sich zusätzlich einen Babysitter. Wenn Sie niemanden haben, der die Verantwortung mit Ihnen teilen mag, so machen Sie sich zumindest bewusst, welch schwierige und auch unnatürliche Last Sie dadurch zu tragen haben. In diesem Fall sollten Sie die aktuellen Probleme oder Entwicklungen regelmäßig mit einem Erziehungsberater oder einer anderen Expertin oder einem Experten besprechen.

Feste Gewohnheiten einzuführen ist etwas, womit Sie sich und Ihrem Kind enorm helfen. Kinder im Allgemeinen, aber speziell hochsensible Kinder mögen es und es tut ihnen gut, wenn ihre Eltern konsequent und berechenbar sind. Ein Beispiel: Allabendliche Rebellion beim Schlafenlegen können Sie durch kleine Rituale zur immer gleichen Zeit sehr vermindern oder sogar ganz vermeiden. Wenn es keine festen Regeln gibt, ist es kein Wunder, wenn das Kind die Regeln, die ohnehin nur für einen Tag gelten, nicht beachtet. Es würde ein unmenschliches Maß an Gehorsam erfordern, täglich wechselnde Anweisungen zu befolgen. Wenn Sie standfest bleiben, gewöhnen sich Kinder oft überraschend schnell an Regeln. Des Weiteren kann es, besonders in den ersten Monaten Ihrer Mutterschaft, aber auch später, sehr hilfreich sein, wenn Sie sich immer wieder vor Augen halten, dass diese intensive Zeit nur eine relativ kurze Episode Ihres Lebens ist. Die damit verbundene Stimulation wird normalerweise von Monat zu Monat geringer.

Andererseits ist es nicht nur Ihr Recht, sondern auch Teil Ihrer Verantwortung, für sich selbst Sorge zu tragen. Eine Mutter, die sich zu sehr aufopfert, verwöhnt ihr Kind vielleicht kurzfristig, belastet es aber langfristig. Wenn Sie auch mit den feinen Antennen Ihrer eigenen Empfindsamkeit besonders mit Ihrem Kind mitfühlen, so können Sie es doch nicht vor jedem Schmerz bewahren. Wenn es Ihnen gelingt, die letzte Verantwortung in Gottes Hände zu legen, werden Sie besser mit Ihrem Teil der Verantwortung umgehen können.

Zusammenfassend lässt sich sagen, dass ein großer und wichtiger Schritt zur Verringerung von Stress und Überstimulation in unserer Elternschaft bereits getan ist, wenn wir die Anlage zur Hochsensibilität an uns und an unserem Kind erkennen, diese auch wertschätzen und aufhören, uns bzw. unsere Kinder mit den Maßstäben zu messen, die für nicht Hochsensible gelten mögen.

Es gäbe natürlich noch sehr viel mehr über HSP als Mütter, Väter oder Kinder zu sagen, was über den Rahmen dieses Buches weit hinausgehen würde. Erfreulicherweise gibt es bereits einige empfehlenswerte Bücher[16], die sich speziell mit hochsensiblen Kindern und deren Eltern befassen.

Das weite Feld der Arbeit

Gegenüber der Fähigkeit,
die Arbeit eines einzigen Tages sinnvoll zu ordnen,
ist alles andere im Leben ein Kinderspiel.

Johann Wolfgang von Goethe

Arbeit, Beruf, Berufung

– interessante Themen für nahezu jede HSP. Für viele ist es darüber hinaus ein schwieriges und belastetes Thema. Deshalb wollen wir uns genauer ansehen, wie die besondere Veranlagung zur HSP diesen so zentralen Lebensbereich beeinflusst. In manchen Aspekten ist die Feinfühligkeit eine Hilfe, in anderen eine Erschwernis, doch vor allem ist das Gesamtphänomen Hochsensibilität dafür verantwortlich, dass sehr viele Betroffene einfach einen anderen Zugang zu dem Thema haben. Betrachten wir einmal das praktische Zusammenleben in der menschlichen Gesellschaft ähnlich dem Zusammenspiel verschiedenster Instrumente in einem Orchester. An dieser Stelle geht es uns vor allem darum, genügend Informationen und Verständnis für die Zusammenhänge zu vermitteln, damit sich auch alle hochsensiblen Menschen mit ihrem feinen Instrument des Kleinkindkörpers in die große Symphonie einfügen können, nicht immer zur Freude, aber sicher zum Wohle aller. Dazu werden wir das Thema von verschiedenen Seiten beleuchten sowie einige hilfreiche Tipps und bewährte Strategien einflechten.

Es steht außer Frage, dass wohl alle HSP zahlreiche Begabungen und Fähigkeiten haben. Zum Glück gibt es viele hochsensible Menschen, die in ihrem Beruf glücklich und zufrieden sind, besonders, wenn sie sich mit schöngeistigen, wissenschaftlichen oder kulturellen

Themen beschäftigen. Wissenschaftler, Künstler und auch Archivare von Wissen und Kunst sind zu einem großen Teil Hochsensible. Außerdem sind HSP ganz überdurchschnittlich oft unter Psychologen anzutreffen. Viele HSP haben ihre Bestimmung in helfenden Berufen gefunden, etwa als Sozialarbeiter oder in Hilfsorganisationen, wobei aber dort oft die Gefahr besteht, dass sie sich überfordern. In einem geeigneten Rahmen finden HSP in helfenden Berufen große Erfüllung.

Auch als Programmierer, in der Mathematik und in anderen Bereichen, die konsequente Logik verlangen, arbeiten viele HSP, denn logische Vorgänge bereiten einem gar nicht so geringen Teil von ihnen große Freude.

Aber außerhalb dieser für HSP besonders geeigneten Nischen, die vielen nicht offenstehen, haben sie oft spezielle Schwierigkeiten, die nicht Hochsensible kaum kennen.

Überproportional viele Hochsensible finden sich unter Lehrern an Gymnasien und Hauptschulen und bei vielen von ihnen klaffen Ideal und Wirklichkeit des Berufs in teilweise sehr stressender Weise auseinander. Die Realität der Interaktionen mit überwiegend nicht hochsensiblen Schülern in den unnatürlichen Zusammenhängen des Schulalltags bringt Scharen von ernsthaft bemühten Pädagogen hart an ihre Grenzen.

Die eigenen Begabungen in der heutigen Zeit einzubringen ist eine Herausforderung für jeden Menschen, ganz zu schweigen von hochsensiblen, deren Existenz unsere Kultur nicht einmal erkennt und auf deren besonderen Bedürfnissen und auch Fähigkeiten sie daher wenig Augenmerk hat. HSP, die in Berufen tätig sind, die nicht traditionellerweise von ihresgleichen dominiert werden, haben den Grat zu wandern, der zwischen dem Beharren auf ihren Besonderheiten und der Anpassung liegt. Dieser Balanceakt ist eine komplexe Aufgabe, die einerseits Erfahrung im Umgang mit dem Kleinkindkörper erfordert, andererseits die Fähigkeit, den eigenen Standpunkt zu objektivieren, sowie psychologisches Feingefühl und Einfühlungs-, aber auch eine gute Portion Durchsetzungsvermögen. Viele HSP verfügen über ausreichend Sensibilität und Takt. Der Mangel in den anderen Punkten mag jedoch dafür mitverantwortlich sein, wenn sich hochsensible Menschen nicht oder nur mit großen Schwierigkeiten in eine Arbeitsumgebung eingliedern können. Deshalb gibt es viel zu viele HSP, die häufig von einer Arbeitsstelle zur anderen wechseln, oder sogar mehrere, völlig unterschiedliche Karrieren beginnen. Dies liegt teilweise daran, dass sie mit den Rahmenbedingungen nicht fertig werden, teilweise aber auch daran, dass sie anecken und leider immer wieder zur Zielscheibe von mehr oder weniger aggressiver Ausgrenzung werden, und teilweise an ihren eigenen idealisierten Vorstellungen, wobei sie den tatsächlichen nervlichen Belastungen mancher Berufe gar nicht gewachsen sind.

Der Vollständigkeit halber sei erwähnt, dass ein kleiner Teil der HSP mit sehr abwechslungsreichen Karrieren von ihrer Veranlagung her eher Generalisten als Spezialisten sind. Weil sie dies aber einerseits nicht erkennen, andererseits auch kaum Ausbildungswege dafür existieren, nähern sie sich ihrer Berufung durch eine Reihe von aufeinanderfolgenden Ausbildungen an, oft in scheinbar grundverschiedenen Bereichen.

Im Folgenden werden wir uns eine kleine Auswahl von Problemen etwas genauer ansehen, die HSP an Arbeitsplätzen besonders oft zu schaffen machen.

Einige Rahmenbedingungen am Arbeitsplatz

Abgesehen von den direkt mit den beruflichen Aufgaben zusammenhängenden Schwierigkeiten, die wir weiter unten behandeln werden, sind es oft ganz oberflächliche und banale Dinge, die das tägliche Verdienen ihres Lebensunterhaltes für viel zu viele hochsensible Menschen zur Qual machen. Dies wollen wir im Weiteren ein wenig näher betrachten, aber auch mögliche Gegenmaßnahmen erörtern.

Belästigung und Belastung durch schlechte Gerüche, Dämpfe oder Rauch ist für viele HSP ein wichtiger Faktor, der ihnen das dauerhafte Erbringen guter Leistungen an so mancher Arbeitsstätte erschwert oder verleidet. Bei jungen Menschen ist dies meist noch weniger stark ausgebildet, doch mit den Jahren nimmt die Empfindlichkeit gerade in diesem Bereich oft zu. Mit dem Zigarettenrauchen am Arbeitsplatz wird es in jüngerer Zeit glücklicherweise immer besser. In Büros ist das Rauchen zunehmend verpönt und in Werkstätten oft aus Sicherheitsgründen verboten. Wenn es natürlich auch gar nicht so wenige nikotinsüchtige Hochsensible gibt, die unter dieser veränderten gesellschaftlichen Haltung leiden, so gibt es wahrscheinlich doch noch mehr, die das Rauchverbot als Befreiung und Erleichterung erleben. Unvermindert, wenn nicht gar im Zunehmen sind in Europas Büros jedoch der Gestank von billigen Kunststoffen und die Emission von Ozon und vielleicht noch anderen Feinheiten aus Laserdruckern, Kopiergeräten und ähnlichen Maschinen. Wenn Sie zu den hochsensiblen Menschen gehören, die ein solches Gerät neben sich haben und darunter leiden, so haben Sie nicht viele Alternativen. Sie können sich damit abfinden oder Sie kommunizieren mit Ihren Vorgesetzten. Wenige HSP werden sich der Herausforderung gewachsen fühlen, auf gleicher Ebene mit allen möglicherweise betroffenen Kollegen und Kolleginnen eine Diskussion darüber zu beginnen, wo das Gerät denn nun stehen solle. Vielen nicht hochsensiblen Menschen würde es zwar von der Beeinträchtigung her nichts oder jedenfalls weit weniger ausmachen, doch das heißt leider nicht, dass sie für Ihr Anliegen Verständnis haben und gerne zustimmen, das Gerät neben sich aufstellen zu lassen. Besser, Sie erzählen Ihren Kollegen nur davon, wie schlecht es Ihnen dadurch geht, und wenden sich mit Änderungswünschen direkt an Ihre Vorgesetzten. Möglicherweise tun Sie sich dabei schriftlich leichter. Verweisen Sie in der Einleitung auf Ihre Leistungen, erklären Sie kurz, wie die Belastung Sie tatsächlich behindert und unter Umständen auch über die im Büro verbrachte Zeit hinaus Ihre Lebensqualität beeinträchtigt.

Schlagen Sie entweder keine oder mehrere Lösungen vor, beispielsweise, dass das Gerät doch dort und dort hingestellt werden könnte oder dass Sie einen anderen Arbeitsplatz erhalten, aber vermeiden Sie es, eine bestimmte Lösung zu verlangen. Sollte dies zu keinem Ergebnis führen, haben Sie immer noch die Wahl, sich damit irgendwie abzufinden und noch häufiger die Fenster zu öffnen oder tatsächlich Konsequenzen zu ziehen und die Arbeitsstelle zu wechseln.

Das gleiche Schema lässt sich selbstverständlich auch auf alle ähnlich gelagerten Schwierigkeiten übertragen. Bei anderen Problemstellungen, wie beispielsweise ein für Sie ergonomisch ungeeigneter Stuhl, der Ihnen Rückenschmerzen bereitet, oder Kunstlicht rund um die Uhr, können Sie leichter eigenverantwortlich agieren. Organisieren Sie sich eine Glühbirne mit Tageslichtspektrum oder eine ebenfalls für die Augen viel gesündere Halogenlampe. Ein guter Bürostuhl ist vielleicht zu teuer, doch wenn in einem Büro sonst alles passt, ist es sicher eine gute Investition. Sie können ja dabei die oben angesprochene Variante mit dem Brief an die Vorgesetzten anwenden und statt gleich um einen neuen Stuhl bitten Sie mindestens um einen Zuschuss für einen.

Schwieriger ist es, falls Sie zu den gar nicht so wenigen HSP zählen, die bei Zugluft im Allgemeinen und Klimaanlagen im Speziellen heftige gesundheitliche Reaktionen zeigen. Bei manchen sind die Auswirkungen häufige Verkühlungen verschiedenster Art, bei anderen Kopfweh oder Nervenschmerzen in Schultern, Armen oder Rücken. Zuerst können Sie die räumliche Lösungsvariante versuchen – vielleicht geht es Ihnen ja an einem anderen Platz besser, wenn die Lüftung dort nicht so hinbläst. Ansonsten können Halstücher oder warme Schultertücher möglicherweise Erleichterung schaffen. Dies kann jedoch in Zeiten der zunehmenden Verknüpfung von erfolgreich oder auch nur akzeptabel mit schick, modisch und teuer zur sozialen Ausgrenzung führen, wenn es nicht mit überdurchschnittlicher Selbstsicherheit gepaart ist.

Da ist beispielsweise Angelika, eine sanfte und sehr wärmebedürftige HSP. Seit einigen Jahren arbeitet sie in einem großen Büro, wo ein Kleidungsstil üblich ist, der cool, möglichst schwarz und schlicht ist, und deshalb bemüht man sich, nur ja nicht irgendwie „öko" zu wirken. Zwar arbeiten dort durchweg nette und bemühte Menschen, doch ist in diesem Umfeld Naturliebe etwas, das den Flair des Lächerlichen oder Spießigen hat. Aber Angelika trägt ungeniert Gesundheitsschlapfen und für ihren Wärmehaushalt lange, weite, wollene Röcke und ebensolche Schultertücher in Naturmaterialien. Da sie als kompetente Mitarbeiterin geschätzt wird und weil sie sich von den gelegentlichen Sticheleien mancher Kollegen nicht verunsichern lässt, wird ihre Eigenart toleriert.

Ein weiterer Punkt, unter dem so manche HSP im normalen Arbeitsumfeld leidet, kann die akustische Dauerbelästigung sein wie der Lärm von Baumaschinen, Fahrzeugen, Produktions- und Verarbeitungsanlagen. Wenn selbst noch in diesen extremen Fällen die meisten nicht hochsensiblen Menschen sagen würden: „Da muss man halt durch", so werden einige hochsensible Menschen, die akustisch besonders empfindlich sind, es jahrelang schaffen müssen, täglich aufs Neue da durchzugehen. Doch noch weit weniger Verständnis finden Menschen, die unter dem Surren des Ventilators im Computer, dem Klappern der Tastatur am Nachbarschreibtisch oder dem für andere unhörbaren Dauerton alter Leuchtstoffröhren leiden. Auch wer gegen die mit seichten Witzen und Verkehrsnachrichten durchsetzte Dauerberieselung mit schlechter, aber gerade populärer Musik allergisch ist, stellt sich leicht ins soziale Out. In manchen Fällen werden Sie sich durch den Einsatz von Ohropax oder vergleichbaren Produkten Linderung verschaffen können, was Ihnen vielleicht den Ruf der Schwerhörigkeit einträgt. In anderen Fällen lassen sich mit etwas Feingefühl vielleicht „politische" Lösungen finden. So können Sie zum Beispiel in Sachen musikalische Hintergrundkulisse Verständnis finden für die Lösung, dass Sie Ihren Teil der Zeit mit Stille füllen – also falls Sie zu dritt im Raum sitzen, wird das Radio ein Drittel der Zeit abgedreht. Eine andere Lösung mag manchmal die Entzerrung der Arbeitszeiten sein – wenn Sie schon ab sechs Uhr im Büro sind, haben Sie drei Stunden für konzentriertes Arbeiten in Stille, oder Sie kommen spät und bleiben bis in die Nacht hinein. Doch in vielen Fällen wird sich wohl leider keine raumzeitliche Lösung finden lassen.

Solidarität, Tratsch oder Ausgrenzung: Soziales Gefüge am Arbeitsplatz

Die bisher genannten Widrigkeiten sind noch die harmloseren Schwierigkeiten, die so manche HSP mit der Erwerbsarbeit hat. Die schwereren Brocken sind viel enger mit der Struktur der Arbeitswelt überhaupt verbunden und lassen sich dadurch viel schwerer von ihr trennen und unabhängig lösen. Das betrifft zum einen das soziale

Umfeld an sich und zum anderen die langen Arbeitsstunden, den steigenden Leistungsdruck, den beständig lauter werdenden Ruf nach Flexibilität, die in immer mehr Jobbeschreibungen auftauchenden Forderungen nach öffentlichen Präsentationen, Konfliktfreudigkeit und Verkaufsbereitschaft. Vor allem solche Hochsensiblen, die sich über die grundlegenden Unterschiede zwischen sich und der nicht hochsensiblen Mehrheit wenig oder gar nicht im Klaren sind, können mit der schlichten Tatsache, dass sie am Arbeitsplatz Teil eines bestimmten sozialen Gefüges sind, große Schwierigkeiten haben. Der räumlich enge und häufige Kontakt mit zum großen Teil nicht hochsensiblen Menschen, die ihnen so anders erscheinen, kann sehr stimulierend sein.

Als kleines und harmloses Beispiel sei die hochsensible Marina genannt: In ihren späten Dreißigern nahm sie nach längerer Kinderpause erstmals eine Stelle in einem „ganz normalen Büro" an, nachdem sie in frühen Jahren selbstständig tätig gewesen war. Neben den vielen anderen stimulierenden Neuigkeiten hat es sie beschäftigt, dass die Menschen dort nicht lächeln, wenn sie einander am Morgen grüßen. Irgendwann kam sie durch gezielte Beobachtungen zu der Erkenntnis, dass es weder prinzipiell unfreundliche Menschen waren noch dass sie ihr selbst ablehnend gegenüberstanden. Sie begann zu argwöhnen, dass sie selbst durch das freundliche Grinsen unangenehm auffiel, und bemühte sich um ein cooleres Äußeres bei den Begrüßungen. Seitdem Marina die Kunst des beiläufigen Grüßens etwas besser beherrscht, fühlt sie sich sicherer, weil zugehöriger im Büro.

Marina ist eine relativ extrovertierte und kontaktfreudige HSP. Außerdem ging es um etwas so Banales wie das Grüßen. Trotzdem hat sie eine Menge an Aufmerksamkeit und innerer Bewegung gebraucht, um damit zurechtzukommen und die Stimulation zu verringern. Für introvertiertere Hochsensible kann es viel schwieriger sein, sich in einem üblichen, nicht von HSP dominierten Sozialgefüge zurechtzufinden. Der Kontakt mit Menschen, die ihnen vielleicht grob, unverständig oder abweisend scheinen mögen, mit Menschen, die so ganz anders reagieren als sie selbst, kann für sie völlig überfordernd sein.

Für viele HSP ist es ganz normal, für die anderen in ihrem Umfeld mitzudenken, sodass es sie erschreckt und bedroht, wenn sie merken, dass sie damit ziemlich alleine dastehen. Der Tratsch und der Smalltalk sind ihnen vielleicht zuwider, und wenn sie sehen, dass andere weniger arbeiten, wenn der Chef außer Haus ist, so erscheint ihnen das möglicherweise als Heuchelei. Und wenn sie das dann in ihrer Naivität vielleicht auch noch ansprechen, werden sie sehr schnell zur Zielscheibe von Angriffen und handfester Ablehnung.

Selbstpräsentation hilft gegen Ausgrenzung

Wenn Sie das, was Sie nicht verstehen, zu ignorieren versuchen und einfach Ihre Arbeit tun, ohne sich viel mit dem, was die anderen so bewegt, auseinanderzusetzen, verbessern Sie dadurch Ihre Situation sicher nicht besonders. Diese Zurückgezogenheit wird nicht selten als Ausdruck von Arroganz gedeutet. Für viele der nicht hochsensiblen Menschen ist es einfach nicht vorstellbar, dass jemand nicht wissen könnte, wie man sich bei einem zwanglosen Firmenschwatz richtig verhält und sich deshalb davon fernhält. Sie unterstellen dem befangenen hochsensiblen Menschen dann die Motive, die sie selbst abhalten könnten, sich zwanglos unter andere zu mischen – nämlich Gefühle der Unter- oder der Überlegenheit. Als Folge davon kann es einer scheuen HSP passieren, entweder als Underdog schikaniert oder aber als vermeintlich arrogante Person geschnitten zu werden.

Ein gutes Beispiel dafür lieferte Erich, ein sowohl mathematisch als auch tänzerisch begabter hochsensibler Mann. Inzwischen in seinen Fünfzigern, hatte er schon während der Studentenzeit als Programmierer zu arbeiten begonnen. Er war naturliebend, ein Bücherwurm und ein exzellenter abstrakter Denker, etwas menschenscheu, weil er die sozialen Rituale nicht durchschaute, und er wirkte immer etwas geistesabwesend. Teils aus Unwissenheit, teils aus Unsicherheit beschränkte er sich bei seinen beruflichen Kontakten meist auf den absolut notwendigen Informationsaustausch. Bald wurde er als arrogant gemieden und wegen seiner klaren inhaltlichen Fragen geradezu gefürchtet. Das Verhalten seiner Kollegen und Kolleginnen hat ihn verständlicherweise noch weiter verunsichert.

Wenn Menschen – und davon sind HSP nicht ausgenommen – ein gewisses Verhältnis von Nähe zu einem anderen haben, dann ist es für sie wichtig, dass sie den anderen verstehen und einschätzen können. Diese Nähe ist schon gegeben, wenn sie den halben Tag im selben Raum verbringen oder sich täglich einige Male über den Weg laufen. Um den anderen verstehen und einschätzen zu können, brauchen die meisten Menschen Informationen durch verbale Kommunikation – entweder durch direkten Austausch oder über Dritte. Fehlen diese Informationen, so wird der andere Mensch zur Projektionsfläche. Das heißt, dass die spärlich vorhandenen Informationen sowie die nonverbalen vor dem Hintergrund der eigenen Geschichte, des psychologischen Verständnisses und des persönlichen Weltbildes interpretiert werden. Weil die Menschen so sind, wie sie sind, hat das Bild, das sie sich auf diese Weise machen, oft sehr wenig mit der Realität zu tun.

Hochsensible Menschen unterscheiden sich von den nicht hochsensiblen in diesem Punkt nur insofern, als sie in der gleichen Situation viel mehr Informationen über den anderen sammeln. HSP registrieren viel mehr Details über andere Menschen, hören viele Bruchstücke von Unterhaltungen anderer mit und erhalten zusätzliche Informationen, indem sie die vielen Einzelheiten zueinander in Beziehung setzen. Darüber hinaus ist vielleicht noch ihr psychologisches Verständnis besser und trotzdem ist das Endergebnis oft genug ungenau oder schlichtweg falsch.

Viele Menschen – hochsensible und nicht hochsensible gleichermaßen – spielen der Welt etwas vor oder verbergen vor den anderen einfach das, was sie selbst als dunkle Punkte oder Fehler ansehen. Haben sie nun beispielsweise mit einem Kollegen zu tun, der nicht so freundlich und kommunikativ auf sie zugeht, wie sie das erwarten, und der einfach überhaupt nicht oder kaum von sich selbst erzählt, kommen sie oft unbewusst zu dem Schluss, der andere hätte sie durchschaut und lehne sie deshalb ab. Und Ablehnung mit Ablehnung zu erwidern, ist eine ganz normale Reaktion. Handelt es sich bei dem schweigsamen Kollegen nun auch noch um eine der vielen HSP, die von anderen tatsächlich mehr mitbekommen, als diese preisgeben wollen, so kann sich das da oder dort zeigen und die

Ablehnung noch verstärken, was oft den Rückzug der HSP noch verstärkt und so die Spirale weitertreibt.

Der Ausweg aus diesem Kreislauf bzw. seine Vermeidung ist Kommunikation. Und zwar fürs Erste seichte Kommunikation. Hochsensible Menschen haben eine Tendenz dazu, Fragen tief und aufrichtig zu beantworten. Wenn ihnen das jedoch unangemessen scheint – was es bei den meisten oberflächlichen Unterhaltungen an der Arbeitsstelle ja tatsächlich ist – kann es passieren, dass sie dann gar nichts herausbringen. Allen HSP, die täglich viel mit immer wieder denselben nicht hochsensiblen Menschen zu tun haben, sei es wärmstens ans Herz gelegt, Smalltalk zu erlernen. Vielen HSP ist die Fähigkeit zu oberflächlichem Geplauder und harmlosem Tratsch nicht in die Wiege gelegt, lässt sich aber lernen.

Doch Sie riskieren nicht nur Ausgrenzung, wenn Sie zu wenig in Kommunikation stehen und dadurch zu wenig von sich herzeigen, sondern Sie erschweren möglicherweise Ihr Fortkommen in der Firma. Networking ist ein Zauberwort in der Businesswelt. Und vernetzt sein bedeutet ja nichts anderes, als mit möglichst vielen Menschen in Kontakt und Austausch zu stehen. Dadurch sind Sie über alle Entwicklungen im Betrieb auf dem Laufenden, können eher zur rechten Zeit am rechten Ort auftauchen und finden möglicherweise auch leichter jemanden, der ein gutes Wort für Sie einlegt oder Ihnen in anderer Weise beisteht.

Verbindungsleute sind ein anderer strategischer Faktor für HSP mit gewissen Kommunikationsproblemen in einem ganz normalen Geschäftsbetrieb. Ein oder zwei Menschen aus derselben Firma, mit denen Sie sich gut verstehen, können enorm wichtig für das Arbeitsklima sein. Eine gewisse Vertrauensbeziehung vorausgesetzt, kann diese Verbindungsperson Ihnen Auskunft geben über das, was sich in der Firma tut. Statt selbst intensives Networking zu betreiben, was eine Lockerheit des Kontaktmachens und -pflegens erfordert, die jenseits von dem liegt, was für viele hochsensible Menschen mit vertretbarem Aufwand erreichbar ist, ist Ihre Kontaktperson gut im ganz normalen Firmenklatsch integriert und gibt Ihnen Zusammenfassungen davon weiter. Und umgekehrt kann ein solcher Verbindungsmensch in gewisser Weise Ihr Sprachrohr sein und den anderen die begehrten Informationen über Sie zutragen. Auch wenn andere über Sie herziehen, kann Ihre Kontaktperson Dinge klarstellen und ein Wort für Sie einlegen. Wollen Sie in einem größeren Sozialgefüge Karriere machen, so werden Sie also entweder selbst die Kunst des Networking beherrschen müssen oder firmeninterne Verbindungsleute haben, denen Sie vertrauen können.

Andere Menschen und ihre Motivationen vorurteilsfrei wahrnehmen und verstehen zu können ist sehr lehrreich. Ein erster, wichtiger Schritt dazu ist es, zu erkennen und zu akzeptieren, wer eine HSP ist und wer nicht. Die nicht hochsensiblen Menschen funktionieren in Wahrnehmung und Weltsicht oft verblüffend anders als wir HSP. Haben wir bis jetzt diese Tatsache vor allem betrachtet, um uns selbst besser verstehen zu lernen und besser mit uns umzugehen, so ist das genauso in die andere Richtung möglich. Gerade im Zusammenhang mit beruflicher Karriere kann es sehr wichtig sein, andere Menschen und ihre grundlegende Ausrichtung, Verlässlichkeit, ihre Stärken, Schwächen usw. korrekt einzuschätzen. Da die meisten Menschen bei solchen Einschätzungen unbewusst von sich auf andere schließen, kann es für HSP zu schlimmen Fehlurteilen kommen. Besser, als andere falsch einzuschätzen, ist es daher zu wissen, dass sie meist anders funktionieren, als Sie vermuten.

Immer mehr, immer schneller?

Lange Arbeitsstunden können für das Nervensystem und die empfindsamen Körper vieler HSP ebenfalls ein strukturelles Problem darstellen. Eine Tätigkeit, die sie drei oder vier Stunden vielleicht gut aushalten, kann am Abend eines langen Tages zur Qual werden. Auch wenn der Arbeitstag ohne große Anstrengungen oder dramatische Ereignisse verlaufen ist, brauchen viele hochsensible Menschen danach einen ruhigen Abend für sich alleine zur Regeneration. Falls das nicht möglich ist, weil sie zum Beispiel Kinder zu Hause haben, die Betreuung brauchen, sind diese Menschen jahrelang in der Dauerkrise. Diese lange andauernde Überstimulation kann dazu führen, dass sie – zu den bereits erwähnten Symptomen der extremen Stimulation – aus scheinbar geringsten Anlässen emotional überreagieren oder extrem vergesslich bis geradezu verwirrt wirken. Viele HSP können problemlos 16 Stunden am Stück arbeiten, wenn es erforderlich ist, doch Tag für Tag acht Stunden plus Zeit in öffentlichen Verkehrsmitteln kann für sie so anstrengend sein, dass jeder zusätzliche Termin eine kleine Katastrophe bedeutet.

Auswege aus dieser strukturellen Zwickmühle können sich als schwieriger herausstellen, als man meinen möchte. Teilzeitarbeit oder Heimarbeit sind meistens verknüpft mit der Gewissheit, auf unterstem Gehaltsniveau zu bleiben. Ungestörtheit durch ein eigenes Büro und einigermaßen freie Zeiteinteilung sind Privilegien, die den meisten, wenn überhaupt, erst nach Jahren der Anstrengung zufallen. Glücklicherweise ist die Belastbarkeit der HSP in jungen Jahren meist höher. Etwas erleichtern können Sie sich die Situation durch konsequente Erholungspausen (beispielsweise auf der Toilette) und einer Mittagspause in Abgeschiedenheit und Entspannung. Auch viel Wasser trinken kann Ihnen helfen und achten Sie bei einer sitzenden Tätigkeit auf regelmäßiges Bewegen der Fußknöchel und Zehen und stehen Sie ab und zu auf, um sich zu strecken. Falls es möglich ist, umgeben Sie Ihren Arbeitsplatz mit Zimmerpflanzen, wobei eine Mischung verschiedener Pflanzen immer besser ist als fünf von der gleichen Art.

Leistungsdruck am Arbeitsplatz ist für manche Menschen motivierend und belebend, andere lähmt er und macht sie krank. HSP gehören überwiegend zu der Gruppe, die diese Art von Druck nicht als unterstützend erlebt. Für viele nicht hochsensible Menschen ist es schwer vorstellbar, dass viele HSP unter genau den Umständen beste Leistungen bringen, unter denen sie selbst träge und nachlässig würden: ein ruhiges Umfeld, Sicherheit, keine grimmigen Abgabetermine oder Mindestpensa. Speziell wenn Gruppenleistungen gefragt sind, die Abteilung wie ein Bienenstock schwirrt, alle Kollegen einander anfeuern und soziale Repressalien drohend im Raum stehen, nähert sich für viele hochsensible Menschen die Qualität am Arbeitsplatz dem Nullpunkt. Die weniger sensiblen Kollegen hingegen erleben diese Phase vielleicht als besonders gemeinschaftsbildend.

Strategien gegen Überforderung

Wenn es Ihnen so geht und Sie diesen Belastungen nicht ausweichen können oder wollen, empfehlen wir die folgende Technik, die sich für HSP in Extremsituationen vielfach bewährt hat:

1 Zuerst machen Sie sich ein Bild vom schlimmsten möglichen Szenario. Öffnen Sie die Büchse der Pandora, schauen Sie Ihren Ängsten ins Gesicht. Machen Sie sich ganz klar, was genau es ist, das Sie nicht wollen, und dann schließen Sie Frieden damit. Dafür kann es beispielsweise sehr nützlich sein, sich an andere extrem unangenehme Situationen zu erinnern, die Sie in der Vergangenheit bereits durchlebt haben. Arbeiten Sie damit, bis Sie den Punkt erreichen, an dem Sie ehrlich sagen können: „Wenn es sich nicht vermeiden lässt, wenn es mir also bestimmt ist, sei's drum. Davon geht die Welt nicht unter, ich überstehe das und lerne wahrscheinlich noch etwas daraus."

2 Nun, nachdem Sie sich mit der schlimmsten Möglichkeit ausgesöhnt haben, schaffen Sie Ihre positive Vision. Verdeutlichen Sie sich, welches Ziel Sie genau erreichen wollen. Malen Sie sich aus, wie es sich anfühlen wird, wenn Sie erfolgreich sind. Genießen Sie diese Vorstellung mit vielen Einzelheiten und möglichst auch mit Gefühlen – vergessen Sie dabei keinesfalls Gefühle der Dankbarkeit.

3 Der nächste Schritt besteht darin, sich einen Plan zu machen. Dabei geht um Logistik, Zeiteinteilung und darum, die Aufgabe in leichter verdauliche Einzelportionen zu zerlegen. Sollten Sie damit Schwierigkeiten haben, empfehlen wir Ihnen, auf eines der zahlreichen einschlägigen Bücher oder möglicherweise auch auf einen Coach zurückzugreifen. Speziell für die Zeitplanung möchten wir Sie an die im Kapitel „Selbstmanagement" erörterte Selbsteinschätzung erinnern. Fordern Sie sich, aber planen Sie nicht die vorhersehbare Überforderung.

4 Gehen Sie los. Beginnen Sie, den Plan in die Tat umzusetzen, Schritt um Schritt. Vergessen Sie dabei allerdings nicht, dass der Plan nur eine Arbeitsunterlage ist, dessen wichtigste Funktion darin liegt, es Ihnen zu erleichtern, in Richtung Ziel aufzubrechen.

5 Geben Sie nicht auf. Gehen Sie unbeirrbar auf das gesteckte

Ziel zu. Wenn Sie Ihren Plan nicht einhalten können, machen Sie trotzdem weiter. Auch wenn es Ihnen völlig unzweifelhaft erscheint, dass Sie das Ziel nicht erreichen können, geben Sie nicht auf. Gehen Sie weiter, bis die Ziellinie überschritten ist – entweder indem das Ziel erfüllt wurde oder die verfügbare Zeit abgelaufen ist. Geben Sie Ihr Bestes und vertrauen Sie darauf, dass Ihr Bestes gut genug ist. Nehmen Sie die Beurteilung nicht vorweg. Schmälern Sie Ihre Leistung nicht in den Augen der Vorgesetzten oder des Kollegiums, auch nicht in Ihren eigenen Augen durch vorauseilende Abwertung und Selbstbeschimpfung. Halten Sie es bis zum Schluss aus und schauen Sie, was dabei herauskommt. Wenn das eine durchschnittlich perfektionistische HSP vielleicht auch schwer nachvollziehen kann. Entgegen aller druckerzeugenden Propaganda geht es in den meisten Firmen und ähnlichen Organisationen der Welt höchst selten um alles oder nichts.

Man könnte meinen, im bisher Gesagten wären genug Widrigkeiten dargestellt, mit denen Hochsensible als Arbeitnehmer bzw. Angestellte in der heutigen Zeit fertig werden müssen. Vielleicht wollen Sie jedoch nicht nur mit irgendeinem Job das Nötigste an Geld verdienen, sondern eine gute Stelle erhalten und Karriere machen. Interessanterweise ist Karriere für viele HSP fast ein anrüchiges Wort. Doch wir verwenden es hier als Kurzbegriff für ein sicheres und ansteigendes Einkommen sowie für den Aspekt der beruflichen Selbstverwirklichung, der mit Positionen verbunden ist, die mehr inhaltliche Verantwortung und Gestaltungsmöglichkeit beinhalten. War noch vor einer Generation fachliche Kompetenz dafür in den meisten Fällen ausreichend, so finden sich heute in den entsprechenden Anforderungsprofilen immer häufiger die Fähigkeit, öffentliche Reden zu halten und Präsentationen durchzuführen, Meetings zu leiten, konfrontationsfreudig Konflikte zu managen sowie die Bereitschaft zu verkaufen bzw. Kunden zu akquirieren, wie das Verkaufen verschleiernd umschrieben wird.

Nun sind solche Anforderungen von vielen hochsensiblen Menschen kaum zu erfüllen. Weiter oben haben wir Sie bekannt gemacht mit Erich, dem Programmierer. Seine Spezialistenkarriere führte ihn kreuz und quer durch Europa und seine Familie machte das weitgehend mit. Nach einigen Jahren wollte er aus familiären Gründen den Lebensmittelpunkt wieder klarer in seine Heimatstadt verlegen und suchte eine dafür geeignete Stelle. Obwohl er noch immer ein exzellenter Programmierer und sogar zu Einkommenseinbußen bereit war, fiel es ihm sehr schwer, etwas Geeignetes zu finden, weil er allen Dienstgebern zu wenig redegewandt und zu wenig team- und kundenorientiert war. Für hochsensible Menschen sind das Präsentieren, der Kundenkontakt und das Meistern von Konfliktsituationen oft die Stolpersteine ihrer Karriere. Viele von ihnen kommen dadurch nicht oder nur in sehr geringem Umfang in die Lage, ihr Wissen und ihre Erfahrung für andere nutzbar zu machen. Ist eine gewisse Meisterschaft auf einem Fachgebiet erreicht, ist es im Gesamtkontext betrachtet ideal, wenn diese Menschen dann auch tatsächlich die Rolle eines Meisters oder einer Meisterin übernehmen. Das bedeutet, nicht mehr die normalen Aufgaben zu erfüllen, sondern nur die besonders kniffligen und anspruchsvollen Probleme zu lösen. Doch wenn ein Fachmann dann nur mehr von Spezialfall zu Spezialfall eilt, so ist das auch noch nicht Meisterschaft. Erst wenn er einen guten Teil seiner Zeit damit zubringt, Einzelpersonen und Teams anzuleiten, ist die Rolle der lehrbeauftragten Person erfüllt. Wissen und Fähigkeiten sind keine reine Privatangelegenheit, sondern auch öffentliches Gut, für dessen Anwendung und Weitergabe der Meister bzw. die Meisterin verantwortlich sind. Um diese Verantwortung wahrnehmen zu können, benötigen Menschen in der modernen Arbeitswelt soziale Kompetenz und gewisse kommunikative Fähigkeiten. Die darüber hinaus ebenfalls wünschenswerten Strukturveränderungen sind eine langfristige politische Aufgabenstellung. Doch bei dem, was innerhalb der Möglichkeit des einzelnen Menschen liegt, gibt es kaum etwas, das die durchschnittliche hochsensible Person nicht auch zustandebrächte, wenn es ihr vielleicht auch nicht so leichtfällt wie den nicht hochsensiblen Kolleginnen und Kollegen.

Gründliche Vorbereitung

Vorbereitung ist in vielen Fällen der Knackpunkt. Der vielleicht zweitwichtigste Faktor ist Familiarität. Wenn irgendeine Form des öffentlich Redens von Ihnen verlangt wird, sei es ein Vortrag, eine firmeninterne Präsentation, die Leitung eines wöchentlichen Arbeitsmeetings oder auch nur die Wortmeldung bei einem solchen, bereiten Sie sich gründlich darauf vor und Sie werden es schaffen. Für viele HSP gehören solche öffentlichen Auftritte zum Schwierigsten, das sie sich vorstellen können, deshalb erfordern sie spezielles Selbstmanagement. Wir werden hier ein sehr detailliertes Konzept für solche Vorarbeiten vorstellen. Wenn Sie gute Ergebnisse bekommen und bemerken, dass Sie sich entspannter fühlen, können Sie die Intensität und den Umfang des Programms langsam zurückschrauben.

Dass Sie sich inhaltlich gut vorbereiten, davon gehen wir aus. Darüber hinaus empfehlen wir Ihnen, alles, was Sie sagen wollen, komplett auszuformulieren und niederzuschreiben. Wenn Sie dann, wenn es so weit ist, allen Vorbereitungen zum Trotz fürchten, kein Wort herauszubekommen, haben Sie immer noch die Möglichkeit, abzulesen. Sie befänden sich dabei in prominenter Gesellschaft, denn beispielsweise der Präsident der Vereinigten Staaten liest jede wichtige Rede ab, genau wie die meisten politischen Redner unserer Zeit.

Selbst wenn Sie es gar nicht anstreben, frei zu sprechen, sondern von vornherein planen, Ihre Rede vorzulesen, werden Sie den Text einige Male laut lesen. Gewöhnen Sie sich an den Ton Ihrer Stimme im Raum. Wenn Sie aber frei sprechen wollen, lesen Sie den Text einige Male laut und dann tragen Sie ihn frei und wieder mit lauter Stimme vor. Schauen Sie dabei nur dann in Ihr Manuskript, wenn Sie stecken bleiben. Fertigen Sie sich parallel zur Langversion des Textes ein Blatt mit den Stichworten in der richtigen Reihenfolge an, es sei denn, Sie ziehen das Auswendiglernen vor. Manche Menschen fühlen sich sicherer mit dem Aufsagen eines memorierten Textes, andere fühlen sich davon beengt und zusätzlich unter Druck gesetzt. Spüren Sie nach, welcher Typ Sie sind. Wenn Sie anfangen, den Vortrag laut ohne Ablesen zu üben, beginnen Sie damit in dem Umfeld, in dem Sie sich am wohlsten fühlen. Für manche ist das beim Auf- und Abgehen im eigenenWohnzimmer, wobei Füße und Teppichmuster miteinander tanzen, andere gehen dabei lieber im Wald spazieren, noch andere liegen in der Badewanne.

Wenn der Text einigermaßen sitzt, beginnen Sie das Reden in der Position zu üben, in der Sie es dann im Ernstfall auch tun würden – beispielsweise im Sitzen an einem Tisch, im Stehen an einem Flipchart, wo Sie nicht viel Raum zum Hin- und Hergehen finden, oder mit viel Auslauf vor den Sitzreihen eines Saales. Wenn Sie Präsentationsmaterial verwenden, ist jetzt der Zeitpunkt gekommen, wo Sie auch die ausholenden Bewegungen des Erklärens etc. üben. Wenn es Ihnen irgendwie möglich ist, proben Sie den Vortrag zumindest einmal in dem Raum, in dem er dann auch gehalten wird. Dadurch gewöhnen Sie sich nicht nur an die eigene Stimme und den Körper an die Bewegungen, sondern Sie machen sich mit der Akustik und den Lichtverhältnissen, den räumlichen Proportionen usw. vertraut, und zwar aus dem Blickwinkel, aus dem Sie es auch im Ernstfall erleben werden. Versuchen Sie dabei, sich die Stühle von Zuhörern besetzt vorzustellen. Sollten solche Proben am Schauplatz nicht möglich sein, lässt es sich vielleicht einrichten, dass Sie besonders früh zum Vortrag kommen und sich dann im noch leeren Raum einstimmen.

Stehen Sie dann knapp vor Ihrem Auftritt, funktioniert es für Sie vielleicht so wie für viele HSP am besten, die letzten zehn bis dreißig Minuten noch einmal richtig abzuschalten. Falls möglich, ziehen Sie sich in einen leeren Raum zurück oder machen Sie einen Spaziergang durch eine nahegelegene Grünanlage. Versuchen Sie abzuschalten, nicht mehr an den Vortrag zu denken und sich zu entspannen. Konzentrieren Sie sich auf den Atem, die Bewegung oder die Vögel im Park. Atmen Sie langsam und tief. Machen Sie vielleicht einige sanfte Dehnungsübungen. Erinnern Sie sich an eine Zeit, als Sie sich völlig entspannt und sicher gefühlt haben. Falls ungünstige Umstände wenig vom bisher Gesagten erlauben, versuchen Sie zumindest stimulierenden Smalltalk und verkrampfte Oberflächlichkeiten zu vermeiden.

Wir haben hier die Vorbereitung für die intensivste Form des großen Vortrags angenommen, möglicherweise vor zahlendem Publikum. Bei kleineren Präsentationen ist vielleicht nicht alles in der angeführten Form angebracht, aber bereiten Sie sich lieber ein wenig zu gut als zu wenig vor, zumindest am Anfang. Machen Sie sich auf jeden Fall Notizen über das, was Sie sagen wollen, auch wenn es sich nur um eine halbformelle Bürobesprechung handelt. Auch wenn Sie bei einer Besprechung oder Diskussion eine Frage stellen oder einen Beitrag bringen wollen, schreiben Sie zwei oder drei Worte darüber vor sich auf ein Blatt. Wenn sich nach Ihrer Wortmeldung die versammelte Aufmerksamkeit auf Sie richtet, kann es Ihnen ebenso wie redeerfahrenen hochsensiblen Personen passieren, dass Sie plötzlich ein Blackout haben und nicht mehr wissen, was Sie sagen wollten. In so einem Fall können diese Stichworte am Notizblock die Rettung sein.

Viele hochsensible Mitarbeiter werden in Arbeitsteams sehr geschätzt, was nicht nur an ihrer Genauigkeit und Verlässlichkeit liegt, sondern nicht selten an den für nicht hochsensible Kollegen geradezu magischen Erkenntnissen, Voraussagen oder Zusammenfassungen. Meinung, Einschätzung und Urteil solcher HSP werden regelmäßig eingeholt, wenn auch nicht immer befolgt, und die- oder derjenige wird manchmal dadurch zum Liebling und Glücksbringer des Teams. Um jedoch diese Art von Input einbringen zu können, genügt es nicht, die guten Einsichten und Ideen zu haben, Sie müssen sie auch aussprechen. Um die Intensität der Gruppenaufmerksamkeit oder die peinliche Situation des Blackouts vor Publikum zu vermeiden, ziehen sich leider viele HSP ins Schweigen bei Besprechungen zurück. Oder sie probieren es einmal, und, wenn ihr Beitrag dann ungehört verhallt oder gar kritisiert wird, nie wieder. Aber lassen Sie sich nicht beirren, sagen Sie, was Sie zu erkennen meinen, lassen Sie die Zeit für sich arbeiten, und wenn Ihre Ansichten richtiger sind als die der anderen, dann wird man das mit der Zeit auch erkennen und mehr auf Sie hören. Wenn Sie dann in der Gruppe mehr geschätzt werden, fällt Ihnen auch die Wortmeldung leichter. Bis dahin behelfen Sie sich mit den hier präsentierten Tipps und geben Sie nicht auf.

Speziell bei größeren Auftritten hat sich der bestellte Souffleur bewährt. Bei unseren ersten beiden öffentlichen Vorträgen zum Thema Hochsensibilität saß eine gute Bekannte in der ersten Reihe mit einer sehr ausführlichen und übersichtlich gegliederten Stichwortliste und wurde dem Publikum natürlich auch vorgestellt. Würde der Vortragende stecken bleiben, vielleicht plötzlich keine Ahnung mehr haben, wo er eben gewesen war, so wäre es die Aufgabe der Helferin gewesen, ihn mit einem kurzen Satz wieder auf seinen Punkt zurückzubringen. Oder wenn er bei einem Punkt zu einem Stichwort gar nichts sagte und zum nächsten weitergehen wollte, so war es an ihr, ihn zu unterbrechen und auf das Versäumnis aufmerksam zu machen. Diese schlichte Tatsache der inhaltlichen Kontrolle und Unterstützung vermittelte so viel Sicherheit, dass aus dem Hochseilakt des Vortrages einer mit Netz wurde.

Sinnvolle Allianzen bilden

Für Konferenzen und ähnliche Verhandlungen oder Besprechungen ist es wichtig, eine verbündete Person zu haben. Das kann ein offizieller Assistent sein oder auch einfach ein weiterer Teilnehmer, der Sie unterstützt. Sie können sich vorher absprechen, müssen das aber auch nicht, wenn inhaltliche Übereinstimmung besteht.

In diesem Zusammenahng möchten wir Ihnen von Konrad erzählen. Er ist ein Fachmann in bestimmten, ökologisch relevanten Bereichen und gründete gemeinsam mit einigen anderen Idealisten einen im Umweltschutz engagierten Verein. Im Vorfeld der Gründung erhielt die Organisation bereits erstaunlich viel Beachtung und prominente Unterstützung, was für die Sache zwar erfreulich, für Konrad, einen hochsensiblen und öffentlichkeitsscheuen Menschen, jedoch unangenehm war. Doch wegen seiner Expertise und weil andere kompetente Gründungsmitglieder nicht die nötige Zeit aufbringen konnten, willigte Konrad nach längerem Zögern ein, als Obmann zu fungieren.

Im Vorstand des Vereines saßen einige starke Persönlichkeiten mit ausgeprägten Ansichten und Plänen. Die ersten Sitzungen gestalteten sich konfliktreich und für Konrad daher sehr anstrengend. Überdies stellte sich heraus, dass von ihm mehr buchhalterische Genauigkeit verlangt war, als er besaß. Doch zum Glück hatte er Andreas zur Seite, einen fachlich kompetenten und formal präzisen Schriftführer. Gemeinsam bereiteten sie alle Sitzungen vor und überlegten sich Strategien zur Herbeiführung von mehr Harmonie. Andreas achtete auch darauf, dass Konrads Unterlagen tadellos waren. Bei den Sitzungen selbst hielt er sich im Hintergrund, meldete sich jedoch in entscheidenden Augenblicken. Er stärkte Konrad den Rücken und hielt loyal zu ihm. Wenn er manchmal Konrads Vorgangsweise nicht gut fand, kritisierte er ihn später unter vier Augen. Dadurch fand Konrad die Kraft, alle Konflikte durchzustehen und Integrationsfigur zu sein. So überstand der Verein die schwierige Anfangszeit gut und ist nunmehr seit zwei Jahrzehnten aktiv.

Weitere hilfreiche Tricks

Regelmäßige Treffen verlässlich vorzubereiten hilft Ihnen und allen anderen möglicherweise teilnehmenden hochsensiblen Personen. Strukturieren Sie beispielsweise die Begrüßung und Eröffnung immer in ähnlicher Form, danach werden die Berichte der verschiedenen Menschen oder Abteilungen vorgetragen, auch immer in der gleichen Reihenfolge und so fort bis zum Ende. Das bringt eine gewisse Vorhersehbarkeit und dadurch ein Gefühl von Sicherheit, was die Entspannung für alle Beteiligten fördert.

Eine Strategie, die Konrad und Andreas erfolgreich anwandten, kann vielleicht auch für andere nützlich sein, die regelmäßige Treffen veranstalten müssen, bei denen auch verhandelt wird und Beschlüsse gefasst werden. Vor allem wenn mehrheitlich nicht hochsensible Menschen daran teilnehmen, ist dies zu empfehlen. Es ist eine schlichte Maßnahme, die darin besteht, an den Anfang der tagesordnungsmäßig vorgesehenen Beschlussfassungen einen eher unwichtigen Diskussionspunkt zu setzen. An dem Punkt dürfen sich die Gemüter erhitzen und die Egos ihre Pfauenräder schlagen. Von der Leitung sollte ausgedehntes Disputieren nicht einfach nur geduldet werden, sondern von vornherein sollte dafür genügend Zeit veranschlagt sein. So ein Punkt lässt sich unter Umständen einige Male wiederverwerten, indem er eine halbe Stunde vor dem geplanten Ende der Sitzung als „offensichtlich besonders schwierig" zur nächsten Sitzung vertagt wird. Danach können in relativ kurzer Zeit die wirklich notwendigen Entscheidungen gefällt werden, weil sich die Teilnehmer nun auf Inhaltliches konzentrieren.

Sind alle Teilnehmer HSP, so kann dieser Kunstgriff wahrscheinlich durch eine einleitende Begrüßungsrunde von maximal dreißig Minuten ersetzt werden, bei der jede Person ein paar Sätze über sich selbst sagt. Auf diese Weise wird mitgebrachter Stress abgelegt und die Teilnehmer wissen, dass sie wahrgenommen wurden, wodurch der Drang zur Selbstinszenierung geschwächt ist. Der Vollständigkeit halber wollen wir erwähnen, dass diese Technik der „leeren ersten Runde" von einem pensionierten britischen Professor kommt, der fünfzig Jahre seines Lebens aktiv in Vereinen verbracht und beste Erfahrungen damit gemacht hat.

Nichts macht so erfolgreich wie Erfolg. Mit jedem Mal wird es ein wenig besser gehen und der sicherlich stimulierenden Situation, im Mittelpunkt der Aufmerksamkeit zu sein, wird zumindest die Intensität des Unbekannten genommen. Sollten Sie auf den Geschmack kommen, so empfehlen wir eine Politik der kleinen Schritte. Positives Feedback nach einer Wortmeldung oder einem Vortrag tut gut und stärkt, aber eine Blamage tut weh und entmutigt. Lassen Sie sich jedoch auch davon nicht abhalten – Sie haben nichts zu verlieren außer Illusionen, jedoch sehr viel zu gewinnen an Selbstvertrauen, Lebensfreude und dem guten Gefühl, das Richtige zu tun.

Es erfordert Meisterschaft, für sich selbst zu sorgen,
ohne andere oder die Zukunft zu belasten
und dabei die Welt in Ordnung zu hinterlassen.

Muss Arbeit sinnvoll sein?

Bei der Beschreibung hochsensibler Menschen haben wir erwähnt, dass sie sich etwas leichter damit tun als nicht hochsensible, auch einem schweren Schicksal noch einen Sinn abzugewinnen. Dazu gibt es natürlich auch noch die andere Seite der Medaille: Bei dem, was sie selbst im Leben tun, fragen sie häufig: „Ist das sinnvoll?"

Für viele nicht hochsensible Menschen reicht das Verdienen des eigenen Lebensunterhalts meist als Rechtfertigung für eine berufliche Tätigkeit aus. Wenn es sich um eine nicht nachweisbar illegale, aber ethisch zweifelhafte Tätigkeit handelt, kommt oft noch folgende rechtfertigende Erkenntnis hinzu: „Wenn ich es nicht tue, tut es jemand anderer." Oder: „Das tun doch sowieso alle (in der Branche)." Viele HSP machen es sich da schwerer. Geld allein ist angeblich für niemanden auf Dauer ein ausreichender Gegenwert für Arbeit. Doch während bei vielen nicht Hochsensiblen persönliche oder öffentliche Anerkennung als Draufgabe ausreichen, verlangen Hochsensible oft nach der Anerkennung durch ihr meist sehr feinfühliges Gewissen – und das fragt nach der Sinnhaftigkeit der Tätigkeit in einem größeren Zusammenhang. Selbstverständlich ist diese Sensibilität individuell sehr unterschiedlich, doch in der einen oder anderen Form wird die Frage nach dem Sinn für die meisten immer wieder auftauchen. Sind die HSP nicht vom Sinn ihrer Arbeit überzeugt, so mangelt es bald an der nötigen Motivation und das Arbeiten wird zur Mühsal.

Manche der hochsensiblen Menschen haben es dabei besonders schwer, weil sie immer nach einem höheren Sinn suchen, die Dinge immer in einen Kontext stellen müssen, der möglichst alles umfasst. Für viele andere ist beispielsweise die existierende Nachfrage für bestimmte Produkte oder Dienstleistungen ein ausreichender Beweis dafür, dass sie gut sind – schließlich sind sie den Menschen offensichtlich etwas wert, sie verlangen danach und sind bereit dafür Geld auszugeben. Ein HSP fragt sich an dieser Stelle vielleicht, ob hinter der Nachfrage möglicherweise ein künstlich gewecktes Bedürfnis steht, unter Umständen sogar ein destruktives, dessen Erfüllung kurzfristig ein Wohlgefühl, langfristig jedoch Reue verursachen könnte. Oder die Frage nach der ethischen Verträglichkeit von Produktion oder Distribution taucht auf: „Unterstütze ich mit meinem Einsatz vielleicht Kinderarbeit, Umweltzerstörung oder andere Formen der Ausbeutung?" Was für andere Menschen ziemlich verschroben wirken mag, kann für die Betroffenen ein wichtiges und umfassendes Thema sein, das sie in tiefe Konflikte stürzt oder ihnen viele Arbeitsplätze gleich ganz und gar verschließt.

Da gibt es zum Beispiel Bernd, einen talentierten hochsensiblen Mann Anfang dreißig. Eine Zeitlang hat er in einem technischen Beruf überdurchschnittlich viel Geld verdient und nebenbei viel musiziert. Schon als Jugendlicher hat er sich für Ernährung interessiert, später begann er sich mehr und mehr mit Themen des Umweltschutzes zu beschäftigen, bis er sich letztendlich die umfassende Sinnfrage stellte. Als Ergebnis kündigte er seine aussichtsreiche Stelle und engagierte sich in den folgenden Jahren für verschiedene Projekte in den Bereichen Umweltschutz und Tierrechte. Da er in der Folge seinen Lebensunterhalt aus staatlicher Unterstützung bezog, scheint die Gewissensfrage vielen Außenstehenden wie eine Ausrede, doch so ein Urteil geht weit vorbei an Bernds aufrichtigem Ringen um den Sinn seines Lebens.

Bernd ist sicher ein extremes Beispiel, doch in milderer Form sind viele HSP von der Sinnfrage betroffen. In früheren Generationen, die mit keinem starken sozialen Netz gesegnet waren, kamen solche Konflikte seltener an die Oberfläche. Auch Bernd würde vielleicht andere Entscheidungen treffen, wenn er z. B. dreifacher Vater wäre. Doch das heißt nicht, dass solche Fragen nicht früher wie heute trotzdem bei vielen hochsensiblen Menschen unterschwellig arbeiten und zur Gesamtstimulation beitragen.

HSP finden ihre eigene Motivation

Der Sinn einer Arbeit ist für viele HSP ein wichtiger Aspekt ihrer Motivation. Bei der bewussten oder unbewussten Bewertung einer Tätigkeit, wo Aufwand und Ergebnis einander gegenüberstehen, werden auf der Ergebnisseite oft auch die Nutzen für Dritte hinzugezählt. Dies ist eine der Auswirkungen der bereits erwähnten Eigenschaft der HSP, die Dinge im systemischen Zusammenhang zu betrachten.

Hochsensible sind weitgehend selbstmotiviert. Sie arbeiten oft deshalb gut, weil es ihnen ein inneres Anliegen ist, nach Vollkommenheit zu streben, und ihnen Fehler und Schlampigkeiten ein Gräuel sind. Die Motivationsroutine vieler Firmen, vor allem im Marketing, ist ausgelegt für das dicke Fell und die gewisse Trägheit, die vielen nicht hochsensiblen Mitarbeitern zu eigen ist. Für eine HSP kann es aber regelrecht kontraproduktiv sein, mahnend an etwas erinnert zu werden, mit dem sie gerade beginnen wollte, angefeuert zu werden, wenn sie ohnehin begeistert ist. Sie fühlt sich dann – zu Recht – nicht gesehen oder hat – meist zu Unrecht – den Eindruck, ihre Bemühung wäre nicht gut genug. Solche Gefühle können Widerstände auf den Plan rufen oder einfach durch den mit ihnen einhergehenden

Anstieg der Stimulation die Ergebnisse negativ beeinflussen. Unsere eigenen Erfahrungen haben gezeigt, dass es oft schwer sein dürfte, bei den für die Motivation zuständigen Vorgesetzten Verständnis für unsere Sonderbedürfnisse zu wecken.

HSP werden nicht gerne beobachtet und sind also leistungsfähiger, wenn sie „an der langen Leine gehalten werden", weil allein die Tatsache, dass sie unter Aufsicht stehen, sie konfus und tollpatschig machen kann. Um sie effizient zu motivieren, sind rationale Erklärungen der Notwendigkeiten und der Hintergründe viel effektiver als emotional aufgebaute Propaganda, die meist finanziellen Egoismus und Prestigedenken verwendet. Ein persönlicher Dank, eine Prämie und menschliche Anerkennung nach der Erledigung der Aufgabe ist oft ein sehr effektiver Ansporn für die nächste Etappe. Arbeitgeber und Betriebe, die das nicht erkennen und umsetzen können, vertun ein Gutteil des Leistungspotenzials ihrer hochsensiblen Angestellten paradoxerweise mit ihren Motivationsprogrammen.

> *Verantwortung ist keine Last auf meinen Schultern,*
> *sondern die Antwort des Herzens auf den Zustand der Welt.*
> Dolores LaChapelle[17]

Verantwortungsfähigkeit

Aus Selbstmotivation und Verantwortungsfähigkeit, die vielen HSP eigen ist, ergibt sich häufig die Tendenz, zu tun, was getan gehört, auch wenn das gerade nicht zu ihren Aufgaben zählt. Dies kann ihnen Wertschätzung bei der Firmenleitung eintragen, sie aber unter Umständen auch bei Kollegen unbeliebt machen. Nicht immer wird die gute Absicht gesehen, es kann auch als territorialer Übergriff interpretiert werden. So wie sie die Blumen der Nachbarin am Gangfenster gießen, wenn sie trocken sind, sind sie in der Firma umsichtig und aufmerksam und schultern dadurch oft weit mehr als nur den Job, für den sie bezahlt werden. Besonders auffällig wird das in kleinen Betrieben mit überschaubaren Arbeitsabläufen und Zusammenhängen. Nicht selten übernehmen hochsensible Mitarbeiter Verantwortung wie ein Unternehmer, springen für andere ein und arbeiten lange Stunden, wenn es die Situation zu erfordern scheint, gerade so als wäre es ihre eigene Firma. Das ist für die Chefs natürlich sehr erfreulich, vor allem, weil diese Mitarbeiter meist weit weg davon sind, eine ihren Leistungen gemäße Bezahlung zu fordern. Für die Angestellten selbst ist es einerseits befriedigend, gute Arbeit zu leisten und wichtige Abläufe aufrechtzuerhalten, auch wenn jemand ausfällt. Andererseits jedoch leben diese Menschen oft in jahrelanger Überstimulation und irgendwann erreichen sie vielleicht einen Punkt, an dem sie sich ausgenutzt und missbraucht fühlen.

Zum Beispiel Marlene, eine hochsensible Frau, ursprünglich Lehrerin, wurde nach einem schweren Unfall, der zu einer Behinderung führte, umgeschult für den Computerbereich. In einer staatlichen Bildungseinrichtung war sie zuerst nur für die Webseite zuständig und übernahm nach einem Jahr, zuerst aushilfsweise und dann sehr bald auf Dauer, einen Bereich, der sich mit der Weiterbildung der Lehrer befasste. Viele Lehrer kannten sich nicht mit den behördlichen Regelungen aus und Marlene meinte, dass sie die einzige Ansprechperson sei, um sie zu erklären. Nachdem sie Verbesserungsvorschläge zur Formulierung von Aussendungen machte, wurden ihr deren Abfassung und auch die Aussendung zugeteilt. Ihre Kompetenz sprach sich herum und bald wurde sie auch zur Formulierung ministerialer Verordnungen hinzugezogen.

Erfreulicherweise hat Marlene einige Gehaltserhöhungen bekommen, sodass sie inzwischen bemerkenswert gut verdient. Die Frage ist nur, wie lange sie noch durchhält, weil ihre Belastung beängstigende Ausmaße angenommen hat. Sie ist zu jeder Tages- und Nachtzeit erschöpft und hat keinerlei Privatleben mehr. Jeden Morgen sitzt sie eine Stunde und mehr in der Küche, raucht eine Zigarette nach der anderen und spricht sich Mut zu, bis sie sich endlich den Anforderungen des Arbeitstages gewachsen fühlt. Sie sieht selbst, dass sie wahrscheinlich in absehbarer Zeit zusammenbrechen wird, wenn sie so weitermacht, aber sie fühlt sich in hohem Maße dafür verantwortlich, dass die Weiterbildung für Lehrer und Lehrerinnen funktionieren kann.

Wenn auch vielleicht manchmal etwas fehlgeleitet, so liegt diesen großen Verantwortungsgefühlen vieler HSP einfach ein anderes

Wertesystem zugrunde. Wenn dazu, so wie in Marlenes Fall, noch die Unfähigkeit zur Abgrenzung kommt und unter Umständen ein als Bescheidenheit getarnter verletzter Selbstwert („Ich bin nicht so wichtig"), so kann eine HSP Extremes leisten – allerdings nicht selten auf Kosten ihrer Gesundheit. Mäßigkeit ist für hochsensible Menschen ein Zauberwort. Um sie zu erreichen, ist oft zuerst eine Heilung alter Wunden im Selbstwert erforderlich. Denn nähme Marlene ihre Verantwortung umsichtig wahr, würde sie erkennen, dass es essenziell für sie ist, besser auf ihre Gesundheit zu schauen, was dann wohl erfordern würde, einen Teil der Pflichten abzugeben, auch gegen den Widerstand ihrer Vorgesetzten. Nur so könnte sie diese von ihr übernommenen Aufgaben längerfristig verantwortungsvoll tragen.

Das richtige Maß an Verantwortung scheint tatsächlich ein ganz wichtiger Faktor zu sein, damit HSP im Beruf glücklich werden können. Bei der Recherche für ihr sehr empfehlenswertes Buch „Sensibel kompetent" hat die Autorin Dr. Marianne Skarics speziell nach hochsensiblen Menschen gesucht, die in ihrem Beruf glücklich waren. Mit diesen hat sie dann ausführliche Interviews geführt, um herauszufinden, was bei ihnen anders war als bei der beruflich weniger glücklichen Mehrheit der Sensiblen. Als ganz wichtig hat sich dabei herauskristallisiert, dass es einen klar abgegrenzten Bereich gibt, für den die hochsensible Person allein verantwortlich ist und wofür sie das Vertrauen ihrer Vorgesetzten genießt. Ob es sich dabei um die Gestaltung der Schaufenster, das Mahnwesen einer Spedition oder die Zubereitung der Desserts in einem Restaurant handelt, scheint dabei weniger wichtig zu sein. Wichtig sind die klaren Grenzen des Bereichs, das Vertrauen der Vorgesetzten und die selbstständige Gestaltungsmöglichkeit der Abläufe.

Die Sehnsucht nach Berufung

Von Arbeit und Beruf zur Berufung ist es nur ein Schritt, Berufung assoziieren viele Menschen mit Bestimmung, womit wir uns bereits im Bereich von Schicksal und den Grundthemen des Lebens befinden, welche wohl die meisten HSP irgendwann einmal beschäftigen.

Mag es denjenigen, die es nicht so erleben, auch übertrieben erscheinen, aus der Berufswahl ein Mysterium zu machen, so lassen sich gewisse Zusammenhänge doch nachvollziehbar machen. Das Thema Beruf und Berufung ist für uns HSP eng verknüpft mit unserer Anlage zur Hochsensibilität. Wenn sich auch wenige von uns über diese angeborene Eigentümlichkeit ausgesprochen bewusst sind, so haben viele doch intuitiv erfasst, dass es da etwas Besonderes gibt. Wir HSP sammeln bekanntlich allerlei Daten, die im bewussten Erklärungsmodell der Wirklichkeit keinen Platz haben, in einem Bereich, der an oder knapp unter der Bewusstseinsschwelle liegt. In unserer Eigenheit des tiefen Verarbeitens kauen wir auch diese ungelösten Eindrücke immer wieder durch, und wenn die Wahrheit auch noch nicht ins Bewusstsein passt, so nähern wir uns ihr doch unterschwellig. Dieser Wesenszug manifestiert sich gewiss nicht ohne Grund in uns, so wie er sich nicht ohne Grund in einem ganz ähnlichen prozentuellen Verhältnis bei vermutlich allen höheren Säugetieren behauptet. Und da wir hochsensible Menschen nicht genau wissen, wozu er da ist und was wir tun sollen, um der damit verbundenen Verantwortung gerecht zu werden, beschäftigt uns das unterschwellig andauernd. Wenn wir nun mit dem Thema Beruf und Berufung zu tun haben, bei dem es ja eben genau um unser Wirken in der Welt geht, werden uns diese unterbewussten Prozesse bewusst. Die Frage „Soll ich diese Stelle annehmen?" oder „Soll ich jene Ausbildung machen?" führt uns ganz leicht zu den zentralen Fragen „Was tue ich in der Welt?", „Wozu bin ich da?" oder sogar: „Was ist der Sinn meines Lebens?"

Für uns HSP scheint es besonders wichtig, das Richtige zu tun. Warum das so ist, darüber können wir nur spekulieren. Hängt es damit zusammen, dass wir so fehlersensitiv sind, oder sind wir so fehlersensitiv, weil es speziell für uns in einem über uns hinausreichenden Sinne so wichtig ist, tatsächlich das Richtige zu tun? Jedenfalls müssen wir darauf gefasst sein, speziell mit unserem nach außen gerichteten Tun in der Welt immer wieder mit dieser Thematik konfrontiert zu werden. Für viele äußert sich dies in dem unterschwelligen Konflikt zwischen Arbeit und Berufung/Bestimmung. Das, was wir tatsächlich in der Welt vollbringen, wird von vielen von uns immer wieder in Zweifel gezogen oder darauf überprüft werden, ob und wie weit es unserer Bestimmung tatsächlich entspricht. Dass wir diese ja in den seltensten Fällen selbst zu kennen meinen, macht es nicht leichter.

In Interviews mit hochsensiblen Menschen stellt sich oft mehr oder weniger deutlich heraus, dass deren persönliche innere Zielsetzung „nicht von dieser Welt" ist. Während nicht hochsensible Menschen häufig materielle oder gesellschaftliche Ziele nennen können, so streben viele HSP nach ganz anderen Dingen. Bei manchen ist es überhaupt sehr schwer, ein persönliches Ziel herauszuarbeiten. Da wird dann „den Kindern helfen, zu glücklichen, gesunden Menschen zu werden" genannt oder Dinge wie „einen sinnvollen Beitrag leisten" bzw. „das Leid in der Welt lindern". Bei denen, die persönliche Ziele formulieren, sind sie häufig auf bestimmte Qualitäten ausgerichtet oder transzendent. Es werden dann entweder Qualitäten wie „glücklich werden" oder „einmal ruhig und zufrieden sterben können", „im Augenblick leben" oder „authentisch sein" angeführt oder erkennbar religiöse Ziele – auch wenn sie nicht immer so genannt werden – wie etwa „Erleuchtung finden", „Gottes Willen tun", „Gottes Werkzeug auf Erden sein", „heimkehren ins Licht" oder „die absolute Liebe bzw. Wahrheit finden".

Nun gibt es nicht sehr viele Arbeitsstellen, die diese Zielsetzungen schon in ihrer Beschreibung beinhalten, was bei vielen HSP dazu führt, dass sie sich nicht am rechten Platz fühlen. Hinzu kommt wahrscheinlich noch, dass viele von ihnen seit frühester Jugend vermittelt bekommen haben: „Sei anders." Ist diese Botschaft erst einmal verinnerlicht, so hört man sie ein Leben lang aus den verschiedensten Mündern und Umständen heraus. Die Voraussetzungen für die Erlangung der genannten persönlichen Ziele lassen sich jedoch an vielen verschiedenen Plätzen der Welt und in den unterschiedlichsten Berufen erarbeiten.

Geld – ein Problem?

Es gab in Europa gar nicht so wenige Menschen, die schon vor der Finanzkrise 2008/2009 an oder unter der Armutsgrenze lebten. Seit dieser globalwirtschaftlichen Zäsur ist die Tendenz dazu jedoch steil ansteigend. Um die Perspektive nicht zu verlieren, sei der Vollständigkeit halber erwähnt, dass der Großteil der Europäer unter der Armutsgrenze immer noch gut leben, verglichen mit den Armen Lateinamerikas, Afrikas oder Asiens. Trotzdem kann es bitter sein, in den Ländern des Überflusses nicht an den Fleischtöpfen zu sitzen, den Kindern nicht den Standard ihrer Klassenkameraden bieten zu können, kaum jemanden einladen zu können, ohne sich zu schämen, sich über Jahre oder Jahrzehnte weder Urlaub noch irgendeinen Luxus leisten zu können, aber durch Medien und Nachbarschaft vermittelt zu bekommen, dass dies alles eigentlich zum Standard gehört.

Die modernen Armen lassen sich nach den Ursachen ihrer Situation (Scheidungen und andere familiäre Unglücksfälle, mangelnde Ausbildung, regional- oder branchenspezifische Härten des Arbeitsmarktes etc.) in verschiedene Gruppen einteilen. Darüber hinaus gibt es eine eigene Gruppe, die fast ausschließlich aus HSP besteht und deren Situation auf den ersten Blick nicht verständlich scheint. Ein sehr kleiner Teil sind moderne Asketen in selbstgewählter Armut. Um die geht es hier jedoch nicht, sondern vielmehr um die vielen HSP, die unter ihrer Armut leiden. Der Großteil sind Menschen, die sich den nervlichen Anforderungen der Leistungsgesellschaft und den Bedingungen am Arbeitsplatz nicht gewachsen fühlen, teilweise hochqualifizierte Fachleute sowie Künstler und verschiedenste Helfer in den Bereichen Gesundheit, Persönlichkeitsentwicklung und Spiritualität. Viele bemühen sich beharrlich über Jahre und Jahrzehnte, als Selbstständige oder Lohnabhängige ihren Lebensunterhalt zu verdienen, schaffen es nicht und verstehen nicht, warum. Im Moment haben wir leider noch kein genaues Zahlenmaterial, aber es ist sicherlich ein nicht unerheblicher Teil der HSP, die mit dem Thema Geld ernsthafte Probleme haben. Im Folgenden wollen wir die Zusammenhänge ein wenig beleuchten.

Der inhärente Lohn

Sehr viele hochsensible Menschen wollen mit ihrer Arbeit einen Beitrag leisten und anderen nützlich sein. Daher können sie oft viel mit der Idee anfangen, Arbeit als Bedürfniserfüllung zu betrachten.

Besonders stark ist diese Neigung sicherlich bei denen ausgeprägt, die in ihrem Wunschberuf tätig sind. Aus Dankbarkeit, das tun zu können, worin sie gut sind und was sie gerne tun, ist ihnen das Geld als Gegenwert nicht so wichtig. Dass so etwas auch ein Zeichen für einen verletzten Selbstwert darstellt, ist augenfällig.

Dann gibt es noch die dankbaren HSP, die erkennen und wertschätzen, was sie bei der Erledigung einer Aufgabe alles gelernt und wie sie davon für ihre persönliche Entwicklung profitiert haben, sodass es ihnen fast vermessen erscheint, dafür auch noch Geld zu verlangen.

Für Gottes Lohn

Während für nicht hochsensible Menschen mit „Gotteslohn" meistens gemeint ist, dass der solcherart Bezahlte schlichtweg leer ausgeht, so können viele HSP durchaus eine Beziehung zu diesem Lohn Gottes herstellen. Manche Hochsensible, deren Zielsetzung „nicht von dieser Welt" ist, finden einen Lohn, der ebenfalls nicht von dieser Welt ist, gar nicht abwegig. Im Gegenteil, manche scheinen sogar regelrecht eine Scheu davor zu haben, eine weltliche Bezahlung anzunehmen, weil es ihren jenseitigen Lohn schmälern könnte. Wenn sie aber auf Kosten anderer leben müssen, kann sie dies auch wieder in tiefe Konflikte stürzen. Wer sich in selbstgewählter Armut auf das nötigste Minimum beschränkt, hat damit meist nicht so große Probleme, doch weniger disziplinierte HSP sind davon stark betroffen. Einerseits wollen sie ein Maximum an Gotteslohn, andererseits haben sie Verpflichtungen sich selbst und auch ihren Kindern gegenüber oder können einfach den Versuchungen der Konsumgesellschaft nicht widerstehen. Sie leben zerrissen zwischen ihren Idealen und der Realität ihres Lebens, fühlen sich oft fehl am Platz in der Gesellschaft, kennen jedoch keine für sie in Frage kommende Alternative.

Diese Gotteslohnsammler sind vielleicht extreme Beispiele, aber in schwächerer Form stehen sehr viele HSP mit ihren Werten im Widerspruch zur herrschenden Kultur. Friede, Fürsorge und Gerechtigkeit sind für sie nicht nur gute Ideen, sondern sie sind auch bereit, für die Verwirklichung dieser Ideale Opfer zu bringen, auch finanzielle.

Viele Menschen schaffen es, sich durchaus als Idealisten zu verstehen, aber trotzdem Geschäft und Finanzen vom Bereich der hohen Ideale zu trennen, egal ob dies religiöse, spirituelle oder humanitäre sind. HSP tun dies tendenziell weniger.

Die Realität ist, dass wir heute weltumspannend in einer markt- und wettbewerbsorientierten bürokratischen Geldwirtschaft leben. Wir alle sind zwar in diesem Wirtschaftssystems aufgewachsen, jedoch die Älteren von uns in einer Zeit, als seine Härten noch von sozialstaatlichen Einrichtungen gemildert wurden. Die Entwicklung der letzten zwei, drei Jahrzehnte verletzt unseren Gerechtigkeitssinn. Die Vision einer friedlichen, gerechten Welt hat offensichtlich viel mit uns hochsensiblen Menschen zu tun – aber welche Rolle könnten wir konkret dabei spielen?

Der eigene Preis – der eigene Wert

Die Selbstachtung vieler HSP ist nicht so stark, wie es wünschenswert wäre. Im Kapitel „Gesundheit" haben wir als Ursachen genannt, dass sich hochsensible Kinder tendenziell oft ins Unrecht gesetzt finden, unbeliebtere Spielkameraden sind, weil sie nicht dem kulturellen Ideal entsprechen, und sich spätestens als Jugendliche immer wieder als weniger belastbar und teilweise unübersehbar leistungsschwächer erleben.

Wer sich selbst nicht schätzt, wird bekanntlich auch von anderen nicht so leicht wertgeschätzt. Das Geld, das jemand im Austausch für eine Leistung bekommt, hat somit gar nicht so wenig mit seinem Selbstwert zu tun. Viele hochsensible Personen fragen gar nicht nach, wie viel sie verdienen werden, wenn sie sich um eine Stelle bewerben, oder verlangen bei Preisverhandlungen von vornherein das Minimum, das ihnen gerade noch genug wäre. Dass dies für jede Art von Verhandlung eine denkbar ungünstige Ausgangsbasis darstellt, liegt wohl auf der Hand.

Verhandlungen, speziell Preisverhandlungen, sind schon von ihrer Definition her ein Konflikt. Der eine will möglichst wenig bezahlen, der andere möglichst viel bekommen. Mit Konflikten können die meisten HSP nicht sehr gut umgehen. Wir erinnern da an das Ergebnis unserer Umfrage, nach dem über 70 Prozent von ihnen die

Aussage „Harmonie ist mir wichtig; im Konfliktfall ziehe ich mich lieber zurück" bestätigten, wenn es bei 17 Prozent auch nur eine schwache Bestätigung war. Was kann das bei Preisverhandlungen bedeuten? Teilweise ein Rückzug von den Verhandlungen – wir kennen Künstler und andere HSP, die tatsächlich verletzt aufstehen und gehen bzw. dem Kunden die Tür weisen, wenn dieser zu feilschen versucht. Eine bewundernswerte Haltung, die durchaus zielführend sein kann, wenn einem die Kunden die Tür einrennen. Es kann jedoch auch ein Weg in die Armut sein.

Von Anfang an das Minimum verlangen ist eine weitere Strategie, mit der sich viele HSP das Feilschen ersparen wollen. Eine Art Friedensangebot, oft auch eine Unterwerfungsgeste, mit der sie sich Milde und eine faire Behandlung wünschen. Leider geht die Strategie selten auf, denn erfolgreiche Einkäufer – egal ob Produkte oder Arbeitskraft eingekauft werden – kennen die Vokabel Fairness nur aus dem Sport. Für eine Händlernatur ist Feilschen ein Spiel und ein Spaß, der Konflikt für sie eine bevorzugte Kontaktstruktur. Kaum vorstellbar für Hochsensible, die die Kombination aus Konflikt und der Infragestellung des eigenen Wertes als schmerzhaft überstimulierend erleben. Macht nun eine HSP einer Händlernatur von vornherein ein Friedensangebot mit einem niedrigen Preis, fühlt sich der Genussfeilscher vielleicht sogar um seinen Spaß gebracht.

Selbstständig arbeitende HSP haben immer wieder das Problem mit einem schwer definierbaren Produkt. Das sind beispielsweise die Künstler, deren Produkt sich schwer kommunizieren lässt. Im Falle eines Ölbildes oder einer Marmorstatue ist schon erkennbar, dass darin ein unter Umständen beträchtlicher Materialwert steckt, doch bei vielen Kunstwerken ist das weniger einfach. Wer gut im Geschäft ist, für den stellt sich die Frage nicht, aber Künstler, die noch auf den Erfolg warten, fragen sich oft, wofür sie denn Geld verlangen dürfen. Für die Zeit, die sie brauchten, um das zur Diskussion stehende Kunstwerk zu produzieren? Oder auch für die Zeit, die sie mit dem Thema ringen, die verworfenen Versuche und kreativen Pausen? Und was ist mit den wirklich inspirierten Werken, bei denen sie sich nur als Kanal für die schöpferische Kraft erlebt haben, dürfen sie diese der Welt vorenthalten, gehören sie wirklich

wirklich ihnen? Was Hochsensible bei Preisverhandlungen auch hinderlich sein kann, ist die Verknüpfung von Verantwortungsgefühl und Idealismus. Sie haben vielleicht ein Produkt aus dem Bereich Umwelt oder Gesundheit, von dem sie zu sehen meinen, wie wichtig es für den Kunden wäre. Der Kunde mag da anderer Ansicht sein, ob auf Grund mangelnder Erkenntnis oder anderer Prioritäten sei dahingestellt. Der hochsensible Anbieter findet dann vielleicht die Idee schrecklich, dem Kunden diese wichtige Verbesserung seines Lebens oder der Umwelt aus schnöder Profitgier vorzuenthalten, und lässt sich bis zum Selbstkostenpreis herunterhandeln. Dass in diesem sogenannten Selbstkostenpreis die eigene Arbeitszeit selten aufscheint, hat wieder mit mangelnder Selbstachtung zu tun.

Liebe und tu, was du willst.
Augustinus (354–430)

Unser Platz in der Welt

Um keine falschen Hoffnungen zu wecken, sei gleich gesagt, dass auch wir Ihnen keine klare Antwort auf die Frage geben können, was Sie denn konkret im Leben tun sollen. Wir werden Ihnen jedoch sagen, was über die traditionelle Rolle hochsensibler Menschen bekannt ist. Dann werden wir Ihnen die Ergebnisse unserer Recherchen über die gegenwärtige Situation mitteilen, vielleicht haben Sie dadurch eine breitere Entscheidungsbasis. Vorneweg sei jedoch gesagt: Egal was Sie tun im Leben, es hat einen Einfluss auf die Welt, und gerade heute braucht diese Welt jede Form von Einfluss sensibler und friedfertiger Menschen, den sie nur bekommen kann.

Parallelen in der Tierwelt

Durch die Linse des Darwinismus bzw. Neodarwinismus betrachtet, könnte man der Meinung sein, dass sich durch die Auslese des Überlebenskampfes die eine oder die andere genetische Variante – hochsensibel oder nicht hochsensibel – durchsetzen würde. Doch offensichtlich sind die Menschen wie auch alle anderen höheren Säugetiere soziale Wesen, und so hat sich ein Verhältnis von 15 bis

20 Prozent hochsensibler und 80 bis 85 Prozent nicht hochsensibler Individuen als bester Mix herausgestellt. Dies wird bestätigt durch die Arbeiten der Evolutionsbiologin Dr. Lynn Margulis, Professorin an der Universität von Massachusetts, die viel darüber publiziert hat, dass Kooperation und Arbeitsteilung für die Evolution mindestens ebenso bedeutende Faktoren seien wie der Wettkampf.

Bei den Ameisen gibt es beispielsweise Arbeiter, Soldaten und Königinnen, jeweils mit unterschiedlichen körperlichen Eigenschaften, für unterschiedliche Aufgaben, und keine Klasse für sich wäre überlebensfähig. Als Team jedoch sind sie nicht zu schlagen, was sich darin zeigt, dass sie in dieser Form seit vielen Millionen Jahren praktisch unverändert existieren. Das müssen wir Menschen erst einmal nachmachen!

Über die Rolle hochsensibler Individuen in der Tierwelt wurden noch keine Forschungen angestellt, darum können wir hier nur anführen, was augenfällig ist. Die grundlegenden Unterschiede sind die detailliertere Wahrnehmung und die bedeutend stärkere Ausbildung des Stopp-und-schau-Mechanismus, der ihnen wahrscheinlich schon immer ermöglicht hat, frühzeitig vor Gefahren zu warnen und Ressourcen als Erste zu erkennen bzw. aufzuspüren. Bestimmt waren auch sie es, die den inneren Impuls zu saisonalen Wanderungen oder Rückzugsperioden wahrnahmen.

Hochsensible in grauer Vorzeit

Schade, dass wir wohl nie verlässlich wissen werden, wie der Prozess der Menschwerdung ablief. Die von Elaine Morgan publizierte Hypothese des Wasseraffen[18] hat zwar für den Anfang der Sprache, das Aufrechtgehen sowie die Verwendung von Werkzeugen überzeugendere Erklärungsmodelle geliefert als die Schulmeinung, doch über Hochsensibilität sagt sie nichts. Archäologische Funde lassen vermutlich keine Rückschlüsse auf die Sensitivität zu. Bei allen primitiven Menschen, die im letzten halben Jahrhundert entdeckt und studiert wurden, war der Übergang von den verschreckten, zögerlicheren Individuen zu einer eigenen, angesehenen Klasse bereits abgeschlossen, wenn der Ausdruck Klasse in diesem Entwicklungsstadium auch noch unzutreffend ist. Es lässt sich klar erkennen, dass die erste Arbeitsteilung auf Grund von Begabung die in HSP und Nicht-HSP war bzw. in Schamane und Nicht-Schamane. Wir haben auch kaum Daten darüber, in welcher Reihenfolge sich die verschiedenen Funktionen innheralb der Gemeinschaft, wie z. B. Schamane oder Medizinmann, im Detail herauskristallisiert haben. Die zunehmende Spezialisierung gehört zum Entstehen von Kultur und hing wohl auch von der zunehmenden Größe der Sozialverbände ab. Am ältesten dürfte jedoch die Beobachtung und Interpretation der Natur gewesen sein bzw. deren Beeinflussung. Bei den indigenen Australiern und anderen steinzeitlichen Völkern können wir lernen, dass der erste Schritt die Entwicklung von Mustern durch die Herstellung von Querverbindungen war. Als Beispiel dafür seien die Merksätze der Phänologie genannt wie beispielsweise: „Wenn die rundblättrige Akazie blüht, so eilen wir zum See, um die leckeren Eier des Schwanes zu sammeln."

Diese Muster wurden dann zur Unterstützung des Gedächtnisses in Gesängen und teilweise abstrakten bildlichen Mustern abgespeichert. Ein weitaus späterer Schritt dieses Prozesses beinhaltete das Miteinbeziehen von Wiederholungen in der Zeit, womit die rhythmische Naturinterpretation entstanden war. Saisonale Wetterzyklen sowie Zeitpunkte für den Anbau kamen dabei vermutlich zuerst, die Entwicklung von Kalendern und astronomischen Zusammenhängen später. In der Beobachtung und Interpretation der Natur liegt der Keim der Naturwissenschaften.

In früher Vorzeit kannten die Menschen keine Trennung von Säkularem und Heiligem. Sich durch Beobachtung und entsprechendes Verhalten auf kosmische Gegebenheiten einzustellen war für sie deshalb ebenso selbstverständlich wie Versuche, das Übernatürliche bzw. die Natur zu beeinflussen und es an die Bedürfnisse der Menschen anzupassen. Die Mittler zwischen den Menschen und der sie umgebenden göttlichen Welt waren die frühen HSP. Das Priesteramt bestand somit zuerst aus dem Lesen und Übersetzen der Zeichen der göttlichen Natur sowie daraus, die Anliegen der Menschen an Gott bzw. die Natur heranzutragen.

Die Vermittlung zwischen Lebenden und Toten sowie zwischen den Menschen und den mannigfaltigen Naturgeistern war vermutlich ein weiteres Aufgabengebiet der frühen hochsensiblen Menschen. Sie wird von klassischen Wissenschaftlern in den Bereich der Religion eingeordnet und damit ein Teil des Priesteramtes, obwohl sie unserer Ansicht nach, die unter anderem auf direkter Recherche bei primitiven Kulturen fußt[19], eher den Stellenwert von Beziehungen unter Gleichrangigen hatte. Bei den verstorbenen Ahnen werden zumindest bei neuzeitlichen Primitivvölkern nur diejenigen gefürchtet und besonders geachtet, die auch zu Lebzeiten viel Macht hatten.

Bei den Geistern der animierten Natur war der Verlauf zum Göttlichen sicher fließend, wie beispielsweise zwischen dem Geist des Vogels, der als Nahrung getötet wurde, dem Geist aller Vögel dieser Art und dem Übergeist alles tierischen Lebens, der nährt, aber auch bedroht. Wir können uns jedoch des Eindrucks nicht erwehren, dass die frühen Menschen vor den großen und mächtigen Tieren keinen Respekt, sondern nur Angst hatten. Zumindest legen jüngste Erkenntnisse[20] dies nahe, nach denen zumindest der überwiegende Teil der ungefähr 80 Prozent der Großtierfauna, die in den letzten 30.000 Jahren ausgestorben sind oder auf kleinste Restbestände dezimiert wurden, nicht dem Klimawechsel am Ende der Eiszeit, sondern dem Hunger und Jagdgeschick der Steinzeitmenschen zum Opfer fielen.

Im Memorieren der gelesenen Naturbotschaften mit Hilfe von Rhythmen und bildhaften Mustern, im Entwerfen von Formen der Kommunikation, die sowohl die höheren Mächte verstehen als auch den Menschen die Bedeutung der Ereignisse vermitteln sollen, sowie im Beschwören der Naturgeister durch Schaffung kleiner, kontrollierbarer Abbilder finden sich die rituellen Anfänge von Zeremonie und Kunst.

Somit hatte die Menschheit als erste Spezialisierungen vermutlich das Priesteramt, Kunst und Wissenschaft, wenngleich die beiden Letzteren sich erst im Laufe der Zeit vom Priestertum lösen konnten, durch die Entstehung eines Weltbildes, in dem Gott bzw. die Götterwelt und die profane Welt als getrennte Einheiten denkbar sind. Davor war das, was wir heute Kunst oder Wissenschaft nennen würden, Gottesdienst bzw. Instrumentarium der priesterlichen Vermittlerfunktion in beide Richtungen. Das Gleiche gilt natürlich auch für die weiteren Spezialisierungen.

Überlieferung, Bewahrung und Archivierung sind ebenfalls traditionelle Facetten aus dem Zuständigkeitsbereich der HSP. Wenn Sie sich schon einmal über Ihre Verbindung mit der Vergangenheit, Ihre Liebe für alte Dinge oder Bücher oder eine manchmal ausgesprochen irrationale Sammelleidenschaft gewundert haben, hier mag die Erklärung dafür liegen. Lange vor der Erfindung von Bibliothek, Museum oder auch nur Schrift war die Bewahrung von Wissen über die Generationen hinweg der Schlüssel für die extrem rasante Entwicklung der Spezies Mensch. Während sich die eher handwerklichen Fähigkeiten wie der Bau von Hütten, Booten oder das Anfertigen von Waffen und anderen Gerätschaften von allen aufgeweckten Menschen merken bzw. von den Jungen durch Abschauen und Nachmachen lernen ließen, waren die Träger von teilweise sehr abstraktem Wissen weitaus mehr gefordert. Alte Gegenstände, die mit solchem Erfahrungsgut in tatsächlichem oder assoziativem Zusammenhang standen, waren als Marker ebenso geschätzt wie eigens für die Erinnerung angefertigte physische Hilfen. Letztere waren beispielsweise immer wieder duplizierte Muster, geritzt in Holz, Stein, Knochen, Ton oder die eigene Haut, aber auch Flüchtigeres, wie etwa ständig erneuerte Arrangements von vergänglicheren Naturmaterialien oder auch Bemalungen.

Der Themenkomplex Gesundheit, Heilung, Ganzheit, Lebenshilfe war als Teil der Eigenversorgung natürlich im Zuständigkeitsbereich jedes einzelnen Menschen bzw. der Eltern; wo es deren Fähigkeiten jedoch überschritt, waren es vor allem Hochsensible, die Beistand leisteten. Erst in jüngster Zeit wurden manche dieser Berufe so kapitalintensiv wie gewinnversprechend und die Ausbildungswege so nervenaufreibend, dass dort immer weniger HSP zu finden sind.

Viele der in diesen Zusammenhängen gesetzten Handlungen förderten auch die soziale Stabilität. Darüber hinaus kristallisierte sich irgendwann die Wahrung dieser Stabilität auch als eigenes Aufgabengebiet heraus, das hauptsächlich durch Berater wahrgenommen wurde. Sie waren respektierte Stimmen im basisdemokratischen Palaver oder Ratgeber des Rudelführers. In Ausnahmefällen haben sich wohl auch bilaterale Schamanengremien zweier Horden gebildet, um gemeinsam friedens- und verbindungsstiftende Strategien zu entwickeln wie z. B. festliche Zeremonien, rituelle Kämpfe oder Austauschprogramme zur wechselseitigen Auffrischung des Genpools in Form von ausgelassenen Festen. In der Regel waren die bejahrten HSP jedoch vor allem die Stimme der Vernunft und Bedacht im Ohr der Anführer und Entscheidungsträger.

Hochsensible in modernen Berufen

Was hilft Ihnen das eben Gesagte im Hinblick auf Ihr Arbeitsleben als HSP in der modernen Welt? Nun, in erster Linie soll es Ihnen helfen, sich selbst besser zu verstehen und Ihre Eigenheiten als ererbtes Gesamtpaket anzunehmen. Auf dieser Grundlage kann es Ihnen vielleicht gelingen, Ihr Leben so zu gestalten, dass es zu weniger inneren und äußeren Konflikten kommt, dafür aber mehr Erfüllung und Freude bringt.

Wir glauben, dass es für alle hochsensiblen Menschen wichtig ist, das Gefühl zu haben, der Verantwortung, die mit dieser ererbten Anlage verknüpft ist, zumindest einigermaßen gerecht zu werden. Es ist dafür sicher nicht notwendig, eine der traditionellen Tätigkeiten der HSP haupt- oder auch nur nebenberuflich zu betreiben. Wir sind jedoch der Ansicht, dass es dafür sehr wohl notwendig ist, eines oder mehrere der ihnen im Rahmen ihrer Hochsensibilität anvertrauten Talente in die Welt einzubringen.

Sich in die Welt einzubringen mag nur in einigen Sonderfällen durch zurückgezogenes Meditieren in der sprichwörtlichen Höhle möglich sein, doch die Gefahr, dass sich die Höhle als Elfenbeinturm entpuppt, ist groß. Gewisse Phasen des Rückzugs, der Selbstfindung und Ausrichtung auf tiefe Ziele haben ihre Berechtigung, doch Jesus ist nach vierzig Tagen und Buddha nach neun Jahren wieder unter die Leute gegangen. Wirken Sie daher in der Welt, das ist zwar für viele HSP anfangs der steinigere Weg, doch die Welt braucht Sie und die tiefen Gefühle der Erfüllung sind es allemal wert.

Grundsätzlich gibt es zwei Möglichkeiten, Ihre besondere Ausformung der Hochsensibilität einzubringen. Die erste macht aus ihr einen eigenen Programmpunkt, entweder beruflich, im Ehrenamt oder als Freizeitbeschäftigung. Die andere Variante wäre es, Ihr Talent im Rahmen Ihrer normalen beruflichen oder außerberuflichen

Aktivitäten im Leben gezielt und verstärkt einzusetzen. An jedem Platz im Leben lässt sich Gutes tun mit Hilfe „priesterlicher Qualitäten". Die subtile Wahrnehmung, das Mitgefühl, die intuitive Fähigkeit, Querverbindungen herzustellen, die Qualitäten als Zuhörer oder eine der vielen weiteren Facetten der Hochsensibilität wird es Ihnen in vielen Situationen ermöglichen, den Beteiligten zu mehr Verständnis füreinander zu verhelfen, sie dabei zu unterstützen, den Sinn schwieriger Lebensphasen zu erfassen, oder ihnen in anderer Weise zur Seite zu stehen, wenn es darum geht, die Realität besser anzunehmen und sich auf sie einzustellen. Hochsensible Menschen, die dies können und durchhalten, sind die wahren Helden und Heldinnen des Alltags. Sie sind das biblische Salz der Erde, auch wenn sie selten großen Dank dafür ernten.

Vielleicht gehören Sie zu den hochsensiblen Personen, die ihre spezielle Gabe und Eigenheit lieber in Form eines eigenen Projektes in die Welt bringen. Die erste notwendige Voraussetzung dafür wäre, Ihre spezielle Stärke zu kennen. Falls Sie sich Ihrer Schwachstellen wie auch besonderen Stärken noch nicht bewusst sind, lesen Sie die Abschnitte über die HSP in grauer Vorzeit. Verwenden Sie Ihre ausgeprägte Vorstellungsgabe, um sich die einzelnen Tätigkeiten möglichst lebendig vor Augen zu führen. Dort, wo Sie die stärksten Resonanzen wahrnehmen, gehen Sie tiefer. Versuchen Sie, sich in der heutigen Welt realistische Szenarien vorzustellen, in denen Sie diese Aspekte manifestieren könnten.

Sobald Sie Ihre Stärke identifiziert haben, finden oder schaffen Sie sich die geeignete Nische dafür. Selbstständig oder unselbstständig, die Rahmenbedingungen sind der springende Punkt. Die schönste Geschäftsidee kann noch so sehr auf Sie und Ihre ganz speziellen Stärken und Vorlieben zugeschnitten sein – wenn Sie nicht durchhalten, war alles umsonst. Für die Gestaltung angemessener Rahmenbedingungen müssen Sie Ihren Kleinkindkörper gut kennen. Sie müssen wissen, wie Sie mit ihm in Stresssituationen zurechtkommen, auf welche Stressfaktoren Sie mehr und auf welche weniger reagieren, welches Stimulationsniveau über längere Zeiträume verkraftbar ist und wie Sie sich kurzfristig Erleichterung verschaffen können. Gehen Sie es langsam an; wenn Sie mit der neuen Situation gut umgehen, können Sie einen Gang zulegen. Seien Sie möglichst realistisch, denken Sie nicht nur an die Belastung und Aufregung des eigentlichen Arbeitens, sondern auch an möglicherweise erforderliche Werbemaßnahmen und Öffentlichkeitsarbeit.

Apropos Werbung: Aus mehreren Gründen eignet sich ganz besonders für hochsensible Kleinunternehmerinnen und -unternehmer die Praxis des Marketings ohne Anzeigenwerbung. Damit lässt sich ein langsames, dafür aber solides Geschäftswachstum herbeiführen, das vor allem auf der Gewinnung von Stammkunden und auf den Empfehlungen bereits bestehender Kunden beruht. Dabei werden keine bezahlte Anzeigen geschaltet, sondern es wird vor allem auf die Qualität des Produktes oder der Dienstleistung hingewiesen, auf den beim Kunden hervorgerufenen Gesamteindruck und speziell auf seine Gefühle von Sicherheit und Zufriedenheit. Jede in diese Bereiche investierte Überlegung oder Maßnahme bringt langfristig Umsatzgewinne. Auf dieser Basis führen angemessen formulierte Bitten um Weiterempfehlungen zu einem langsamen Zuwachs an motivierten Kunden[21].

Umsätze mit Strohfeuercharakter, die durch erfolgreiche Anzeigenwerbung hervorgerufen wurden, mögen zwar kurzfristig zu Arbeitsspitzen führen, auf die dann aber die Firma personell ebenso wenig vorbereitet ist wie die HSP nervlich. Durch die nunmehr erforderlich scheinende Hast kann zudem die Gründlichkeit, die der hochsensiblen Unternehmerin ein inneres Anliegen ist, nicht gewährleistet werden. Dies führt zu Fehlern aus Nachlässigkeit, die wiederum verhindern, dass sich aus der kurzen Umsatzsteigerung dauerhafte Geschäftsbeziehungen entwickeln. Wenn die dadurch frustrierten Einmalkunden ihre schlechten Erfahrungen im Bekanntenkreis weitergeben (Negativ-Empfehlungen), können solche Anzeigenkampagnen für Kleinbetriebe sogar ausgesprochen kontraproduktiv werden.

Für einige HSP bietet sich Selbstständigkeit an, jedoch nicht für alle. Vorteilhaft ist die Möglichkeit zur weitgehend freien Zeiteinteilung und die maximale Kontrolle über die verschiedensten Rahmenbedingungen und dadurch über das Maß an Stimulation. Auch die von vielen HSP erbrachte Selbstmotivation spricht für eine selbstständige Tätigkeit. Wenn Sie schon so motiviert und verantwortungsvoll wie ein selbstständiger Unternehmer sind, sollten Sie tatsächlich einer sein und den vollen Lohn für Ihrem Einsatz ernten. Potenzielle Nachteile der Selbstständigkeit sind das Investitionsrisiko und die mangelnde Einkommenssicherheit. Als Einzel- oder Kleinunternehmer repräsentieren Sie Ihr Geschäft, Sie müssen verkaufen und gelegentlich vor fremden Menschen sprechen. Wenn Sie sich nicht dagegen entscheiden, über ein Ein-Personen-Unternehmen hinauszuwachsen, werden Sie unter Umständen eines Tages auch Angestellte haben. Und hochsensible Menschen geben oft keine sehr guten Chefs bzw. Chefinnen ab, denn die müssen ja gelegentlich auch mal nein sagen, sie müssen Mitarbeiter nicht nur nach deren Absichten, sondern auf Grund ihrer Leistungen beurteilen und manchmal ein Misstrauen an den Tag legen, das sie selbst verletzen würde, würde es ihnen entgegengebracht, und einige andere für hochsensible Menschen äußerst schwierige Dinge erledigen.

Eine Geschäftsgründung muss mit der notwendigen Sorgfalt vorbereitet werden. Das Investitionsrisiko z. B. können Sie so gering wie möglich halten, indem Sie klein beginnen und Investitionen aus dem Cashflow heraus tätigen. Viele auf hochsensiblen Dienstleistungen aufgebaute Unternehmen brauchen fast gar keine Startinvestition. Wenn sie sich aber doch nicht vermeiden lässt und noch dazu eine nennenswerte Höhe erreicht, sollten Sie auf jeden Fall einen soliden Geschäftsplan durchrechnen – helfen können Ihnen dabei ein Steuerberater oder Kurse der Wirtschaftskammer. Um die Unsicherheit des Einkommens am Anfang nicht in Leistungsdruck und Überstimulation münden zu lassen, empfiehlt sich ganz besonders für HSP der nebenberufliche Start. Aber auch aus unterstützter Arbeitslosigkeit heraus gibt es Förderprogramme, die das Einkommen für eine gewisse Zeit garantieren.

Die manchmal schwierige Aufgabe des Verkaufens wird für viele HSP um einiges leichter, wenn sie das Produkt bzw. die Dienstleistung genau kennen, Kontrolle über die Qualität haben und sich vollinhaltlich dahinterstellen können. Repräsentation und öffentliche Auftritte lassen sich lernen und sind lange nicht mehr so bedrohlich, wenn Sie sich Zahl und Zeitpunkte selbst wählen können.

Wenn der Einsatz dann auch noch für einen guten Zweck erfolgt, ist es gleich noch leichter – und Projekte von HSP haben oft wohltätige Nebeneffekte.

Hochsensible Chefs sind nahezu ideal für hochsensible Arbeitnehmer, tun sich aber oft schwer mit ihrer Autorität. Natürlich gibt es auch einige wenige HSP, die die erforderliche Konfliktbereitschaft und -fähigkeit mitbringen, im Bedarfsfall energisch sind und gut organisieren können, und all dies, ohne ihre Feinfühligkeit auf Eis legen zu müssen. Diese geborenen Führungspersönlichkeiten können den folgenden Ratschlag bitte ignorieren. Sobald ein wirtschaftliches Projekt über eine Handvoll Menschen hinauswächst, werden unweigerlich auch nicht hochsensible Mitarbeiter dabei sein, die Gesamtbelastung steigt ebenfalls. Deshalb ist es für die meisten HSP-Kleinunternehmer angeraten, vor jeder Erweiterung ganz genau zu prüfen und nachzuspüren, ob sie sich in der neuen, größeren Situation noch wohlfühlen werden. Wenn nicht, dann lassen Sie es und bleiben ein kleines, familiäres Unternehmen. Wachstum kann eine feine Sache sein, insbesondere wenn größere Gewinne oder mehr Prestige zu erwarten sind, und viele Menschen werden Ihnen dazu raten, wenn es erfolgversprechend scheint. Doch was Erfolg ist, hängt immer von den eigenen Zielen ab.

Das Sicherheitsdenken und die Genauigkeit der HSP sind eine gute Grundlage für finanzielle Unternehmungen. Paradoxerweise haben trotzdem viele in Angelegenheiten, die Geld, Behördenbestimmungen und wirtschaftliche Konventionen betreffen, so etwas wie einen blinden Fleck. Diese Hochsensiblen sind gut beraten, sich die Unterstützung einer solide geerdeten Vertrauensperson zu sichern. Ein trockener, etwas träger Zahlenmensch kann für visionäre HSP ein wichtiges Gegengewicht darstellen.

Selbstständigkeit ist nur eine der Möglichkeiten, Ihre Talente rund um Ihre Hochsensibilität als eigenes Projekt in die Welt einzubringen. Es zahlt sich in vielen Fällen aus zu schauen, ob Sie sich nicht in der Firma, bei der Sie momentan angestellt sind, Ihr eigenes Projekt aufbauen können. Wenn Sie das Ihrem Chef oder Ihrer Chefin plausibel darstellen, kann es sein, dass er oder sie zustimmt. Sie hätten ein geringes Risiko und trotzdem Gestaltungsmöglichkeiten bei Inhalten und Rahmenbedingungen. Allerdings würden Sie bei einer guten Entwicklung des Projektes an den erwirtschafteten Gewinnen auch weniger partizipieren, als wenn Sie sich damit selbstständig gemacht hätten.

Egal ob Sie Ihre in der Hochsensibilität wurzelnden Talente als eigenes Projekt oder neben einer normalen Tätigkeit in die Welt einbringen, ob selbstständig oder angestellt – Selbstmanagement ist in allen Fällen sehr wichtig. „Liebe deinen Nächsten wie dich selbst" kann ein guter Lebensgrundsatz sein – doch um sich selbst so viel liebevolle Rücksicht zuteil werden zu lassen, braucht es Fähigkeiten, die wir im Kapitel „Selbstmanagement" vorgestellt haben. In dem Gleichgewicht von Liebe, die wir uns selbst geben, und Liebe, die wir nach außen fließen lassen, liegt eine enorme Kraft und es bedarf einer gewissen Weisheit, diese Balance immer zu leben. Wer auf die eigenen Schwächen und Bedürfnisse auffällig weniger eingeht als auf die der Mitmenschen, beschreitet einen Weg ungesunder Extreme. Auf die Phasen des übermäßigen Liebens oder Wichtignehmens der nächsten Mitmenschen folgen unweigerlich Phasen, in denen sich die Situation umdreht. Manche haben in regelmäßigen Abständen Zusammenbrüche, in denen sie sich nur mehr um sich selbst kümmern können und alles andere inklusive Elternpflichten vernachlässigen, andere ziehen sich nach einer längeren Phase der Selbstüberforderung für Jahre völlig zurück und wieder andere halten fast ein Leben lang durch und brechen dann so heftig zusammen, dass sie über Jahre oder Jahrzehnte hinweg der Pflege durch andere bedürfen. Wer daher einen nachhaltigen Beitrag für eine bessere Welt leisten will, muss lernen, auch auf sich selbst zu achten, denn nur auf dieser Basis kann das symphonische Zusammenspiel aller Menschen funktionieren. Die Stimmen der hochsensiblen in diesem globalen Orchester dürfen nicht fehlen, weil sonst sofort ein spürbarer Qualitätsverlust für alle eintritt, der sich mit der Zeit noch akkumuliert. Darum sollten wir HSP unsere Instrumente reinigen und stimmen, damit wir unseren Part spielen können.

Soziale Ausgrenzung am Arbeitsplatz

Zum Abschluss dieses Kapitels wollen wir uns kurz mit den Problemen beschäftigen, die von Kollegen aktiv hervorgerufen werden. Was tun, wenn einer HSP Ablehnung oder gar Ausgrenzung am Arbeitsplatz begegnet? Die Reife einer sozialen Gruppe lässt sich daran messen, wie sie mit ihren Minderheiten umgeht. Wir laden Sie ein, als Definition von Reife einmal anzunehmen, dass sich der Mensch im Übergang vom Tier zum engelhaften Wesen befindet. Letzteres liebt und fördert alle gleich, hat mit jedem Menschen eine individuelle Beziehung bzw. die Bereitschaft dazu und kümmert sich augenscheinlich überhaupt nicht um irgendwelche Gruppenzugehörigkeiten. Bei den Tieren ist das ganz anders. Die Übereinstimmung mit dem Rudel sowie die Zugehörigkeit zu ihm ist lebenswichtig.

So wurde ein Schwarm neugieriger Raben dabei beobachtet, wie sie einen Schuppen durchstöberten. Dabei hatte einer von ihnen das Pech, seinen Schnabel in einen Behälter zu stecken, der sich als Dose weißen Lacks entpuppte. Kaum sahen die anderen den Raben mit weißem Schnabel, fielen sie über ihn her und töteten ihn durch erbarmungslose Schnabelhiebe. Wohl gibt es bei verschiedenen Tieren eine gewisse Bandbreite an tolerierter Abweichung, doch ihre Überschreitung wird in milden Fällen mit der Verweigerung von möglichen Paarungspartnern oder der Zuweisung eines besonders niedrigen Ranges in der Hackordnung quittiert, in krasseren Fällen mit Ausstoßen oder gar Tötung.

Bei den Menschen ist es glücklicherweise nicht so schlimm. Würde beispielsweise einem Mitglied einer Lausbubenbande Vergleichbares passieren, so gäbe der Betreffende sich lediglich der Lächerlichkeit preis. Abschätzige Blicke, Kopfschütteln und in krassen Fällen das Auslachen sind gruppendynamische Rituale des Niedrigerstufens in der Hackordnung, die ja beim Menschen eine Reputationshierarchie ist.

Was die ganze Sache bei uns Menschen kompliziert, ist die Tatsache, dass dasselbe Verhalten bei Mitgliedern unterschiedlicher Rangordnungen auch unterschiedliche Auswirkungen hat. Bei den

Raben ist es noch völlig egal, ob das Missgeschick einem großen, starken Männchen oder einem kleinen, zerrupften Sonderling passiert. Bei höheren Säugetieren und speziell bei Primaten können wir jedoch beobachten, dass sich sogenannte Alphatiere teilweise ihren Status erwerben oder absichern, indem sie kreative Neuerungen einführen. So wird beispielsweise eine Auseinandersetzung zwischen männlichen Gorillas mit vergleichbarer Körperkraft üblicherweise als Gefecht mit Drohgebärden abgehandelt, und zwar vor Publikum. Dabei finden sich Schreien, Kreischen und zähnefletschende Einschüchterungsgrimassen sowie das bekannte Brusttrommeln. Weiterhin wird Gras ausgerissen und Bäume werden geschüttelt. Wer den größeren Beifall bekommt, gewinnt. Besonders belohnt werden dabei neue Schreikombinationen oder noch nie gesehene Kraftdemonstrationen, es geht somit nicht nur um Muskeln, sondern auch um Kreativität.

Bei den Menschen geht es noch extremer zu: Ein Verhalten, das ein Gruppenmitglied mit durchschnittlichem Ansehen der Lächerlichkeit preisgeben und somit eher abwerten würde, kann dem Ansehen eines Alphas zuträglich sein. Den Alpha erkennen die Menschen auf der bewussten Ebene an den sogenannten Insignien der Macht und auf der unbewussten an der entsprechenden Körpersprache – Souveränität, die durch Haltung, Gestik und Tonlage vermittelt wird, ebenso wie subtile chemische Botschaften, die durch die Ausdünstung übertragen werden. Die Tatsache, dass sich bei der Zusammensetzung des Schweißes nicht lügen lässt, trug wahrscheinlich zum Höhenflug des Deodorants bei. Die Insignien der Macht sind neben der öffentlich anerkannten, d. h. zumeist durch mediale Berichterstattung dokumentierten Prominenz die üblichen Statussymbole. Finanzieller und gesellschaftlicher Erfolg werden zur Schau gestellt durch alles, was Geld kostet, wie teure Uhren und Schmuck, Autos, das neueste elektronische Gadget oder eine Mitgliedschaft im exklusiven Golfklub, aber auch durch auffällig jüngere Sexualpartner oder die im letzten Karibikurlaub gebräunte Haut. Die verschiedenen Gesellschaftsschichten haben unterschiedliche Verhaltensregeln. Wird ein Tabubruch bei Mitgliedern mittlerer Schichten mit Abwertung und Ausgrenzung bestraft, bringt es einem Mitglied der Oberschicht Ansehen ein.

Bei Vertretern des Managements, und zwar vom mittleren bis zum höchsten, ist der formale Anpassungsdruck groß. Extravaganzen in Kleidung, Umgangsformen oder Familienleben gehen sehr schnell zu Lasten der Karriere. Gewisse Ausnahmen werden vielleicht bei den sogenannten Kreativen der PR-Abteilung gemacht, doch wenn so ein bunter Vogel als Marketingdirektor in den Vorstand aufrückt, wird er sich dort mit ganz, ganz wenigen Ausnahmen nur halten können, wenn auch er nur mehr im dunklen Dreiteiler in der dunklen Limousine aufkreuzt und ein unauffälliges Beziehungsleben pflegt. Auch wenn sich in den Händen all dieser Vorstandsmitglieder und Direktoren eine Menge an wirtschaftlicher Macht zu vereinen scheint, so sind sie doch nur sehr mächtige graue Mäuse. Ausgefallenes Verhalten können sie vielleicht im Umgang mit Untergebenen wagen, aber innerhalb ihrer Klasse ist der Druck zur Konformität groß. Wenn sie jedoch auf der gesellschaftlichen Leiter noch weiter nach oben steigen, wenn sie also eine bedeutende Firma nicht nur leiten, sondern besitzen, lässt sich dies oft an Verhaltensänderungen und Äußerlichkeiten erkennen. Sie beginnen plötzlich, sich merklich individualistischer zu gebärden. Wer in einer von Nadelstreifen dominierten Sitzung in legerer Kleidung und offenem Kragen auftaucht, ist entweder erst ganz kurz dabei oder der wahre Chef, das heißt der Eigentümer der Firma. Mit dem Oldtimer oder Sportwagen zur Firma zu fahren ist plötzlich Statussymbol und nicht selten wird an diesem Punkt die Gattin, die den Karrieristen lange Jahre unterstützt hat, gegen eine zwanzig Jahre jüngere Frau ausgetauscht, ohne dass dies seinem Ansehen unter seinesgleichen schaden würde.

Nun waren die Hochsensiblen viele Jahrtausende hindurch kein unauffällig integrierter Teil der Gesellschaft. Wie wir weiter oben im Abschnitt „Hochsensible in grauer Vorzeit" ausgeführt haben, hatten HSP spezielle Aufgaben. Priester, Heiler, Künstler und Wissenschaftler beiderlei Geschlechts haben immer eine Sonderstellung innerhalb der Gesellschaft eingenommen. Zwar haben auch sie ihre unterschiedlich klaren und mehr oder weniger formalisierten Hierarchien sowie Insignien, die aber für Außenstehende kaum zu durchschauen und auch nicht von Relevanz sind. Ein Heiler, von dessen Geschick das Leben auch der weltlich Mächtigen abhing, ein Priester, von dessen Vermittlung und Anleitung viele Menschen ihr Seelenheil abhängig sahen, sie wurden nicht mit der gleichen Latte gemessen wie die nicht Hochsensiblen. Die Künstler und mehr noch die Wissenschaftler als jüngste Spezialisierungsform des Schamanentums genossen zwar nicht so viel Ansehen, doch wurden auch sie in ihrer Verrücktheit toleriert, und wenn sie für normale Menschen nachvollziehbare Leistungen vollbrachten, sogar gesellschaftlich anerkannt. Sie alle, vom höchsten Priester bis zum verrücktesten Professor, waren Sonderlinge in dem Sinne, dass sie ein für andere nicht nachvollziehbares Verhalten an den Tag legen und auch eine gewisse Distanz zur restlichen Bevölkerung haben durften. In der Regel waren sie jedoch integriert und hatten von niemandem Sanktionen zu befürchten. Unterwürfigkeit zeigten sie aus politischem Kalkül vielleicht gegen Ranghöhere der gleichen Gruppe und gegen die ganz Mächtigen wie Könige und dergleichen. Gegenüber allen anderen waren sie selbstsicher.

Wir modernen Hochsensiblen sind die genetischen Erben dieser individualistischen Männer und Frauen. Viele von uns sind eigenwillige und unkonventionelle Geister, manche sind schrullig und schillernd, andere sehr unauffällig. Auf Grund unserer feinen Wahrnehmung haben wir so ziemlich alle das Bedürfnis nach Schutz und Rücksicht, und zwar in allen möglichen Bereichen. Von Bedeutung ist, wie jede einzelne HSP zu diesen Eigenheiten steht und in welcher Art und Weise sie an die anderen Menschen herangetragen werden. Nur wenige von uns haben von klein auf gelernt, mit sich selbst und ihren Eigenheiten gut auszukommen, und noch wenigere, zwischen ihrem Kleinkindkörper und einer verständnislosen Welt zu vermitteln. Die demütige Selbstachtung, mit der das am besten geht, ist eine Kunst und Errungenschaft, die kaum jemandem in die Wiege gelegt ist.

Vorbeugung von Ausgrenzung und Mobbing sowie Strategien dagegen

Wenn Sie vermeiden wollen, gemobbt oder ausgegrenzt zu werden, ist Bescheidenheit nicht die richtige Strategie, aber auch ein gutes Selbstbewusstsein schützt Sie nicht zuverlässig. Vorbeugend können Sie aber alles anwenden, was wir am Anfang dieses Kapitels empfohlen haben:

▶ Beteiligen Sie sich zumindest zeitweilig am Smalltalk. Zeigen Sie sich, profilieren Sie sich, pflegen Sie ein Image, damit Sie nicht zur Projektionsfläche werden.

▶ Suchen Sie nach Verbündeten.

▶ Stellen Sie sich ruhig begriffsstutzig, wenn Sie verbalen Angriffen ausgesetzt sind. Lassen Sie Beleidigungen nicht eindringen, sondern hinterfragen Sie die Worte sofort, auch wenn Sie in Ihrer Verblüffung nur ein „Wie meinen Sie das?" hervorbringen.

▶ Lernen Sie, sich selbst zu mögen, und zeigen Sie das auch. Schießen Sie dabei jedoch nicht übers Ziel hinaus. Es ist zwar schwer, jemanden zu mögen, der sich selbst ablehnt, aber Selbstbewunderung trägt auch nicht gerade zur Beliebtheit bei – vermutlich weil ein solches Verhalten nicht in einem guten Selbstwert wurzelt, sondern die Kehrseite depressiver Selbstabwertung ist.

Wie zahlreiche Studien zeigen, hat Mobbing seinen Ursprung immer in ungelösten Konflikten innerhalb des Betriebes, die allmählich das Klima vergiften. Das, worum es eigentlich geht, wird aber von den Mitarbeitern aus Angst nicht thematisiert. Die gemobbte Person ist nicht schlechter oder unfähiger als andere Mitarbeiter. Sollten Sie das Gefühl haben, dass gegen Sie Mobbing betrieben wird, so empfehlen wir Ihnen professionelle therapeutische Hilfe in Anspruch zu nehmen und eine Mobbing-Beratungsstelle aufzusuchen. Letzteres, weil solche Umgangsformen in einem Betrieb einfach nicht akzeptabel sind, und in einer Beratungsstelle erhalten Sie nicht nur wertvolle Informationen, sondern im Bedarfsfall auch aktive Hilfe. Therapeutische Hilfe zur eigenen psychoemotionalen Entwicklung ist in jedem Fall ratsam, weil es unserer Ansicht nach immer besser ist, ein Problem erst gar nicht aufkommen zu lassen als sich dann irgendwann mit ihm auseinandersetzen zu müssen.

Machen Sie sich bewusst, dass die Probleme, die in Ihrer Firma die Ursachen für Ausgrenzung oder Aggression sind, ihren Ursprung nicht in Verfehlungen von Ihnen haben, genauso wenig wie bei einem wegen seiner Haut- oder Haarfarbe ausgegrenzten Menschen. Die Tatsache, dass es Mobbing gibt, ist vielmehr Ausdruck eines strukturellen Problems, das wegen der Unreife oder der Existenzängste eines großen Teils der Beteiligten nicht konstruktiv bearbeitet wird. Stattdessen suchen einige durch das Herabsetzen anderer persönliche Erleichterung und gerade Hochsensible bieten sich wegen ihrer Andersartigkeit und oft schwächeren Integration dafür an. Sie können davon ausgehen, dass viele andere Mitarbeiter mit dem Betriebsklima ebenfalls unzufrieden sind, wenn auch vielleicht in geringerem Maße als Sie. Wenn Sie erst einmal als Opfer auserkoren wurden, ist es sehr schwierig, sich wieder völlig von dieser Rolle zu befreien, es sei denn, es gelingt Ihnen, einen Prozess in Gang zu setzen, der die innerbetrieblichen Konflikte an den Tag bringt und einer konstruktiven Lösung zuführt, zumindest in Ihrer Abteilung.

Dazu werden Sie im Normalfall alle Ressourcen einsetzen müssen, die Sie aufbieten können: Suchen Sie Verbündete innerhalb des Betriebes. Lassen Sie sich gut beraten. Informieren Sie Ihre Vorgesetzten mit aller Deutlichkeit. Nehmen Sie so viel Hilfe in Anspruch, wie Sie nur bekommen können, etwa von juristischen und psychologischen Experten. Benutzen Sie Ihren Leidensdruck, um grundlegende Veränderungen anzustreben, die das Miteinander im Betrieb auf Dauer für alle harmonischer und sicherer machen.

Wenn Ihnen das nicht gelingt oder Sie sich ein solches Projekt keinesfalls zutrauen, können Sie natürlich hoffen, dass der Druck mit der Zeit nachlässt oder Sie durch kleine, aber stetige Schritte Verbesserungen erreichen. Aber machen Sie sich bewusst: Eine Firma, in der Konflikte ungehindert so sehr anwachsen können und wo man Lösungen nicht nur nicht sucht, sondern sich ihnen vielleicht sogar widersetzt, ist kein guter Platz für eine HSP.

Wir denken, es ist kein Zufall, dass sehr oft gerade HSP Zielscheibe von Mobbing werden, was ja nichts anderes heißt, als dass sie die Folgen von gravierenden Konflikten und strukturellen Mängeln schmerzhaft zu spüren bekommen. Seit undenklichen Zeiten ist eine Aufgabe der Hochsensiblen, für harmonische Beziehungen sowohl der Menschen untereinander als auch zu Natur und Kosmos Sorge zu tragen. Viele versuchen, Konflikte möglichst zu ignorieren, und hoffen, persönlich nicht allzu stark unter ihnen zu leiden. Manchmal funktioniert diese Strategie, aber manchmal eben auch nicht. Auf alle Fälle geht sie auf Kosten der Authentizität. Die HSP verbergen dann ihre Gedanken, Gefühle und auch ihre speziellen Kräfte und Fähigkeiten, die alle gebraucht werden, um die Gesamtsituation zu verbessern.

Die Botschaften der Hochsensiblen dieser Welt sind so vielschichtig wie bedeutungsvoll, eine Bedeutung, die in den letzten Jahrzehnten noch zugenommen hat. Ihre Stimme ist die der Vernunft, der Menschlichkeit, der Bedächtigkeit, des Teilens, der Sanftheit, der Gerechtigkeit, der Langfristigkeit, der Synthese und der Mäßigkeit. Diese Stimme wird benötigt, um die Stimme der Impulsivität, der Risikofreude, des Fortschritts, des Rechtes der Stärkeren, der natürlichen Auslese, des Gewinnstrebens und des kurzfristigen Genusses zu mildern und zu vervollständigen.

Damit dieser Beitrag wahrgenommen werden kann, müssen wir ihn zuerst erbringen. Es geht dabei nicht vordergründig um politische Aktionen, sondern um jeden einzelnen Tag, jeder an seinem Platz und in seiner Weise. Und damit der Beitrag nicht nur wahrgenommen, sondern auch respektiert wird, müssen wir uns und unsere Eigenart schätzen und respektieren.

Reichtum

Wie wir in den vorigen Kapiteln besprochen haben, ist Hochsensibilität ein Gesamtpaket mit Vor- und Nachteilen. Bis jetzt haben wir uns mehrheitlich mit den Schwierigkeiten und Herausforderungen befasst, die die Hochsensibilität mit sich bringt. Wenn jemand unter der eigenen Empfindsamkeit leidet, ist es erste Priorität, dieses Leiden zu verringern.

Im Kapitel "Selbstmanagement" haben wir uns vor allem damit befasst, wie wir Schwächen ausgleichen können, damit sie uns nicht im Wege stehen. Sich im sozialen Kontext einbringen zu können, sei es beruflich oder in der Familie und im Freundeskreis, ist den allermeisten Menschen und besonders auch den HSP wichtig. Sich von der eigenen Sensibilität davon nicht abhalten zu lassen ist ein erster Schritt, aber sie als wertvolle Gabe zu sehen, welche die anderen Talente nicht nur ergänzt sondern verstärkt, das fühlt sich so richtig gut an.

So wollen wir jetzt in diesem Kapitel genauer auf die Möglichkeiten und den subjektiven Nutzen der Hochsensibilität eingehen. Wieso ist sie wertvoll? Wodurch ist sie sinnvoll und nützt uns HSP? Worauf müssen wir achten, damit wir nicht dort stehen bleiben, wo uns die Sensibilität nicht behindert, sondern sogar Freude macht? Wie können wir vorgehen, damit wir nicht trotzdem sondern gerade durch unsere Besonderheit ein hohes Maß an Zufriedenheit erreichen, Frieden finden und glücklich sind?

Zu den schönen Dingen, die den HSP zufallen, gehören die freudvollen Aspekte der feinen und detailreichen Wahrnehmung, ein gelegentliches Verständnis tiefer Zusammenhänge, bunte und interessante Träume und die Sonnenseiten eines intensiven Vorstellungsvermögens, sei es nun abstrakt oder bildhaft. Mitten im anstrengenden Gewühl der Großstadt kann sich ein überraschender Blick auf einen von der untergehenden Sonne in verzaubertes Licht getauchten, malerisch bewölkten Himmel auftun und uns mit Freude und Frieden erfüllen. Keine große Sache, aber etwas, das der nicht hochsensiblen Mehrheit weit seltener widerfährt. Oder die Begeisterung über einen spontanen Einblick in tiefere Zusammenhänge, wenn sich vor dem geistigen Auge plötzlich aus lange zurückliegenden fragmentarischen Meldungen oder Erzählungen ein Ganzes zusammenfügt.

Naturerlebnisse

Zu den schönsten Freuden gehört für die meisten Hochsensiblen der Kontakt mit der Natur. Besonders erfreulich dabei ist, dass Natur in der einen oder anderen Form sehr leicht zu erreichen ist. Eine schöne Aussicht, majestätische Berggipfel, rollende Hügel, weite Täler, Felder soweit das Auge reicht mit ganz viel Himmel darüber, ziehende Wolken, oder wenn ein einzelner Sonnenstrahl in der Ferne wie ein Scheinwerfer durch die Wolken bricht und die Position der Sonne verrät, friedliche, grünlich-trübe Teiche, wiegendes Schilf, klare Seen, munter murmelnde Bächlein, rauschende Flüsse, gravitätisch fließende Stöme, die donnernde Brandung, die endlose Weite des Meers, Bienengebrumm über sonnigen Wiesen, lichte Wälder, kühl-dunkle Forste oder heitere Parks, geometrische Pflanzungen, bunte Gärten in Vorstadtsiedlungen, und so weiter und so fort, und all das in unbeschreiblicher Farbfülle und Formenvielfalt wie sie nur in Gottes Natur zu finden ist. Interessanterweise wirkt diese Flut an Eindrücken nur ganz selten belastend, im Gegenteil, die Harmonie der Erscheinungsformen die wir dort finden ordnet und glättet auch unser Inneres.

Aber auch im städtischen Alltag finden Hochsensible ihre Naturerlebnisse. Sie können sich an Vogelzwitscher, Alleebäumen oder verwilderten Bahndämmen erfreuen. Dank der Fähigkeit von anderen übersehene Details wahrzunehmen – Gräser, Mauerblümchen, Wolkenformationen, Topfpflanzen oder die Muster, die der Regen auf die Fensterscheiben zeichnet – fällt es HSP leicht, sich von der

Schönheit der Natur berühren und ermutigen zu lassen. Ein ganz eigenes Kapitel stellen Tiere dar. Sei es die Beobachtung wilder oder fremder Tiere, von zankenden Finken am winterlichen Futterplatz bis zum treuherzigen Blick des betagten Dackels einer Nachbarin, oder eigene Haustiere mit denen man auch schmusen oder sie meditativ streicheln kann – Tiere sind ein Stück sehr lebendiger Natur, und für viele HSP eine verlässliche Quelle der Freude im Alltag.

Kunsterlebnisse

Um die Schätze zu heben, die im weiten Feld der Kunst darauf warten, braucht es aktives Bemühen darum. Konzerte, Theatervorstellungen oder Ausstellungen muss man besuchen, um in den Genuss zu kommen, und das kann für viele HSP ein zweischneidiges Schwert sein. Solche Kunstereignisse sind zumeist Veranstaltungen, zu denen sich viele Menschen versammeln, und das kann auch Belastungen mit sich bringen. Das Bad in der Menge bringt eine Flut von unerwünschten Eindrücken mit sich, und so muss der davon verursachte Stress abgewogen werden gegen die Freude, Auferbauung und Bereicherung, die der eigentliche Kunstgenuss bewirken. Viele bescheiden sich deshalb mit dem eingeschränkten Vergnügen der Kunstreproduktionen durch elektronische Medien oder Kunstdrucke, die sie im eigenen Wohnzimmer konsumieren können.

Ein weiterer Bereich ist die Architektur. Mit hochsensiblen Augen aufmerksam betrachtet können vor allem klassische aber auch so manche moderne Gebäude Labsal und Hochgefühe vermitteln. Besonders wenn es sich um Gesamtkunstwerke wie Schlösser und vor allem Innenräume von Kirchen und Kathedralen handelt, kann das ablenkungsfreie Entzücken bei manchen schon rauschartige Züge annehmen. Kommt dann noch ein in sich schon gewaltiges Erlebnis wie beispielsweise ein Orgelkonzert in so einer Kathedrale hinzu, müssen viele die Augen schließen, oder der Hochgenuss erreicht Intensitäten, in denen die Reizflut schmerzhaft erlebt wird. Die Möglichkeit zur Kontrolle und Steuerung vom Ausmaß des Genusses ist für HSP ganz wichtig.

Eine ganz andere Sache ist es, selbst künstlerisch tätig zu sein: das braucht ein gewisses Training, konsequentes Üben und regelmäßige

Beschäftigung damit. Künstlerisches Schaffen erfordert immer auch ein Handwerkszeug, von dessen Beherrschung die Freude und Befriedigung des Kunstschaffenden beeinflusst wird. Mit dem Pinsel, der Feder, unterschiedlichen Farben und so weiter muss man ebenso umgehen können wie mit einem Musikinstrument oder der eigenen Stimme. Gewisse Einschränkungen durch die mangelhafte Beherrschung der körperlichen Aspekte des Kunstschaffens sind auch gefeierten Meistern ihres Fachs nicht fremd. Die Herausforderung besteht jedoch darin, sich den Anfangsschwierigkeiten des Lernens und Übens so lange auszusetzen, bis das Vergnügen des Tuns und die Freude an den Resultaten die Frustration über die Unbeholfenheit der Hände oder der Stimme deutlich überwiegen.

Eine Sonderstellung nimmt die Literatur ein. Ein sehr hoher Prozentsatz der Hochsensiblen sind Büchermenschen. Die ausgeprägte Vorstellungsgabe und die Offenheit für Gefühlsnuancen prädestinieren dafür. Nicht alles Geschriebene kann man als Kunst bezeichnen, doch ungeachtet der fließenden Grenzen zur Trivialliteratur wollen wir diesen Aspekt des inneren Reichtums hier betrachten.

Die vielschichtige und auch emotionale Phantasie ermöglichte es ganz vielen HSP, ihr Leben und Erleben durch literarische Werke ganz enorm zu bereichern. Die Buchdeckel zu öffnen ist wie das Eintauchen in eine andere Welt, dreidimensional, mit Klängen, Gerüchen und dem Wind auf der Haut. Durch das Lesen von Geschichten können sie vorübergehend in ein anderes Leben schlüpfen, unbekannte Gefühls- und Reaktionsmuster erleben, bangen, hoffen, trauern und tiefe Freude und Glücksmomente erfahren. Vielleicht ist einer der Gründe, warum so viele hochsensitive Menschen sehr alte Seelen zu sein scheinen, weil sie als Lesende in der Identifikation mit den Helden und Nebenfiguren zahlreicher Bücher viele verschiedene Leben miterlebt haben, glückliche und enttäuschte Lieben erfuhren, Triumphe feierten, Schlimmes erduldeten und Schicksalsschläge erlitten.

Abstraktes Denken

Reiches Potential liegt auch in der Freude an abstrakten, komplexen Zusammenhängen, das viele HSP auszeichnet. In den Bereichen der Mathematik, dem Programmieren, der theoretischen und angewandten Physik, der Soziologie und anderen Wissenschaften, aber auch im Projektmanagment und beim Problemlösen ganz allgemein ist das sehr von Vorteil. Doch auch jenseits der praktischen Anwendungsmöglichkeiten und den daraus resultierenden Erfolgserlebnissen liegt für viele in der puren Anwendung eines vernetzten Denkstils eine Erfüllung, die sich vielleicht vergleichen lässt mit der Freude, die ein sportlicher Mensch an der Bewegung oder an Kraftanwendung hat. Es fühlt sich einfach gut an, intuitiv zu erfassen, was stimmt oder was funktioniert. Es ist ein großes Geschenk, die Aufmerksamkeit auf einen schwierigen und verworren scheinenden Sachverhalt zu lenken und dort zu halten, und dann zu beobachten wie sich die Nebel lichten, wie die Zusammenhänge hervortreten und Klarheit eintritt.

Intuition

Viele HSP bezeichnen sich als sehr intuitiv, und auch viele die sich nicht so bezeichnen sind es. Wie im Kapitel 2 besprochen erklärt sich Intuition daraus, dass enorm viele unzusammenhängende Einzelheiten wahrgenommen und gespeichert werden, dann in einem unterschwelligen Verarbeitungsprozess durch Querverbindungen verknüpft und verwoben werden. Aus dieser Wolke von vielschichtig verflochtenen Einzeldaten und Zusammenhangsfragmenten werden für den aktuellen Konnex sinnhafte Puzzlebilder zusammengesetzt. Wenn diese Ergebnisse dann ans Bewusstsein geliefert werden, nennen wir das Intuition oder Eingebung – oft ist es eine unvermutete Lösung, die im rechten Moment zur Verfügung steht, oder zumindest ein völlig neuer Blickwinkel, der weiterhilft.

Eine solche Intuition stellt einen großen Schatz dar, der viel Freude bringen und das Leben leichter machen kann. Um jedoch die vollen Vorteile daraus ziehen zu können, ist es wichtig, die Intuiton zu trennen von eigenen Vorurteilen oder vergangenheitsbedingten Wertungen oder Fehleinschätzungen. Um die Intuition von solchen Verunreinigungen zu befreien und insgesamt zu fördern, können wir bei allen drei Phasen ansetzen: beim Input, bei der Verarbeitung, und beim Output.

Input

Wir können unser intuitives System gezielt mit Daten füttern, und zwar am besten ohne dabei nach einer Lösung zu suchen. Wenn Sie an einer konkreten Aufgabenstellung arbeiten, so empfehlen wir, dafür alle bekannten Informationsquellen ohne Unterschied zu konsumieren und darüber hinaus möglichst viele Informationen unterhalb der Bewusstseinsschwelle zu sammeln. Dazu ist es nötig, sich mit möglichst unfokussierter Aufmerksamkeit mit dem Thema oder der Situation zu konfrontieren. Conrad N. Hilton, der Begründer der bekannten internationalen Hotelkette, hat bei der Frage, ob er ein bestimmtes Hotel erwerben sollte oder nicht, im Zuge seines Entscheidungsprozesses das Gebäude Dutzende Male zu Fuß umrundet. Eine uns persönlich bekannte Gartenplanerin setzt sich zu verschiedenen Tageszeiten planlos in verschiedene Ecken des zu planenden Gartens und lässt ihn einfach auf sich wirken. Auf diese Weise wird dem System Gelegenheit gegeben, eine Unzahl irrelevant scheinender, aber irgendwie in Zusammenhang stehender Einzelheiten aufzunehmen, die später wichtiges Material für den Verarbeitungsprozess sein können.

Auch das assoziative Sammeln von Informationen im weiteren Umfeld der Problemstellung ist sehr empfehlenswert. Das Internet ist dafür geradezu ideal – lesen Sie allerlei Texte, schauen Sie sich Bilder und Videos an, die in irgendeinem Zusammenhang mit dem vorliegenden Problemthema stehen. Machen Sie eine Suchmaschinenabfrage mit relevanten Schlüsselwörtern – und lassen Sie sich dann auch von einer ziellosen Neugierde auch in Suchergebnisse hineinlocken, die offensichtlich nicht mit Ihrem Thema zusammenhängen, sondern nur zufällig auch mit dem Suchbegriff verknüpft sind. Lassen Sie sich treiben im Meer der Antworten und Informationen, und ab und zu fragen Sie sich leise im Hintergrund, ob und wenn ja was denn das mit Ihrem Thema zu tun haben könnte. Und wenn Sie irgendwann das Gefühl haben, dass Sie nur mehr Ihre Zeit verschwenden, dann beginnen Sie einfach neu mit einem anderen Suchbegriff.

Verarbeitung

Die unterschwelligen Verabeitungsprozesse brauchen vor allem Freiraum und die Abwesenheit von Stress. Gönnen Sie sich zur Steigerung und Pflege Ihrer Intiution immer wieder Stunden der Muße. Am vernünftigsten ist es natürlich, das regelmäßig einzuplanen. Wenn Ihnen jedoch kurzfristig ein Termin ausfällt und Sie unvorbereitet mit zwei Stunden unstrukturierter Zeit dastehen, widerstehen Sie der Versuchung die Lücke schnell mit Aktivität zu füllen, sondern schalten Sie ab. Gehen Sie in einen Park, setzen Sie sich in ein unbekanntes Cafehaus oder machen Sie einen planlosen Spaziergang. Erlauben Sie sich ab und zu völlig unproduktive und ablenkungsfreie Zeiten. Tun Sie Ihr Bestes, um sich weder über den unzuverlässigen Zeitgenossen zu ärgern, noch sich auf den nächsten vor Ihnen liegenden Punkt vorzubereiten oder drei lange Telefonate zu führen, sondern seien Sie dankbar für die Erholung.

Neben den opportunen Erholungspausen machen Sie solche Zeiten zu einem festen Bestandteil Ihres Wochenplanes. Genehmigen Sie sich Zeit alleine in schöner und ungewohnter Umgebung. Setzen Sie eine Zeit am Tage fest – gut geeignet sind die Stunde nach dem Erwachen oder vor dem zu Bett gehen – in der Sie sich nichts vornehmen und sich mit nichts beschäftigen, sondern nur Ihre Gedanken treiben zu lassen.

Output

Die natürlichen Feinde intuitiver Eingebungen sind Vorurteile und mangelnde Flexibilität. So gut es geht machen Sie sich frei von Vorstellungen wie etwas sein sollte, von Urteilen über sich, andere Menschen und die Welt, von Ideologien und fixen Ideen. Um es ganz entspannt angehen zu können, müssen Sie sich auch loslösen vom Wunsch, ein toller Lösungsfinder zu sein, gut dazustehen oder sich selbst reinzuwaschen, etc.

Es ist nichts falsch daran, gut dastehen zu wollen, schnelle Lösungen zu finden, oder vor allem auch Lösungen die im Einklang mit den eigenen Werten und Ideologien stehen. Aber für das Brainstorming – für das Finden oder Auftauchenlassen von Lösungen – ist es erst mal hilfreich, Ideologien, Urteile und Leistungsdruck wegzunehmen. Um das zu tun versuchen Sie, mit sich selbst so ehrlich wie möglich zu sein. Gestehen Sie sich ein, dass Sie gerne ein Held wären, gefeiert oder zumindest anerkannt zu werden, oder was auch immer Ihre Motive für den Erfolgsdruck sein mögen. Und dann fragen Sie sich selbst, warum Ihnen das so wichtig ist? Was sind die tiefen Wurzeln davon? Haben Sie Angst vor etwas? Was steckt wirklich dahinter? Und wenn irgend etwas in Ihnen auftaucht, schauen Sie hin, stellen Sie sich Ihren Schatten. Mehr braucht es meistens gar nicht.

Und ganz wichtig: wenn Sie eine spontane Eingebung haben, notieren Sie das möglichst sofort. Meistens liefert die Intuition ihren Beitrag dann, wenn Sie entspannt sind oder sich gerade mit etwas ganz anderem befassen. Achten Sie deshalb darauf, immer etwas griffbereit zu haben, mit dem Sie Ihre Ideen dokumentieren können, auch nachts im Bett. Das können z. B. Notizblock und Stift oder eine App für Sprachaufzeichnungen auf Ihrem Mobiltelefon sein, wichtig ist nur, dass Sie damit vertraut sind und jederzeit einen Gedanken festhalten können, ohne durch die Technik abgelenkt zu sein.

Unsere Beiträge

Für die allermeisten Hochsensiblen ist es ein zentrales Anliegen, zu einer positiven Gesamtentwicklung beizutragen. Das mag teilweise Altruismus sein, doch zumindest teilweise ergibt sich das aus der Tatsache, dass das Destruktive in der Welt und das Leid anderer nicht nur erkannt sondern auch oft gespürt wird. HSP müssen somit meist die Gesamtsituation verbessern, weil es den Menschen, mit denen sie zu tun haben, besser gehen muss, damit es ihnen selbst besser geht. Da die Rettung der Welt jedoch eine unüberschaubar große und daher undankbare Aufgabe ist, empfehlen wir sehr, sich auf einen Teilbereich zu fokussieren. Mit Beharrlichkeit und unter Beachtung einiger potentieller Stolpersteine lässt sich schon Erfüllung, Verbundenheit und Zufriedenheit erreichen.

Freigiebigkeit ist eine speziell für Hochsensible wichtige Tugend. Mit anderen zu teilen ist essenziell für die eigene Zufriedenheit. Materielle, speziell finanzielle Großzügigkeit gehört da wohl dazu, ist aber bei weitem nicht alles. Freigiebig mit der eigenen Zeit zu sein ist mindestens ebenso wichtig, aber auch was die eigenen Talente, Gefühle und Erkenntnisse betrifft. Eine HSP die bereit ist, sich und das eigene Leben mit anderen zu teilen ist auf dem besten Weg.

Stolperstein Zufriedenheit

Wer der eigenen Zufriedenheit nachjagt, zu viel an sie denkt und sich darum bemüht, steht sich dabei selbst im Weg. Der zweite, vielleicht noch größere Saboteur ist der innere Kritiker, der sich mit anderen vergleicht. Es lässt sich immer jemand finden, der schöner, klüger, fleißiger, erfolgreicher, schneller, schlanker, muskulöser, talentierter, lustiger, reicher, beliebter oder sonstwie besser ist, deshalb ist es der Zufriedenheit abträglich, sich mit anderen Menschen zu vergleichen. Der Drang nach innerer Verbesserung und Weiterentwicklung ist wertvoll. Wichtig ist jedoch dabei, diesen Antrieb ins Gleichgewicht zu bringen mit der Freude und Dankbarkeit über das, was im eigenen Leben sehr wohl funktioniert. Und wenn schon vergleichen, dann kann man sich nach dem Motto „Nichts macht so erfolgreich wie Erfolg" mit seinem alten Selbst vergleichen – wie zufrieden, geduldig, großzügig, liebevoll etc. war ich vor zehn Jahren und wie bin ich heute?

Zufriedenheit direkt anzustreben funktioniert nicht. Doch es hilft sehr, sich über die eigenen Grundwerte klar zu werden, und dann das Leben entsprechend dieser Werte zu ordnen. Wer seine Grundwerte kennt, kann sie auch kommunizieren und gegebenenfalls verteidigen. Wird das Leben gemäß dieser zentralen Werte gelebt, wird sich Zufriedenheit über kurz oder lang wie von selbst einstellen. Zum Thema Grundwerte empfehlen wir das Buch „Die 7 Wege zur Effektivität" von Stephen R. Covey. Darüber hinaus enthält es eine Fülle von Tipps für das Selbstmanagement.

Stolperstein Verbundenheit

Gefühle der sicheren Verbundenheit zu entwickeln und zu pflegen kann für hochsensible Menchen schwierig sein. Verbundenheit hat viel mit Vertrauen zu tun. Wie im zweiten Kapitel erwähnt, fühlen sich mehr als drei Viertel aller HSP mit anderen Menschen stärker verbunden, als sie das umgekehrt wahrnehmen. Wir sind jedoch der Ansicht, dass es sich dabei um ein illusionäres, nicht im gewachsenen Vertrauen wurzelndes Zusammengehörigkeitsgefühl handelt. Denn Vertrauen braucht Zeit und viele kleine, positive Erfahrungen.

Damit ein solches Vertrauen entstehen kann, brauchen Sie Menschen mit ähnliches Werten und Zielen, oder zumindest mit verwandten Interessen. Und dann achten Sie auf eine langsame und organische Annäherung. Viele HSP haben leider die Tendenz, die anfänglichen Stufen der Vertauensbildung auszulassen, und gleich auf der Ebene des tiefen Austausches sehr persönlicher Dinge einzusteigen. Dadurch inszenieren sie einerseits Enttäuschung und Verletztwerden, und andererseits Zurückweisung, da die meisten Gesprächspartner von so einem Vorgehen irritiert oder sogar vor den Kopf gestoßen werden. Durch wiederholte Begegnungen, die banal und unverfänglich sind aber freundlich und angenehm verlaufen, entstehen Vertrautheit und Vertrauen. Smalltalk heißt anfangs das Gebot der Stunde beim Kennenlernen neuer Menschen, denn undramatischer und wohltuender Kontakt bildet im Laufe der Zeit die Basis für tieferen Austausch und Freundschaft.

Stolperstein Gefühle

Zeigen Sie Menschen auf unverfängliche Weise, dass Sie sie mögen. Zeigen Sie eigene Betroffenheit oder Schmerz in dezenter, aber aufrichtiger Weise, ohne sich zu schämen. Ehrlicher Schmerz z. B. über Zurückweisung kommt besser an wie zusammengebissene Zähne. Aber oft ist die Wucht unserer Gefühle zu groß, als dass wir sie ausdrücken möchten, weil wir berechtigterweise Angst haben, unser Gesicht zu verlieren oder andere zu verletzen. Die Kunst besteht darin zu lernen, die Gefühle in gemäßigter, gebremster Form auszudrücken. Inhaltlich authentisch, aber nicht mit voller Wucht ausgedrückt macht es den Menschen leicht, unsere Gefühle und damit auch uns anzunehmen. Das erfordert Selbsterkenntnis und Disziplin, geht normalerweise mit zunehmendem Alter besser.

Ehrlicher aber respektvoller und nicht überschwänglicher Gefühlsausdruck wirkt auf die Umgebung wie frisches Wasser!

Stolperstein Erkenntnisse

Bei den Punkten „abstraktes Denken" und „Intuition" wurde gesagt, dass Verständnis von Zusammenhängen und auch tiefe Erkenntnisse zu den schönen Dingen gehören, die HSP oft zufallen. Erfreuen Sie sich daran, aber gehen Sie nicht damit missionieren. Und verwenden Sie sie auf keinen Fall um andere abzuurteilen oder anzuklagen.

Erkenntnisse im Zusammenleben oder dem Arbeitsfeld einzubringen ist notwendig um glücklich zu werden, dies richtig zu tun ist eine Herausforderung. Suchen Sie sich Menschen, mit denen Sie Ihr Wissen und Ihre Erkenntisse austauschen können. Aber auch wenn Sie so jemanden beispielsweise in der Arbeit nicht haben, ist es möglich sich mit dem was Sie wissen praktisch einzubringen. Die Erkenntnis ist dann der Boden, auf dem Sie stehen und über den Sie gar nicht reden müssen, der es Ihnen aber ermöglicht, von dieser Grundlage aus zu handeln.

Ganz wichtig ist es, sich von den eigenen Erkenntissen und Werten selbst umgestalten zu lassen. Ehe man Forderungen an andere stellt ist es notwendig, die Erkenntnisse im eigenen Inneren und im eigenen Leben sichtbar integriert zu haben. Werden Sie selbst zum lebenden Beweis des Guten, das Sie fördern und schützen möchten. Den Menschen das Schlechte in der Welt auf provokative Weise und in künstlerischer Übertreibung vor Augen zu führen in der Hoffnung, dass das den Betrachter durch einen Aha-Effekt zur Umkehr bewegt, ist ein Fehler und funktioniert nicht. Tragischerweise werden solche Künstler entgegen ihrer Absichten zu denen, die das von ihnen beabsichtigterweise angeprangerte aber de facto durch die künstlerische Darstellung geehrte Verhalten tiefer in die Gesellschaft einführen und der Normalität annähern. Stellen Sie sich deshalb in den Dienst des Guten, indem Sie Gutes fördern und in die Welt bringen.

Wie gehts weiter

Der nächste Schritt hängt naturgemäß vom jeweiligen Standort ab. Das Lesen des Buches hat bei Ihnen vermutlich einige Prozesse in Gang gesetzt. Möglicherweise sind sogar schmerzhafte Erinnerungen aufgetaucht, von heftigen Gefühlen begleitet. In diesem Fall empfehlen wir, die Prozesse ihren Lauf nehmen zu lassen, und eventuell therapeutische oder seelsorgerische Hilfe in Anspruch zu nehmen, wie im Kapitel "Gesundheit" besprochen.

Über die hier gewonnenen Erkenntnisse zu reden kann sehr hilfreich sein, die Frage ist nur: mit wem? Grundsätzlich ist zu sagen dass in diesem Fall Qualität viel wichtiger ist als Quantität. Von den meisten Menschen können Sie sich nicht zu viel Verständnis für dieses Thema erwarten. Versuchen Sie zuerst einmal sich selbst zu verstehen und sich selbst im Licht dieser neuen Erkenntnisse zu mögen. Dafür ist es sehr wertvoll, wenn man eine Person findet, die einen dabei begleitet. Diese eine Person kann ein guter Freund oder erstmal der Therapeut oder Seelsorger sein.

Der Autor hofft jedenfalls sehr, dass Ihnen das vorliegende Buch helfen konnte, die unangenehmen Seiten des hochsensiblen Daseins besser in den Griff zu bekommen und seine schönen Seiten zu pflegen und zu genießen. Wir sind der festen Überzeugung, dass es für den Lauf der Geschichte nur förderlich sein kann, wenn es mehr HSP gibt, denen es gut geht und die mit Respekt für sich selbst ihre Sicht der Dinge und ihre speziellen Talente und Anlagen im Alltag einbringen und vertreten. Wir meinen, dass eine solche stärkere Präsenz von HSP die Welt zu einem sichereren und lebenswerteren Platz für alle Menschen machen wird.

Sie finden einige Ressourcen für HSP auf der Webseite http:// www.zartbesaitet.net. Dort stellen wir weiterführende Informationen, auch über aktuelle Entwicklungen, Termine von Veranstaltungen, Selbsttests und ähnliche Ressourcen für Hochsensible zur Verfügung.

Die Sache der Hochsensiblen liegt uns sehr am Herzen. Auch deswegen, weil wir der Ansicht sind, dass es für alle Menschen wichtig ist, wenn wir HSP mehr Verständnis und Gehör in der Welt finden. Dies lässt sich sicher nicht durch ein Buch allein erreichen oder durch die Bestrebungen einiger weniger Menschen. Ähnlich der Gleichstellung der Frau in der Gesellschaft ist es ein Projekt, das nur durch gemeinsamen, stetigen, leisen und alltäglichen Einsatz vieler, vieler Menschen im Laufe von Jahrzehnten zu schrittweisen Veränderungen im Denken und in den gesellschaftlichen Werten führen kann. Bei diesem Einsatz geht es nicht um Aktivismus, sondern in erster Linie um ein neues Selbstverständnis der hochsensiblen Menschen und um ein in diesem Selbstverständnis wurzelndes ganz normales Handeln im normalen Leben. Wir freuen uns, dass Sie dabei sind.

Anmerkungen

1 „Sind Sie hochsensibel? Wie Sie Ihre Empfindsamkeit erkennen, verstehen und nutzen" von Dr. Elaine Aron, mvg Verlag 2005. – Diesem bedeutenden Werk wurden viele Fakten entnommen, die sich an verschiedensten Stellen des Buches finden. Wenn sie sich mit Erfahrungen oder Forschungsergebnissen des Autors decken, wurden diese Stellen oft nicht speziell gekennzeichnet, dort, wo eine solche persönliche Verifizierung jedoch fehlt, wurde immer darauf verwiesen, dass Frau Dr. Aron die Quelle der Informationen ist.

2 Alice Miller, „Das Drama des begabten Kindes und die Suche nach dem wahren Selbst. Eine Um- und Fortschreibung", Frankfurt am Main: Suhrkamp Verlag 1997, ursprünglich erschienen unter dem Titel „Das Drama des begabten Kindes" im Jahr 1979

3 Alice Miller, „Bilder einer Kindheit", Suhrkamp Verlag, Frankfurt am Main, 1985

4 Brigitte Schorr, „Hochsensibilität: Empfindsamkeit leben und verstehen „ SCM Hänssler, 5. Auflage 2014

5 Alice Miller, „Das Drama des begabten Kindes" (Erstausgabe), S. 59 ff.

6 „Sind Sie hochsensibel? Wie Sie Ihre Empfindsamkeit erkennen, verstehen und nutzen" von Dr. Elaine Aron, mvg Verlag 2005.

7 In dem Buch „Was Ärzte Ihnen nicht erzählen", SENSEI Verlag, 1998, sagt die Autorin Lynn McTaggart, dass 60 Prozent aller Diagnosen Fehldiagnosen seien.

8 Dr. Lin Yutang, 1895–1976, chinesischer Gelehrter, lebte in China, Großbritannien, Frankreich und Deutschland, promovierte in Leipzig und arbeitete unter anderem in Führungsposition für die UNESCO; er wurde christlich erzogen, wechselte dann zum chinesischen Paganismus (Taoismus-Buddhismus), um in der Lebensmitte wieder zum Christentum zurückzukehren.

9 „Behavioral Expressions and Biosocial Bases of Sensation Seeking" von Marvin Zuckerman, Cambridge University Press, New York 1994

10 „Ich bin o.k., du bist o.k. – Wie wir uns selbst besser verstehen und unsere Einstellung zu anderen verändern können – Eine Einführung in die Transaktionsanalyse" von Thomas A. Harris, rororo Sachbuch, Berlin 1975

11 „Some Evidence for Heightened Sexual Attraction under Conditions of High Anxiety" von Art Aron und D. G. Dutton, erschienen im Journal of Personality and Social Psychology Nr. 30, Seiten 510–517

12 „Arousal und Attraction: Evidence for Automatic and Controlled Processes" von C. A. Foster, B. S. Witcher, W. K. Campbell und J. D. Green, erschienen im Journal of Personality and Social Psychology Nr. 74, Seiten 86–101

13 Elaine N. Aron, „Hochsensibilität in der Liebe", mvg Verlag 2006

14 „Sensitivity – Agony or Extasy" von G. B. Appleford, Dorrance Publishing, 1988

15 Elaine N. Aron, „Hochsensibilität in der Liebe", mvg Verlag 2006

16 „Empfindsam erziehen: Tipps für die ersten 10 Lebensjahre des hochsensiblen Kindes" von Julie Leuze, Festland Verlag 2011; „Das hochsensible Kind: Wie Sie Auf Die Besonderen Schwächen Und Bedürfnisse Ihres Kindes Eingehen", Elaine N. Aron, mvg Verlag 2008, „Leben mit hochsensiblen Kindern: Einfühlsame Unterstützung für Ihr Kind" von Susann Marletta-Hart, Aurum in J. Kamphausen 2013

17 Dolores LaChapelle, zeitgenössische Bergsteigerin, Autorin und Tiefenökologin

18 Elaine Morgan, „Aquatic Ape Hypothesis", Verlag Souvenir Press, London 1997. – Mit dem Aussterben der die offizielle Wissenschaftsmeinung dominierenden alten Männer findet Morgans Hypothese vermehrt Anhänger im wissenschaftlichen Mainstream.

19 Der Autor verbrachte 10 Monate bei den melanesischen Ureinwohnern der Fidschi Inseln.

20 „Die Großtierfauna Europas und ihr Einfluss auf Vegetation und Landschaft" von Axel Beutler, München, erschienen 1996 im Verlag Höxter als Artikel in der Schriftenreihe „Natur- und Kulturlandschaft", Heft 1, Seiten 51–106. In dem Artikel ist allerdings nicht nur von der Ausrottung der europäischen Großtiere, sondern im Vergleich auch vom Schicksal der Megafauna anderer Kontinente die Rede.

21 ausführlich in „Ethisches Marketing" von Susanne Ruprecht und Georg Parlow, Festland Verlag, Wien 2008

Über den Autor

Georg Parlow ist ein hochsensibler Mann, der nach seinen eigenen Aussagen sehr lange gebraucht hat, um mit sich selbst und seiner Sensibilität gut umzugehen. Er hat eine bewegte Biografie, die ihn durch die unterschiedlichsten Berufe und rund um den Globus geführt hat. Darin lässt sich als roter Faden die Suche nach einem stimmigen Platz in der Welt erkennen, sowie auch das tiefe Bedürfnis, hilfreich zu sein und Menschen in ihren persönlichen Entwicklungsschritten zu begleiten.

www.parlow.at

Zum Weiterlesen

Empfindsam erziehen
Tipps für die ersten 10 Lebensjahre
des hochsensiblen Kindes
Julie Leuze
160 Seiten, broschiert
ISBN 978-3-9501765-5-1

Sensibel kompetent
Zart besaitet und erfolgreich im Beruf
Dr. Marianne Skarics
221 Seiten, Softcover
ISBN: 978-3-9501765-20

Ab Mitte 2015
Komm raus - ich seh dich!
Von Glück, Selbstwirksamkeit und Wachsen
hochsensibler und hochbegabter Kinder
Britta Karres
ISBN 978-3-9501765-9-9

---

fest land VERLAG   www.festland-verlag.com